시니어
비즈니스
블루오션

시니어 비즈니스 블루오션

SENIOR BUSINESS BLUE OCEAN

호모 헌드레드 시대,
실버상품 & 콘텐츠 기획 및 비즈 전략

김원제·조항민·최현주·최부헌·송해룡

머리말

"As your youth is not a reward from your effort,
My agedness is not a punishment from my fault."
너의 젊음이 너의 노력으로 얻은 상이 아니듯,
내 늙음도 나의 잘못으로 받은 벌이 아니다.
- 테오도르 로스케(Theodore Roethke, 1908~1963)

대한민국은 '고령사회'다.

2017년 65세 이상 인구가 14%를 넘어 국제기준(UN)으로 '고령사회'가 되었다. 'Aged Society', 즉 '이미 늙은 사회'가 도래한 것이다.

초고령사회, 전체 인구에서 65세 이상 인구가 차지하는 비중이 20%를 넘어선 사회를 의미한다. 10년 뒤엔 우리나라가 그렇게 된다는 전망이다. 'Super-Aged Society', '압축적 근대화'에 이어 '압축적 고령화'인 것이다.

전체 인구 대비 65세 인구가 7%를 넘어 '고령화사회'에 진입한 게 2000년이다. 이후 17년 만에 고령사회에 '진입'했다.

나라가 늙어가니 여기저기 삐걱거리고 아픈 곳이 드러나고 있다. 길어진 수명만큼 씁쓸한 사회현실이 긴 탄식을 자아낸다. 바로 최근 한국사회에서 '노인 빈곤'의 상징처럼 떠올려지는 존재인 '폐지 줍는 노인'이 그것이다.

경로당, 요양원, 빈곤, 우울증, 고독사, 탑골공원, 폐지 줍기, 무료

급식, 노숙, 다단계 사기, 태극기 집회…… . 최근 우리 시대 노인상을 대표하는 키워드들이다. 부정적인 단어들로 점철된다.

불행히도 작금의 한국사회에서 노인의 삶은 불안정하다. 절반에 가까운 노인이 중위소득(전체 가구의 소득 기준 50%에 해당하는 가구의 소득)의 절반이 안 되는 소득으로 가난하게 살고 있다. 육체적으로 연약해지고 심리적으로 위축된다. 사회로부터도 빠르게 고립되고 있다. 한국의 노인 자살률은 경제협력개발기구(OECD) 회원국 평균보다 3배 높다. 과거 노인에 대한 봉양은 가정과 자녀에 의해 이뤄졌다. 그러나 요즘은 요양병원에서 홀로 생을 마치는 이들이 점점 늘고 있다.

이래저래 대한민국 노인들은 서럽다. 소외당하고, 무시당하고, 퇴물 취급되기 일쑤다. 그래서 분노한다. 65세 이상 노인 인구가 올해 전체의 14%를 돌파해 고령사회가 되었지만, 노인 홀대는 갈수록 늘고 있다. 이들을 끌어안으려는 노력조차 줄고 있다. '연령차별'의 시대다.

나이가 들어 늙은 사람, 노인이라는 말 자체는 '늙은이'란 뜻으로 긍정적인 표현은 아니다. 낡고 해졌다는 뜻이기 때문이다. 대한민국 기준에서는 노인복지법상 '만 65세'를 그 기준으로 잡아놓았다. 그러나 정작 당사자들은 70세가 넘어도 노인(老人)이라는 말을 듣는 것이 썩 내키지 않는다. '어르신', '시니어', '실버'라는 말로 완곡하게 말하는 경우가 많다. 속되게 표현할 때는 '노인네', '노친네' 등의 말을 쓴다.

바야흐로 호모 헌드레드(homo hundred), '백세 시대'다.

이는 인간 평균수명 100세 시대를 의미하는 말이다. 유엔이 2009년 내놓은 <세계인구 고령화> 보고서에 처음 등장한 개념이다. 보고서에 따르면 평균수명이 80세를 넘는 국가가 2000년에는 6개국뿐이었지만 2020년엔 31개국에 이를 것이라고 예상하며 이를 '호모 헌드레드 시대'라고 이름 붙였다.

호모 헌드레드 시대는 단순히 오래 사는(living longer) 것을 의미하는 것이 아니다. 건강하게 잘 사는(living well) 것을 의미한다. 그래서 '노노(No老)족'이다.

노노족이란 '아니다'를 뜻하는 영어 노(NO)와 '늙음'을 뜻하는 한자 노(老)를 합친 말로 잘 늙지 않는 세대를 뜻하는 말이다. 체력뿐 아니라 외모까지 젊어진 노령층을 말한다. 자기 관리를 통해 체력은 물론 외모, 사고방식까지 젊어진 노년층을 의미하는데, 이들은 젊은 시절에 마련한 부(富)를 기반으로 젊은 세대의 문화를 수용하고 여가활동을 즐기는 등의 라이프스타일을 보여준다.

지금 50·60대들은 자신의 감정과 욕구에 솔직하고 행복을 추구하며 독립적인 성향이 강하다. 그래서 이들은 스스로를 '나는 다른 중년(혹은 노인)과 달라'라고 생각한다. 그러나 이처럼 화려한 겉모습의 이면에는 은퇴 후 엄청나게 늘어난 시간에 대한 대비가 부족하여 앞으로 닥칠 경제적 문제와 고독감 등에 대해서 부모세대보다도 더욱 고민이 깊은 세대이기도 하다.

최근 회자되는 100세 시대에서 숫자 100은 한자로 백(百, 일백 백)이다. 우리말로는 '온'이다. 온은 '모두의, 전부의'란 뜻도 갖는다. 온갖, 온 누리, 온 세상 같은 표현들이 그래서 생겨났다. 백은 단순히 숫자가 100이 아니라 '모든 것'을 뜻한다.

중국 최초의 통일국가를 세운 진시황은 불로장생을 꿈꾸며 불로초를 찾으려 했으나 결국 만 50세도 넘기지 못하고 죽었다. 서양에서 최고의 부귀영화를 누린 사람으로 여기는 솔로몬 왕도 죽음 앞에서 허무를 맛보았으며, '세상의 모든 것은 헛된 것'이란 말을 술회하였다. 그런데 진시황도, 솔로몬도 못 누린 영생(永生)을 추구하는 산업이 최근 현실화되고 있다. 심지어 이스라엘의 역사학 교수인 유발 하라리는 현재의 호모 사피엔스가 전쟁·질병·죽음을 극복한 신적 존재인 '호모 데우스(home deus)'로 진화할 것이란 파격적 주장을 내놓고 있다. 실제로 호모 헌드레드 시대에 부응해 미국 실리콘밸리에 인간 수명을 100세 이상으로 늘리는 '과학 불로초'를 찾는 벤처기업이 속속 등장하고 있다. 이 '장수(長壽)산업' 벤처들은 "인간의 수명은 한계가 없다"고 주장하며, 인간의 수명은 100세는 기본이고 150세까지도 가능하다고 주장하고 있다. 노화 세포 제거·유전자 조작을 통해 인간 수명을 연장할 수 있을 뿐만 아니라, 3D 프린터로 장기(臟器)를 만들어 자동차 부품 갈듯이 노화하거나 병든 장기를 교체할 수 있게 된다고 한다. 이미 노화 억제 효과가 있다는 약이 일부 시판되기 시작했다. 중국의 진시황도 생전에 이루지 못한 불로장생의 꿈이 영글고 있는 것이다.

이렇듯 우리나라는 물론 세계적으로 고령화가 진행 중이며 이는 곧 국내외에 거대한 시니어 시장, 시니어 산업의 창출을 의미한다. 향후 시니어 산업은 상당한 발전 가능성을 갖고 있다. 시니어 산업은 단순히 시니어만을 위한 것이 아니다. 고령화는 사회 전반의 구조 전환을 요구한다. 선진국 일부는 도시 전체를 고령 친화형으로 바꾸고 있는 중이다. 건물 등 시설은 물론, 교통, 주거환경 등 도시 전반에 손을 대는 작업이다.

앞으로 우리는 인구 고령화를 위기가 아닌 기회로 활용해야 한다. 고령화 시대에 적합한 한국형 상품과 서비스로 비즈니스 기회를 확대해야 한다. 시니어의 다양한 욕구를 파악, 환경을 고려한 세분화된 접근방식이 요구된다. 장수가 사회의 위험이 아닌 경제성장의 원동력이 되는 '성장형 장수사회'가 될 것임을 자각해야 한다.

시니어 비즈니스 1.0에서 시니어 비즈니스 2.0으로 진화해야 한다. 즉, 고령층을 의료, 복지대상으로만 규정한 양적 접근에서 라이프, 소비자 개념으로 뉴시니어를 정의하는 질적 접근으로의 패러다임 전환이 시급하게 요구된다. 고전적인 복지 정책만으로 실버리스크를 해결할 수는 없다. 민간 영역에서 실버경제 개념으로 접근, 골드 서비스를 기획하고 그랜드 비즈니스를 전개해야만 한다.

무엇보다도 노년 인구는 폭발적으로 증가하는데, 정작 노인을 위한 콘텐츠는 없는 상황이다. 다양한 미디어플랫폼에서 콘텐츠가 넘쳐나는 시대이지만, 영화나 드라마, 혹은 출판에 이르기까지 노인을 위한 콘텐츠가 별로 많지 않다. 급속도로 고령화되고 있는 대한민국에서 노년을 위한 실버콘텐츠의 생산이 등한시되고 있다. 정작 세상은 노인들로 차고 넘치는데 노년을 위한 바람직한 가이드들이 없다는 것은 모순이다. 이 문제를 해결하지 않는다면 우리 사회는 곧이어 엄청난 사회적 문제에 직면하게 될 것이다.

"너도 언젠가 노인이 될 게다."

베르나르 베르베르의 단편집 『나무』에 실린 「황혼의 반란」에서 주인공이 죽기 직전에 한 말이다. 노인문제가 사회 갈등화되어 노인들이 학대, 학살당하자 총을 들고 저항하게 되는 이야기를 담고 있다.

노인 나아가 인간에 대한 성찰을 보여준 『노인과 바다(The Old Man and the Sea)』(Ernest Miller Hemingway, 1952)에서 늙은 어부 산티아고는 "인간은 패배하기 위해 태어나지 않았어. 파괴되어 죽을 수는 있어도 패배하지는 않아"라고 읊조린다. 삶에 대한 긍정과 원숙함이 돋보인다.

노인은 자신의 의지대로 자신의 삶을 살아가는 사람이다. 자신의 삶을 가장 사랑하는 사람이다. 자신의 일에 철학적 사유를 하는 사람이다. 자신이 정한 원칙에서 벗어나거나 자신의 일에 게으르지 않는 사람이다. 세월이 흘러 많은 사람들이 시류와 타협하지만 자신만은 늘 소신을 지켜가는 사람이다. 산티아고 노인은 그런 사람인 것이다.

스핑크스의 수수께끼에 등장하는 "아침에는 네 발로 걷고, 낮에는 두 발로 걷고, 저녁에는 세 발로 걷는 동물"과 같이 아동-청소년-청년-중장년-노년에 이르는 인생의 여정은 이 세상에 태어나 누구나 예외 없이 겪게 될 과거이자 현재이자 미래의 모습이다. 우리는 모두 같은 길을 걸어가고 있으며, 단지 약간의 시차가 있을 뿐이다.

그 길고 고단한 길에 실버서비스와 실버콘텐츠가 함께한다면, 인간의 노년기는 보다 아름답고 행복할 것이다.

이 책은 시니어 비즈니스라는 새로운 신시장, 즉 '블루오션'을 탐색하는 데 중점을 둔다. 블루오션은 가치혁신 전략을 기반으로, 비약적 가치 창출에 의한 무한시장의 개척을 제안하는 전략론을 의미한다. 혼잡한 산업들 사이에서 경쟁하는 방법은 역설적이지만 경쟁

없는 거대 시장, 즉 블루오션의 창출밖에 없다. 새로운 이익과 성장의 기회를 잡기 위해 콘텐츠, 서비스를 활용한 새로운 시장, 즉 시니어 비즈니스 블루오션을 창출해야 하는 것이다.

시니어 비즈니스 블루오션이 가능한 이유는 첫째, 시니어 비즈니스에는 새로운 수익모델을 창출할 수 있는 여지가 많기 때문이다. 아직 가공되지 않은 보석 같은 콘셉트가 상품화 가치를 내재한 채 발굴을 기다리고 있기 때문이다. 둘째, 트렌드를 주도적으로 이끌며 선도할 수 있는 스타콘텐츠가 많지 않기 때문이다. 이는 스타콘텐츠를 중심으로 수익구조를 극대화할 수 있는 여지가 있다는 의미에서 큰 기회요인이 된다. 셋째, 다른 산업분야에 비해 시니어 비즈니스의 형태가 아직 조직화되거나 체계화되어 있지 않다는 점이다. 이는 효율적인 시장적용으로 틈새를 재구성해 확장함으로써 블루오션을 창출할 수 있는 가능성이 높음을 강력히 시사한다.

이에 기존의 시니어 비즈니스 영역을 새롭게 포지셔닝할 필요가 있다. 차별화되고 독창적인 가치를 구성하는 새로운 비즈니스 모델을 구축해야 하는 것이다. 시니어 비즈니스라는 블루오션 기회가 바로 앞에 있다. 이제 우리 앞에 전개되는 새로운 시장, '푸른 바다'를 향해 돛을 높이 올리고 항해를 시작할 시점이다.

2018. 5.
저자 일동

CONTENTS

2부 실버콘텐츠, 감성서비스 & 스마트 비즈니스

1부

실버상품, 골드서비스 &
그랜드 비즈니스

1장 100세 시대, 실버 비즈니스 기회

1. 고령화의 충격, 실버 코리아

초고령사회로 진입하는 한국의 당면과제이자 키워드는 바로 '실버 코리아'이다. 유엔은 한 사회의 인구 중 노인인구의 비율이 7%를 넘으면 고령화사회(Aging Society), 14%를 넘으면 고령사회(aged society), 20%를 넘으면 초고령사회(Super-aged society)로 명명하고 있다. 2009년 UN은 <세계인구 고령화> 보고서에서 다가올 인간 수명 100세의 호모 헌드레드(Homo hundred) 시대를 예고한 바 있다. 세계 대부분 지역에서 의학 발전과 생활수준 향상, 출산율 저하 등의 이유로 인해서 평균수명이 늘어나면서 인구 노령화가 빠르게 진행 중이다. 2020년이면 60세 이상의 노인 인구가 5살 이하 어린이 인구를 추월할 것으로 보고된다. 2050년엔 유럽과 미국 등 거의 모든 선진국은 물론 중국과 인도네시아 등 현재의 개발도상국 상당수를 포함한 나라들의 전체 인구에서 60세 이상이 차지하는 비중이 30% 초과 될 것으로 예상된다.

이미 한국은 2000년에 노인이 전체인구의 7.2%(노인인구 340만 명)로 고령화사회가 되었다. 2017년 8월 말 기준 우리나라의 65세 이상 주민등록 인구는 726만 명으로 집계되었다. 이로써 우리나라는 전체 인구(5,175만 명)에서 고령인구가 차지하는 비율이 14.0%를 넘어섬에 따라 고령사회(Aged Society)에 진입했다. 그리고 2026년에 20.8%(1,084만 명)로 초고령사회가 될 것으로 전망된다. 65세 이상 노년인구가 증가하면서 인구고령화(Population Aging)가 급격히 진행되고 있다. 연령계층별 인구 구성비의 변화 추이를 보면, 유소년인구는 감소하고 고령인구는 증가함을 알 수 있다. 고령인구 비율의 증가추세는 의료기술 발달 등으로 인해 기대수명이 연장된 반면, 출산율은 둔화된 데서 원인을 찾을 수 있다. 한국인의 기대수명은 1970년 62.3세에서 2017년 82.6세로 20년 이상 증가했으나, 합계 출산율은 1970년 4.53명에서 2016년 1.17명으로 급격하게 감소하였다.

2017년을 기점으로 고령인구 수(708만 명)가 유소년인구 수(675만 명)를 넘어서고 있다. 또한, 생산가능인구는 2016년 3,763만 명을 정점으로 2017년부터 감소하기 시작했으며, 특히 베이비붐 세대가 고령인구로 진입하는 2020년대와 2030년대에 급격한 감소가 이루어질 것으로 예상된다.

우리나라는 2025년에 고령인구 비율이 전체인구의 20%를 넘어 초고령사회에 진입하고, 2031년에는 총인구가 5,296만 명으로 정점에 달하게 되며 2032년부터 총인구가 감소할 것으로 예상된다. 이어 2060년에는 전체 인구에서 고령인구가 차지하는 비율이 41%, 기대수명은 89.5세에 이를 것으로 전망된다.

최근에는 우리나라 남녀의 기대수명이 일본 등 세계 장수국가를 제치고 세계 최고에 오른다는 결과가 나왔다. 세계보건기구(WHO)

와 영국 런던 임페리얼칼리지(Imperial College London) 보건대학 연구진의 경제협력개발기구(OECD) 35개국을 대상으로 2030년 출생자 평균 기대수명에 관한 조사연구 결과다. 결과는 국제의학학술지『랜싯(Lancet)』2017년 2월호에 실렸다. 보고서에 따르면 2030년 태어날 한국 여성과 남성의 평균 기대수명은 각각 90.8세와 84.1세다. 2010년 태어난 우리나라 여성의 기대수명은 84세로 1위인 일본에 2년 뒤졌지만 지금 추세대로 기대수명 증가폭이 이어진다면 2030년에는 91세로 단연 1위로 올라선다는 말이다. 여성보다는 못하지만 우리나라 남성의 기대수명도 2010년 77세(19위)에서 꽤 늘어나 2030년에는 84세로 호주, 스위스 등과 함께 1위 그룹을 형성할 것으로 보인다.

이렇게 기대수명의 증가로 생애주기에서 노년기가 차지하는 비율이 증가함에 따라 국민 개개인은 '교육-직업활동-퇴직'이라는 기존의 '3단계 삶'을 인생 이모작, 삼모작 등 '다단계 삶'으로 전환해야 하는 도전에 직면하고 있다.

한국이 2026년에 초고령사회가 될 것이라는 점은 전국 평균 기준이고, 농어촌 지역은 이미 초고령사회에 진입했다. 한국보다 먼저 고령화를 경험한 일본은 1970년에 고령화사회가 되었고, 1994년에 고령사회, 2005년에 초고령사회에 진입, 일본이 고령화사회에서 고령사회가 되는데 24년, 고령사회에서 초고령사회가 되는데 11년이 걸렸는데, 한국은 각각 17년, 9년으로 더욱 빠르게 진행 중이다. 이는 역사상 그 유래를 찾아보기 어려운 사례이다. 때문에 정부 정책 및 기업전략 등에 있어서 각별한 관심을 가질 필요가 있다.

최근 베이비부머세대(1955년~1963년생)가 정년을 맞이하면서 아직 65세가 되지 않은 사람들이 일손을 놓거나 괜찮은 일자리에서 배제되고 있다. 이렇게 '젊은 노인'들이 늘어나면서 노인문제는 더욱 심화되는 상황이다.

갈수록 심해지는 사회 양극화 그리고 수명은 늘어나고 있지만 그에 대한 준비는 제대로 되어 있지 않았기 때문에 고단한 삶에 지쳐 스스로 목숨을 끊는 경우도 증가하고 있다. 이는 연금도 부족하고 일자리도 구하지 못하는 노인들이 결국 하루 끼니를 걱정해야 하는 빈곤층으로 전락하고 전통적 가족단위의 붕괴에서 비롯된 고립감이 더해지기 때문에 종국에는 극단적인 선택을 하는 것으로 분석된다.

현재 한국의 노인 빈곤율은 49.6%로 OECD 회원국 중 1위이고, 2위국인 아이슬란드(24.1%)보다도 두 배 이상 높다. OECD 평균인 11.4%에 비해서도 한국의 노인 빈곤율은 심각한 수준이다. 이처럼 지금까지의 한국 고령층의 빈곤율은 다른 국가들에 비해서 상대적으로 높은 수준을 보여왔다. 지금까지 노인 빈곤율이 높았던 배경에는 고령층의 자기부양능력 및 노후준비 부족 등을 들 수 있다.

2. 노년층에 대한 오해와 이해

나이 들어가는 것은 모든 사람들에게 당연한 과정인데, 사람들은 나이 들어감에 대해 부정적으로 인식하는 경향이 있다. 이와 같은 '나이듦(aging)'에 대한 부정적인 고정관념은 고령자에 대한 기대에 영향을 주며, 고령자들에 대한 사회적 압박이나 소외현상을 초래하는 데 영향을 주게 된다. 이는 일종의 '연령차별, 고령자차별'이다.

또한 고령자들을 다양한 욕구와 경험을 가진 개별적인 존재로 인식하기보다는 하나의 동질적인 집단(a group)으로 인식하는 편견이 노출되기도 한다.

신체적 노화의 개념: 일반노화, 건강노화

노화는 인간이 경험하는 필연적 삶의 과정이며 그 양상에 따라 일차노화(primary aging)와 이차노화(secondary aging)로 구분된다. 일차노화는 정상노화(normal aging)라고도 불리며 질병이나 환경의 부정적 영향을 배제한, 시간에 따른 변화 그래서 되돌릴 수 없는(irreversible) 변화를 의미한다. 여성의 자연폐경 그리고 특정 질병이 없는 노인의 신체적 기능의 저하 등이 대표적인 경우이다. 반면, 이차노화는 일반노화(usual aging) 혹은 병적 노화(pathological aging)로 불리며 주로 나이와 관련된 질병에 의하여 발생되는 변화이다. 이때의 변화는 예방할 수 있는 혹은 되돌릴 수 있는(reversible) 변화를 의미한다(한가영 외, 2016).

일반노화(일차-이차노화)에 대응하는 개념으로 건강노화(healthy aging)라는 개념이 있는데, 특정 장애나 질병으로 인한 기능의 장애를 극복하고 정상적인 인지 및 신체 기능을 유지하는 상태를 말한다. 만성질환, 장애, 그리고 노쇠 등으로 인한 기능의 저하를 조절하고 최적의 건강상태를 유지하면서 늙어가는 과정을 의미한다. 성공적 노화(successful aging), 활기찬 노화(active aging), 생산적 노화(productive aging), 최적 노화(optimal aging), 풍요로운 노화(affluent aging), 기능장애 없는 활동적인 노화(disability-free, active aging),

그리고 잘 늙는 것(aging well) 등의 표현과 혼용하거나 차용해서 사용된다(권인순, 2007; 정순둘, 2007).

WHO는 'Active aging Model'을 제시하면서 노화에 대해 6가지 요인(개인적 요인, 사회 환경, 행동요인, 건강과 사회서비스 접근성, 신체적 환경, 경제적 조건 등)을 설명했다. '개인적 선택, 독립성, 참여, 신체적 활동, 자기 효능감, 사회적 지지, 커뮤니티 참여' 등을 통해 활기차고 건강한 노화가 가능하다는 것이다. WHO는 이러한 특성들이 고령자들의 삶의 질 수준을 반영하는 것이며, 이는 또 여가 활동이나 문화적 경험과 관련된 일반적인 특성으로 인식된다고 설명하고 있다. 결국 건강노화는 정상적인 인지 및 신체 기능을 유지하는 동시에 사회적으로도 활발한 인간관계를 유지하며 늙어가는 것이다. 인간이 다차원적인 관점에서 얼마나 건강하고 정상적인 기능을 유지하며 늙어 가는지 의미하는 것이다.

무엇보다도 실버세대에게 나타나는 가장 큰 변화는 신체에서 확인할 수 있다. 시각적으로 포착되는 실버세대의 가장 두드러진 신체적 변화는 생물학적인 노화 현상이다. 20대를 지나면서부터 서서히 진행되던 노화현상은 40대 이후부터 속도가 점차 가속화되고 신체 전반에 걸쳐 노화 현상의 징후들이 표면적으로 드러나기 시작한다. 인간의 신체와 노화를 기계적인 시각에서 바라보는 기계론적인 관점은 인간의 세포가 노화될수록 치유할 수 없는 상태로 변화된다고 주장한다. 마치 기계를 구성하는 부품들의 사용량이 누적됨에 따라 노후화되어 고장을 일으키듯, 인간의 신체를 구성하는 세포들이 연령의 증가에 따라 노화되어 다양한 신체적인 변화를 불러오는 것이다. 실버세대에 발생하는 노화현상은 신체의 외적·내적 변화를 불러오는데, 신체의 외적 노화는 주로 피부에서 나타나며 그 원인은 피하지방의 조직 감소로 인하여 피부 탄력의 변화가 생기고 그 결과 주름이나 얼굴 표정의 변화가 생기는 것이다. 반면 내적 노화는 신경계와 위장계통의 기능 감소, 면역력의 약화, 근골격 계통의 퇴행으로 인한 근육 감소 등을 변화시킨다.

노화는 표면으로 드러나는 변화 외에도 인간이 외부 자극(정보)을 감지하는 1차 수용기관인 감각기관을 둔화시켜 감각적 경험을 축소시킨다. 감각기관의 감응능력 쇠퇴는 외부에서 발생하는 일들에 대해 인식의 기회가 줄고 타인과의 의사소통에도 어려움이 생기기 시작한다. 감각기관의 기능 둔화는 실버세대의 행동과 인지에 중요한 영향을 주는 시각과 청각의 감각 수용이 제한적으로 이루어지는 것을 의미한다. 세상의 모든 오브제를 일차적으로 가장 먼저 수용하는 시각의 기능 둔화는 실버세대에게 공통으로 나타나는 노안이라는 현상을 대동한다. 노안이라 불리는 시력의 감퇴는 눈의 모양체가 굳어지고 탄력을 잃어 시력이 떨어지는 증상을 수반한다. 노안의 주요 증세는 어두움에 적응하기가 곤란하고 수정체의 황화현상으로 인해 색상의 감지 및 분별하는 능력이 감퇴하며 특히 노랑, 주황, 파란색 계통의 색상을 구분하는 데 어려움을 느낀다(홍숙자, 2010). 이 시기에 실버세대는 자극자존현상을 경험하게 되는데, 이는 대비되는 색상이 있을 경우에 두 색의 구별을 하지 못하고 중간색으로 느끼는 현상으로 대비되는 두 색상을 명확하게 지각할 수 없게 된다.

시각과 더불어 주요 감각기관인 청각은 청력을 손상할 만한 큰 사고가 없는 한 자연스럽게 노화가 진행됨에 따라 서서히 청력이 감퇴하며 주로 60세 이후 나타나기 시작한다. 일반적으로 청력의 감퇴는

65~74세 사이의 실버세대 10명 중 3명 정도, 75~79세 사이의 실버세대 중 반 정도가 청력이 감소되는 것을 경험한다(정옥분, 2013). 실버세대에게 공통으로 발병하는 청력감퇴의 영향은 상대방과의 커뮤니케이션 과정에서 발생하여 이들과의 불화를 유발하기도 한다. 그 결과, 실버세대는 심리적으로 가족, 집단, 사회에서 고립감을 느끼며 정서적 불안, 우울증이 유발될 수 있다.

노화로 인한 감각기관의 감퇴가 외부 정보를 수용하는 데 있어 제약을 가한다면 이를 통해 수용된 한정된 외부의 정보는 인간의 고유한 인지과정을 거쳐 지각되고 표상되며 기억 속에 저장되어진다. 그러나 실버세대의 인지과정은 외부의 정보들을 지각하고 해석하는 데 분명한 한계를 보이기 시작한다. 그 원인은 지적능력의 감퇴와 기억력 감퇴 등의 인지적 특성 때문이다(송선회 외, 2013).

지적능력은 개인차가 있지만 보통 40대 중반 이후 조금씩 감소하는 추세를 보이다가 지적능력에 중요한 요소인 지각능력과 추론능력이 60~70세를 기점으로 급격하게 감소하는 경향을 보인다. 물론 지적능력의 감소가 노화에 의한 것은 사실이지만 이외에도 교육과 직업적인 요인에 의해 감소 속도와 양이 영향을 주기도 한다(정옥분, 2013). 교육 수준이 높을수록 그리고 교수, 법조인, 의사 등 전문직에 종사하는 경우 평균 실버세대보다 기능의 쇠퇴가 서서히 진행된다.

한편 기억력 감퇴는 실버세대가 가장 많이 겪는 인지적 장애이다. 기억은 감각기관을 통해 수용된 외부자극을 부호화 과정을 거쳐 저장한다. 이때 외부 정보는 감각기억과 단기기억 그리고 장기기억으로 분산되는데, 감각기억에 저장된 정보는 실버세대의 시각과 청각

기능의 감퇴로 인하여 지각이 원활하게 이루어지지 못하지만, 일단 지각된 외부 정보는 젊은 세대와 크게 차이를 보이지 않는다. 다음으로 감각기억을 거쳐 단기기억으로 이행된 외부 정보의 저장 용량은 젊은 세대와 실버세대가 비슷하다. 하지만 장기기억은 연령에 따라 큰 차이를 보인다. 대체로 60세가 넘으면 장기기억의 저장소 용량이 줄어들어 부호화된 정보의 저장을 방해한다. 저장소에 저장된 기억은 연령이 증가할수록 인출 속도가 느려진다. 노화는 감각기억과 단기기억에서 정보처리의 효율성을 감소시키고 장기기억으로부터의 인출을 어렵게 만든다. 실버세대들이 젊은 세대에 비해 과거를 잘 기억하며, 기억하는 내용을 매우 구체적으로 서술할 수 있다는 것이다. 이는 실버세대들의 기억 속에 저장되어 있는 특정 과거의 부호화된 정보의 의미가 현재 노화로 인해 불명확하게 저장된 기억이 상호 비교되기 때문이다.

사회적 노화의 의미

인간은 태어나면서부터 죽음에 이르는 순간까지 사회구조 속에서 특정 역할을 수행하며 다양한 집단과 사회적 관계를 맺어가며 살아간다. 노화가 진행되며 신체·심리·인지 상태가 변화하듯, 실버세대는 고령화되어 가면서 사회적인 역할과 관계도 변화되어 간다. 이러한 변화를 '사회적 노화'라 한다(한림대학교 고령사회연구소, 2010). 실버세대가 경험하는 사회적 노화의 특징은 주로 은퇴와 관련성이 깊다.

은퇴는 실버세대들에게 경제적 주체로서의 역할을 상실시킨다.

실버세대들에게 은퇴는 새로운 삶의 시작되는 기회일 수 있지만 대체로 은퇴로 인해 심리적인 위기를 한 번쯤은 겪게 된다. 은퇴로 인해 실버세대가 겪는 가장 큰 변화 중의 하나는 경제적 주체로서 역할을 상실하게 되고 이로 인해 경제적으로 어려움을 겪게 된다는 점이다. 뿐만 아니라 직장에서의 관리자로서 역할, 가정에서의 가장 역할의 상실, 사회에 무엇인가를 기여할 수 있는 계층에서 보살핌을 받아야 하는 수혜자로서 역할의 변화가 초래된다. 이러한 역할의 축소 혹은 변화는 후기 자본주의 냉혹한 현실이기도 하다. 이러한 상황은 실버세대들이 상품으로서 더 이상 산업적으로 가치가 없음을 의미하기도 한다. 그 결과 한국의 실버세대는 은퇴에 대한 개념을 부정적인 시각에서 이해할 수밖에 없다. 은퇴 이후에 실버세대에게 대두되는 사회적 특성은 경제적 문제(가난), 심리적 문제(고독), 건강 문제(질병) 등이 있다(김두섭, 2003).

또한 은퇴는 실버세대들에게 경제활동을 영위하던 사회와의 강제적인 분리를 통해 역할의 변화를 강요하게 된다. 사회적으로 제도화된 은퇴정년 나이에 도달하면 실버세대들은 강제적으로 사회에서 분리를 경험하게 된다. 이것은 선택의 문제가 아니라 당연히 받아들여야 하는 규범과도 같은 것이다. 강제적으로 사회에서 분리되는 것의 문제는 자신이 자발적으로 사회와의 격리를 행하는 것이 아니라 자신의 의지와는 상관없이 사회 제도, 주변 시선, 인식들이 총체적으로 작동한다는 것이다. 무엇인가 잘못을 저질러서 사회와 격리되는 것이 아니라 자연스러운 노화 과정으로 인해 사회에서 격리되기 되기 때문에 실버세대들은 이 시기에 새로운 상황에 대한 학습이나 적응의 곤란과 보수적 성향, 고독감과 같은 정서적 불안을 초래한다. 그러나 은퇴는 사회에서 격리된다는 잘못된 인식을 바꾸고 새로운 제2의 삶을 준비하는 시기로 인식의 전환이 필요하다(김동기 외, 2010).

실버세대에게는 정서적 불안이 자주 나타난다. 실버세대가 보편적으로 겪는 정서적 불안은 노령에 따른 스트레스와 은퇴로 인한 상실감이 주로 비롯된다. 이로 인해 실버세대는 사회적 활동이 감소하게 되고 자신의 사고와 감정에 의해 사물을 맥락적으로 평가하기보다는 주관적으로 판단하게 되는 경향이 강하게 나타난다. 그 결과 실버세대에 표출되는 주요 성향은 보수적, 동질적, 수동적, 의존적, 적응력 저하, 내향적, 무력감, 과거 회상적, 특정 대상에 대해 애착심이 매우 강하게 나타난다(송선희, 2013).

실버세대가 갖는 심리적 특성을 정리하면 다음과 같다.

▶ 우울증 경향 증가: 신체적 질병, 배우자의 죽음, 경제사정의 악화, 사회와 가족으로부터의 고립, 일상생활에 대한 자기 통제 불가능, 그리고 지나온 세월에 대한 회한 등으로 전반전으로 우울증이 증가

▶ 내향성 및 수동성 증가: 노화해 감에 따라 사회활동이 점차 감소하고 사물의 판단과 활동방향을 외부보다는 내부로 돌리는 행동양식 추구

▶ 경직성 증가: 융통성과 반대되는 개념으로 어떤 태도, 의견, 문제해결에 있어서 과거의 방법을 고집하면서 그 방법이 옳지 않거나 이득이 없음에도 불구하고 여전히 그런 행동을 계속하는 경향

▶ 조심성 증가: 노인이 될수록 행동이 더욱 조심스러워짐

- 인생회고 과정: 과거에 대한 회상을 통해 자아에 대한 새로운 사고와 과거경험과 그 의미의 재평가, 그리고 거울에 자신을 비추어 보기 등을 실행
- 친근한 사물에 대한 애착심 증대: 노년이 될수록 오랫동안 사용해온 물건과 대상에 대한 애착심이 증가. 집, 가재도구, 사진, 골동품, 일용품 등에 대해 애착심을 가지려 함
- 유산을 남기려는 경향 증대: 정상적으로 늙어가는 노인은 사후에 이 세상에 다녀갔다는 흔적을 남기려는 욕망이 강함
- 성 역할 지각의 변화: 노인이 되면 청년기 때와는 달리 지금까지 자기에게 억제되어서 표현되지 않았던 행동특징들을 표현
- 의존성 증가: 노인은 신체적 및 경제적 능력의 쇠퇴와 더불어 의존성이 증가하는 경향이 있음

노인들의 사회적 활동이 감소하게 되면서, 무엇보다도 사회적 관계의 단절에서 오는 두려움과 공포를 갖게 될 수 있다. 소위 FOMO 증후군이 심각해질 수 있다. FOMO는 'Fear Of Missing Out'의 약자로 자신만 세상의 흐름을 놓치고 있다는 불안감이나 두려움을 뜻한다. 우리말로는 소외공포증 정도로 해석할 수 있다. 사회구조에 의해 유발되는 일련의 심리적 상태인데, 역할이 상실되거나 축소된 노인들에게는 FOMO 증후군이 다른 세대들보다도 더욱 심각하게 나타날 수 있다. 역으로 사회적 관계망이 깊고 가족, 친구 등과의 소통이 활발한 노인은 행복감을 느끼며 건강증진과 수명연장에 큰 도움을 받을 수 있다. 사회적 관계가 삶의 질을 좌우할 수 있다는 의미이다.

노인에 대한 오해와 진실

2018년 태어난 아이가 40대 초반이 되는 2060년에는 전체 인구의 41%가 노인이다. 따라서 노인이라는 집단의 정체성을 새롭게 규정해야 한다는 지적이 많다.

사실 노인을 정의하고 규정하는 것은 복잡하다. 노인은 여성이기도 하고, 아니기도 하다. 장애인일 수도 있지만, 아닐 수도 있다. 사회적·경제적 약자인 아동과 비교하면 선거에서 자신의 의사를 대변할 대표자를 뽑을 수 있고, 투표 참여율도 높다. 하지만 시간이 지날수록 물리적 한계로 경제활동능력을 점점 상실하게 되고 사회적으로도 소외된다.

통상 노인이 되면 건강이 나빠지고 정신적 육체적 능력이 쇠퇴해 '기능적 능력'도 감소하는 것으로 이해된다. 만성질환 증가와 사회적 활력 저하 등으로 인해 본인과 가족, 국가 사회의 부담은 엄청나게 증가한다고 비판받는다.

이는 노인과 늙어감에 대한 '낡은 고정관념'에서 비롯된 오해와 추정이다. 일반 나이와 건강 나이는 다르며 개인별 차이가 있다. '기능적 능력'의 상실과 나이와의 상관관계는 그리 크지 않으며 습관형성과 적절한 관리를 통해 향상이 가능하다. 통상적 추정과 달리 노령층 건강관리에 필요한 재원 규모는 의학 신기술 개발 등 다른 보건 부문 투입 비용보다 크지 않은 것으로 추산된다.

실버세대들이 겪는 문제들을 해결하기 위해서는 근본적으로 국가 사회안전망의 획기적인 확충이 불가피하나, 국가의 제한된 예산을 고려하면 현실적으로 모든 문제를 정부가 나서서 해결하기란 사실상 불가능하다. 노인의 복지, 자살 등의 문제의 근본 원인 해결을 위해 예산 배분을 위한 사회적 관심과 지지가 필요하나 아직까지 문제의 심각성에 비해 사회적 관심이 현저히 부족하다. 젊은 사람들은 노인들이 겪는 문제를 자신과 상관없는 먼 미래의 일로 막연하게 생각하고 큰 관심을 두지 않으며, 일반 국민들도 노인의 복지나 자살 등의 무겁고 부정적인 주제에 대해서는 논의를 회피하는 경향이 있다.

노년기에는 신체질환으로 인한 건강악화, 빈곤으로 인한 생활고, 관계 해체로 인한 외로움과 고독 등과 같은 생활상의 어려움을 피하기 어렵다. 이러한 상황에 처한 노인은 더 이상 자신의 삶을 스스로 통제하기 어려움을 느끼고 무력감에 빠지며 자녀에게 짐이 되는 것을 부담스럽게 여기게 되어 자살을 생각하게 되는데, 불행하게도 적지 않은 노인들이 자살로 생을 마감하고 있다. 이러한 노인 자살을 최근에는 개인의 선택으로 간주하여 관대하게 받아들이고, 자식에게 짐이 되지 않기 위한 노부모의 아름다운 마음으로 미화하는 사회 분위기마저 나타나고 있다. 그렇지만 노인 자살은 비극적으로 삶을 마무리하는 노인 개인뿐만 아니라 남은 가족의 삶과 우리 사회에 미치는 파장을 고려할 때, 시급하게 해결해야 할 사회문제임이 분명하다.

tvN에서 방영된 <꽃보다 할배>라는 프로그램은 노인에 대한 대중들의 인식을 새롭게 바꾸는 계기를 마련했다. 원로배우들을 기용하여, 이들이 함께 여행을 다니며 겪는 다양한 에피소드들을 재미있게 엮어 방영했다. 단순한 오락 프로그램이지만 중장년 시청자들은 70~80세의 노인들이 외국에서 영어를 구사하고 손수 무거운 짐을 끌고 배낭여행을 하는 것을 보며 재미와 위로를 얻게 되었고, 일반 대중들도 노인들이 우리 사회에서 갖는 역할이 있다는 인식이 확산되었다.

이렇듯 노인에 대한 우리의 인식 변화가 시급하게 필요하며, 이들의 요구에 대한 이해 및 반영이 필요한 시점이다. 노인에 대한 우리사회의 고정관념을 변화시킬 필요가 있다.

지금까지 노인은 하나의 집단, 하나의 특성으로 인식되었지만, 노인들은 연령대, 소득수준, 그리고 교육수준 등에 따라 다양한 욕구와 특성을 지니고 있다. 즉, 하나의 집단으로 인식되던 노인이 다층적 특성을 지니고 있다는 것이다. 또한, 노인의 감성과 가치를 고려하고, 이를 반영한 정책적·산업적 접근을 시도할 필요가 있다. 실버세대를 주요 정책대상이자 소비주체로 바라보고, 이들에게 자존감, 인정, 그리고 사회적 교류와 책임감 등을 경험할 수 있는 프로그램·사업을 활성화하기 위한 노력이 필요한 것이다.

1970년대 이후 노화에 대한 긍정적인 담론이 등장했는데, 노년학, 건강관리, 연가연구 등의 관점에서 시작되었다. 생애 후기가 기쁨, 여가, 활동, 도전, 성장, 탐험을 위한 시기로 인식되면서 'healthy aging', 'successful aging', 'optimal aging'이라는 개념이 제시되기 시작했다. 그리고 고령자들이 문화나 여가를 통해 신체적, 정신적, 사회적인 활동을 하는 것은 고령 인구들과 관련된 일반적인 사회적인 부담이나 경제적인 문제들을 줄일 수 있는 중요한 방법이 된다고 인식하기 시작했다. 그러면서 문화나 여가활동이 연령차별에 저항할 수 있는 방법으로 제시되기 시작했다(윤소영, 2016).

최근 지속가능한 지구를 위한 미래 과제로서 '건강한 늙음'이 중요한 화두가 되고 있다. '건강한 늙음'은 단순히 질병이 없는 상태가 아닌 경제 사회적 활동을 할 수 있는 기능적 능력을 유지하고 활력을 유지할 수 있는 것을 의미힌다. 노인 친화적 도시와 공동체 만들기 등 지속가능한 발전을 위한 투자가 필요하다.

세계 각국은 고령화에 따른 노인 인구의 증가를 대비하고 건강한 장수, 액티브에이징(active aging)을 지원하는 방안으로 각종 디지털 기술·기계를 융합한 의료·복지 서비스 제공 방안을 모색 중이다. 액티브에이징이란 생산적 노년과 성공적 노년의 개념을 모두 포함하고 있으며, 노년생활의 주체인 노인들을 보다 적극적으로 사회에 참여하도록 유인하는 개념이다. 건강유지를 위한 노인 개인의 노력과 사회정책적 환경 조성 등의 개념이 포괄적으로 설명된다.

각 국가마다 시대와 문화적인 차이는 있지만 21세기에 들어와 액티브에이징 정책의 중요성은 각 국가차원으로 강조되고 있다. 유럽연합(EU)의 경우 2012년을 액티브에이징 해로 선포할 만큼 액티브에이징 정책의 사회구현이 강조되었다. 유럽연합에서는 액티브에이징 정책과 관련된 지표개발 및 액티브에이징 지역 만들기가 실천되고 있다. 아시아태평양 지역에서도 아시아태평양 액티브에이징 컨소시엄이 구축되었다. 특히 일본, 아세안 국가(싱가포르, 인도네시아 등)들이 액티브에이징 정책을 국가 차원에서 다루고 있다.

고령화는 자연스러운 사회 현상이다. 자연스럽게 다가오는 사회적 현상 중 하나인 고령화를 어떻게 준비하고 대응하는가에 따라 현상과 접목되는 다양한 환경적 상황의 긍정적, 부정적 측면이 결정될 것이다. 그럼에도 현대사회에서 '노인'이라는 단어는 '문제'라는 단어와 함께 연결되는 경우가 많다. 오늘날과 같은 고령화사회로의 진입에서 노인 인구가 많다는 것은 다양한 문제가 나타날 수 있음을 의미하며, 이는 부정적 의미로 연결되어 '노인'을 해결해야 하는 대상으로 바라보게 된다. 그러나 여기서 간과하지 말아야 할 점은 65세 이상의 노인들을 단순하게 하나의 집단 혹은 세대로 바라보아서는 안 된다는 것이다. 노인계층도 다른 세대층과 동일하게 소득과 건강, 가치 혹은 라이프스타일에 따른 개인 경험의 유무에 따라 다양한 양상을 보이기 때문이다. 고령화의 의미는 노인들의 연령대가 그만큼 확대됨을 의미하는 것으로, 그 안에서 각각의 연령에 맞는 욕구가 다름을 인지해야 한다.

3. 실버세대 리스크 이슈, 현재 그리고 미래 과제

인간은 나이가 들어감에 따라 신체약화와 사회적 위치의 변화에 따른 불안감을 느낀다. 2016년 보건사회연구원에서 발간한 <한국사회의 사회심리적 불안의 원인분석과 대응방안>에 따르면, 전체적인 노인 삶의 수준은 가장 불안한 상태인 10점을 기준으로 5.6점을 기록하였으며, 특히 신체적 건강과 노후준비에 대한 불안감은 각각 6.47점과 6.38점으로 나타나 평균적인 삶의 수준을 뛰어넘는 높은 불안을 보이고 있다. 이와 같이 노화에 따른 불안은 단순한 개념이 아니라 노인의 삶에 있어 실제로 부정적인 영향을 미치는 현상이기 때문에 이에 대한 시급한 개입이 필요한 상황이다.

노화불안은 노화과정에서 발생하는 불안과 늙어감에 대한 두려움으로 정의된다. 모든 사람은 노화를 피할 수 없기에 이로 인한 불안은 비단 노인뿐만 아니라 모든 세대에게 해당되는 문제이다. 그러나 현재 신체적, 사회적 약화를 실제로 겪고 있는 노인세대가 타 세대보다 노화불안에 있어 보다 절실하고 취약하며, 이로 인해 노년기 삶에 있어 만족도가 떨어지고 노년기에 대해서 더욱 부정적으로 인식하게 되는 경향이 있다. 노년기의 노화불안은 죽음에 대한 두려움보다 더 큰 괴로움을 초래할 수도 있는 심각한 문제라 할 수 있다. 노화불안은 인구사회학적 변인, 건강상태, 질병상태, 일상생활 기능장애, 경제적 안정, 자아 존중감, 종교, 사회적 지지와 같은 다양한 요인들과 관련되어 있다.

한편, 통계청의 <2017 사회조사결과>는 우리 사회 실버세대가 처한 상황을 적나라하게 보여준다. 조사결과 우리 국민의 노후를 위한 사회적 관심사는 '소득지원'(38.9%)과 '요양보호 서비스'(28.5%), '취업지원'(22.3%) 순으로, 경제·신체적 분야에 관심이 있는 것으로 나타났다. 모든 연령대에서 '노후 소득지원'에 대한 관심이 가장 많았고, 다음으로 40세 미만은 '노후 취업지원'이 많은 반면, 40대 이상은 '요양보호 서비스'가 더 많았다.

19세 이상 우리나라 국민의 58.6%는 '취미활동'을 하며 노후를 보내고 싶어 하는 것으로 나타났다. '취미활동' 다음으로 30세 이상은 모두 '소득창출활동'이 많고, 19~29세는 '학습 및 자아개발활동'이 많았으며, '자원봉사활동'은 40대와 50대, '종교활동'은 60세 이상 연령층에서 상대적으로 비율이 높게 나타났다.

60세 이상 고령자 중 69.4%는 현재 자녀와 따로 살고, 30.6%는 자녀와 같이 살고 있는 것으로 나타났다. 고령자들이 자녀와 따로 사는 주된 이유는 '독립생활이 가능'(31.4%)하고 '따로 사는 것이 편해서'(29.4%)였다. 자녀와 같이 사는 고령자는 '자녀의 독립생활이 불가능'(31.0%)해서가 가장 큰 이유이고, 다음은 '같이 살고 싶어서'(28.9%)였다. 60세 이상 고령자의 77.8%는 향후에도 자녀와 '같이 살고 싶지 않다'고 응답하였고, 이 비율은 지속적으로 증가하고 있다.

선호하는 장례방법은 '화장 후 봉안(납골당, 납골묘 등)'이 44.2%로 가장 많고, 다음은 '화장 후 자연장(수목장, 잔디장 등)'(43.6%), '매장(묘지)'(10.9%) 순이었다. '매장(묘지)' 방법은 계속 감소 추세이며, '화장'은 과거에는 자연장을 더 선호했으나 최근에는 봉안을 더 선호하는 것으로 나타났다.

한편, 연령이 높아질수록 사회적 관계망은 좁아지는 것으로 나타났다. 연령이 높아질수록 남에게 도움을 받을 수 있다고 응답한 비율은 점점 감소하고 사람 수도 줄어드는 것으로 나타났다.

지난 1년 동안 동창회, 취미활동 등의 각종 단체에 참여하여 활동한 사람은 49.7%로 2년 전(48.9%)보다 0.8%p 증가했다. 연령이 높아질수록 단체 참여율은 계속 증가하여 50대의 참여율(60.0%)이 가장 높고, 60세 이상은 다시 감소하는 모습을 보였다. 단체활동 참여자 중 '친목 및 사교단체'에 참여한 사람은 78.2%로 가장 많았고, 다음은 '취미, 스포츠 및 여가활동단체'(43.6%), '종교단체'(28.2%) 순이었다.

여가시간 활용에 대하여 '만족'하는 사람의 비율은 27.2%로 2년 전보다 1.2%p 증가하였으며, '불만족'은 26.2%로 나타났다. 여가생활에 만족하지 못하는 이유는 대부분 '경제적 부담'(54.2%)과 '시간 부족'(24.4%)이었다. 연령이 높을수록 여가시간 활용에 불만족하는 비율은 증가했다.

한편, 노화 불안 문제는 이해하기 어려울 만큼 격분하고 폭력을 휘두르며 끊임없이 갖가지 문제를 일으키는 소위 '폭주노인'에 대한 우려를 낳고 있다. 최근 분노한 노인들의 강력범죄가 사회적 문제로 대두되고 있다. 신체는 젊고 건강하지만, 사회적으로 은퇴가 앞당겨지면서 주변과의 관계 소원과 경제적 빈곤에 직면한 노인들이 분노를 물리적으로 표출하게 된 것이다. 이를 두고 앞서 고령사회에 진입한 일본에선 '폭주노인'이란 단어로 이들의 존재를 규정하고 있다. 가출소녀를 유인해서 자택에 감금하고 성추행을 계속해온 불량노인들, 이불 터는 소리가 시끄럽다고 이웃집 주부를 총으로 살해한 노인, 동네 술집에서 말다툼을 벌이다가 상대를 총으로 쏴죽이고 스스로 목숨을 끊은 할아버지, 장시간 책을 읽는다고 주의를 주는 편의점 점원을 전기톱으로 위협한 노인 등은 일본에서 실제로 뉴스로 보도되었던 충격적인 사례들이다.

실제로 국내에서도 노인이 저지른 범죄는 이미 심각한 사회문제가 되고 있다. 한국경찰학회의 '범죄 및 경찰학술대회' 발표 자료에 따르면 만 61세 이상 노인범죄가 2012년 12만 5,012건에서 2015년 17만 904건으로 40% 가까이 증가 추세를 보였다. 대검찰청이 발간한 '2017 범죄분석'에 따르면 고령범죄자의 범행동기는 '부주의'와 '우발적'이 전체 사유 중 가장 높은 것으로 나타났다. 노인범죄가 갈수록 흉포화됨에 따라 노인 수형자도 꾸준히 증가하는 추세다. 법무부가 지난해 발표한 '교정시설수용현황'에 따르면 전국 교정·수용시설에 수감된 만 60세 이상 수용자는 2013년 2,350명에서 2017년 4,243명으로 2배 가까이 증가했다.

은퇴 시기가 빨라짐에 따라 사회적 지위에 대한 박탈감과 기초연금과 같은 사회보장제도 빈약에 따른 빈곤이 겹치며 쌓인 고독과 분노가 범죄로 표출되는 것이라는 게 전문가들의 분석이다. 노인의 폭력은 고독과 소외, 고립감, 그리고 현대사회 부적응을 내지르는 마지막 절규일 수 있다. 노인들이 여생을 편하게 보낼 수 있도록 사회안전망을 구축하고, 노인들이 소외감을 느끼지 않도록 다양한 사회적 네트워크 구축을 필요로 하는 등의 대응방안이 요구된다고 하겠다.

또한, 노인을 바라보는 우리의 어두운 시선을 변화시킬 필요도 있다. 고령화가 진행되면서 세대 간 경제·정치·사회적 이해관계가 날이 갈수록 매섭게 충돌한다. 인터넷 공간에선 노인을 경멸하는 언어가 쏟아진다. 노인에 대한 부정적 시선은 나이 드는 것에 대한 혐오로까지 이어진다. 이것이 노인들의 분노와 폭주로도 이어질 수 있다는 우려를 갖게 한다. 2018년 발표된 국가인권위원회의 <노인인권종합보고서>에서는 청년 56.6%가 '노인 일자리 증가 때문에 청년 일자리 감소가 우려된다'고 응답했다. '노인 복지 확대로 청년층 부담 증가가 우려된다'고 답한 청년 비율은 77.1%에 달했다. 노인에 대한 반감이 차별을 낳고, 결국 노인 인권 악화와 노년 혐오로 이어질 가능성이 높다. 노년 혐오에 대한 사회적 분위기를 시급하게 바꿀 필요가 있다.

노인을 위한 나라는 없다?

<노인을 위한 나라는 없다(No country for old men)>. 미국 현대문학을 대표하는 사람 중 한 명인 코맥 매카시(Cormac McCarthy)가 지은 동명소설을 영화화한 것이다. 작가가 노인을 바라보는 관점이 자신이 늙어가는 것에 대한 부정적인 시각으로 투영된 것이 특징

이다. 2007년 퓰리처상을 수상했고 같은 해 영화화되었나. 세80회 아카데미 시상식에서 작품상과 감독상, 각색상, 남우조연상까지 4개 부문을 석권했다.

영화 <노인을 위한 나라는 없다>의 제목이 주는 의미는 대단히 함축적이다. 노인을 위한 나라는 노인에게 시간을 연장하여 육체적 삶을 지속시키는 영원성의 일차적인 의미가 있다. 2차적인 의미는 죽음이 다가오는 것을 아는 노인이 품은 인간의 삶의 방식에 대한 모순 그리고 실존의 허무함과 무력함을 풀어주는 모범답안을 나타낸다.

영화 <노인을 위한 나라는 없다>에서 은퇴를 앞둔 늙은 보안관 벨은 나이가 들면 신의 뜻을 어느 정도 이해할 수 있을 거라 믿었지만 막상 그 나이가 된 벨은 여전히 신의 뜻을 알 수가 없다. 노인의 연금을 노린 부부는 노인을 죽여 자신의 마당에다 파묻고 벨이 직접 체포해 전기의자로 보낸 소년은 아무나 죽일 생각에 14살 소녀를 죽였다고 한다. 그 소년은 지옥에 갈 걸 알지만 감옥에서 풀려나면 또 범행을 저지를 거라고 말한다. 노인이 되어서도 벨은 인간과 이 사회를 이해할 수 없다. 노인을 위한 나라는 없으며 연륜이 든 노인이 되어서도 그들이 이해할 수 있는 사회는 없다. 그들이 살고 있는 나라는 어쩔 수 없이 선택해야 하는 동전의 앞면과 뒷면, 두 면만 존재하는 나라이다. 영화는 이처럼 인간과 사회에 대한 묵직한 성찰을 우리에게 던져주고 있다.

일반적으로 미디어에서 제시하고 있는 노인의 이미지는 노인층을 비롯해 일반대중에게도 영향을 주며, 특히 노인층에게 직접적 이미지 구성에 영향을 주지는 않으나 간접적으로 노인에게 영향을 미칠 수 있다. 이러한 점에서 미디어에서 창출되는 부정적 이미지는 대중들에게 노년기에 대한 잘못된 선입견을 더욱 강화할 수 있으며, 노년 세대를 대하는 태도나 인식을 부정적으로 변화시킬 수 있다.

미디어에서 구현되는 노인의 부정적 이미지는 일반인에게 이 이미지를 그대로 수용하게 하고 실제에 있어서도 노인을 이러한 이미지와 동일한 대상으로 인식하고 행동하도록 유도할 수 있다. 노년기에 사회적 지위 약화 및 역할 상실을 대부분 경험하게 되는 노인들은 일반세대가 갖고 있는 부정적 이미지에 의한 행동 및 사고에 의존하여 실제 노인 스스로가 자신을 무능력하다고 판단할 수 있다.

TV는 연령, 성별 등 다양한 집단의 사회적 지위를 상징적으로 부여하는 데 중요한 역할을 수행할 뿐만 아니라 TV가 반복적으로 묘사하는 노인의 모습은 노인 집단이 사회에서 어떤 역할을 주로 수행하며 노인들에 대해 어떤 기대를 가져야 하는가 등을 정의하는 힘도 가진다.

아울러 TV가 노인을 재현하는 방식은 노령인구가 스스로를 바라보는 정체성에도 영향력을 미친다. 때문에 우리는 TV의 재현 방식은 노인 자신에게뿐만 아니라 노인의 정체성에 직접적인 영향을 미치고 있음을 간파해야 하며, 이러한 점에서 TV 속 노인의 이미지를 보다 긍정적으로 전환시킨다면 노인이 사회에서 주어지는 자신의 위치와 역할에 있어 보다 긍정적인 태도를 가질 수 있고 노인 자신의 정체성도 분명해질 것이다. 이는 미디어의 사회적 책임성과도 맥이 닿아 있는 부분이다.

마이클 힐트(Michael Hilt)가 쓴 책『늙어가는 미국: 미디어, 노인 그리고 베이비부머』에서는 정형화된 미국식 매스미디어가 노인을 보는 방법에 대해서 이렇게 비판적으로 쓰고 있다; "매스미디어는 늙어가는 현실을 뒤틀어 놓고 있다. 노인들은 더 젊은 것도 좋아하고 더불어 나이 들어가는 것도 즐길 줄 안다. 현재 젊은이들은 더 젊어지려고만 하고 늙어가는 것을 직시하지 못한다. 상당수 노인이 자신의 현재 나이를 행복하게 여긴다는 것을 아는 젊은이는 드물다. 꽤 많은 노인이 젊은이를 부러워하지 않는다는 것은 그들에게 매우 충격적인 사실이다. 시인이자 유머가로 유명한 도로시 파커(Dorothy Parker)의 말대로 자기 모순적으로 보일지 모르겠지만 젊음을 믿는다는 건 거꾸로 퇴보하는 것이다. 장래를 생각한다면 현재의 나이를 믿어야 한다."

　미디어는 노인에 대한 이미지를 구성하고 있는 담론을 형성하는 데 주도적인 역할을 한다. 미디어가 현대의 삶의 의미에 대한 담론 형성의 주체로서 급속히 그 지배적 위치를 공고히 함에 따라, 다양한 언론 매체가 생산 유통하는 담론에 대한 문화적 분석이 보다 중요하게 되었으며, 이러한 사정은 노인 연구의 경우에도 마찬가지다. 미디어의 주도적이면서 이율배반적인 위치는 아직도 공공연하다. 그러나 지속적인 문화 생산에 힘입어 정형화된 노인의 이미지든, 미디어의 견고한 틀은 조금씩 깨어지고 있다. 예를 들어 노인의 사랑과 성을 다룬 영화 <죽어도 좋아>(2002)에 환호했던 현상도 이렇듯 노년의 꿈이 기껏 육체적 기능의 유지로 축소되어버린 문화적 상황과도 관련이 있을 것이다. 노인도 당당히 성을 즐길 수 있는 젊은 육체를 가졌다는 걸 보여준 영화였기 때문이다. 일종의 형용 모순이라고 할 수 있는 '젊은 노인'의 이미지가 건강과 외모에 대한 우리 사회의 증폭된 관심과 맞물려 노년에 추구될 수 있는, 혹은 소비될 수 있는 매력적인 꿈으로 대두하고 있다. 인구도 많고 경제력과 함께 '문화적 소비' 취향까지 갖춘 중년 세대가 은퇴할 즈음이면 이들 세대의 젊음에 대한 강박적인 '입맛'을 개발하고 그렇게 개발된 입맛을 겨냥한 문화산업의 '젊은 노년' 이미지 공세는 더욱 공격적이 될 것이다.

산업화와 도시화의 급속한 변동을 경험하면서 한국사회에서는 전통적인 노인에게 부여되었던 역할과 기대가 빠르게 변화되어왔다. 한 가족의 가부장이자 집안의 어른으로서 노인의 역할과 지위는 다양한 요인에 의해 변화하였고, 특히 생산성을 중심으로 인간의 가치와 능력을 평가하는 자본주의 산업사회에 노인은 고비용, 저생산의 집단으로 인식되어왔다. 이러한 상황을 고려해볼 때, 노인의 정체성의 위기와 혼란을 이야기하는 것은 결코 무리한 분석이 아니다. 최근의 고령화 현상은 기존 노인의 역할과 기대 등에 또 다른 변화를 가져온 변수로 여겨질 수 있다. 그러므로 정체성의 논의는 사회가 규정하는 노인의 역할과 기대의 변화를 가늠해볼 수 있다.

영화 <인턴>(2015)에서 로버트 드니로가 분한 70세의 벤 휘태커(Ben Whittaker) 할아버지의 첫 출근 날, 회사를 소개한 직원은 인스타그램 인증을 하면서 의미심장한 한마디를 날린다. "Gray is the new green(중년이 대세다)."

영화는 40년 동안 전화번호부 회사에서 일하던 벤이 은퇴 후의 시간을 나름 여러 가지로 알차게 보내기는 했으나, 많은 시간과 채울 수 없는 공허감을 채우기 위해 '시니어 인턴'에 지원하면서 벌어지는 에피소드들을 보여주고 있다.

"I read once, musicians don't retire.
They stop when there's no more music in them.
Well, I still have music in me. Absolutely
positive about that."
'음악가들에게 은퇴는 없다'라는 말을 들었어요.
그들은 그들 안에 음악이 없어질 때 비로소
멈춘답니다.
나는 내 안에 아직 음악이 있다고 장담합니다.

시니어 인턴에 지원하기 위해 자기소개 영상을 만들면서 벤이 한 말이다. 뮤지션들이 자신들 속에 음악이 없을 때야 비로소 음악을 멈추는 것처럼 본인도 아직은 일을 멈출 수 없는 이유와 욕구가 있음을 피력하는 말이다. 벤이 1차 통과를 하고 형식적인 면접을 진행하는 과정에서도 세상이 얼마나 '세상 속의 많은 벤'에게 어색해하고 무관심한지를 알 수 있다.

영화의 결론은 벤이 회사의 CEO인 쥴스(Jules)뿐만 아니라 회사에서도 소통이 가능한 시니어로서의 자리매김하면서 해피엔딩을 선사한다. 영화 <인턴>이 유독 한국에서 흥행에 성공한 이유는 분명하다. 지금 세대가 주변에서 겪지 못하는 '진짜 어른'을 대리 체험할 수 있으며, 세대 간 소통의 바람직한 모습을 보여주기 때문이다.

한편, 최근 일본에서는 사고방식, 문화, 소비양식에서 과거와 다른 새로운 경향을 보이는 중·노년층을 지칭하는 '새로운 어른(新しい大人)'의 등장이 중요한 화두가 되고 있다. 현재 60대 초중반인 일본의 베이비붐 세대인 단카이 세대(団塊世代)가 그 특성상 '새로운 어른'에 가깝다고 보고 있다. 이들 세대가 청소년일 때 남자의 장발, 청바지, 미니스커트가 등장했고 포크송이나 팝그룹 비틀즈 같은 해외 문화도 들어왔다. 우리나라도 그렇지만 일본의 베이비붐 세대는

그 수가 많은 만큼 단번에 새로운 문화를 만들어냈고, 이들이 만든 청소년 문화는 이전 세대와 전후 세대를 구분하는 분수령이 되었다는 평가이다. '새로운 어른'에게서는 나이 들어 활력 없고, 돈 쓰는 데 인색하며, 새로운 문화와 문물에 뒤처지는, 흔히 알던 그런 노인의 모습은 찾기 어렵다. 이들은 더 좋은 것을 사고 자신의 시간을 즐기며 젊은 시절 하지 못했던 것에 도전하길 주저하지 않는다. 시간과 돈이 있는 중·노년층이 제2의 인생을 즐기고자 여행길에 나서면서 JR규슈를 비롯한 일본 철도회사 수익이 눈에 띄게 증가하고 있다. 새로운 어른 중에는 은퇴 후 시간과 돈의 여유가 생기자 과거 동경의 대상이었던 100만 엔이 넘는 고급 오토바이 '할리 데이비슨'을 사는 '리턴 라이더'가 등장하고 있다. '새로운 어른' 세대는 여행, 엔터테인먼트 시장에서 이미 새로운 시장을 만들 정도로 강력한 영향력을 행사하고 있다. 더욱 중요한 사실은 '새로운 어른' 세대의 특징인, 좀 더 젊게 살고자 하고 긍정적으로 생각하려는 경향이 사회를 더욱 활기차게 변모시키는 동력이 되고 있다는 것이다. 중·노년에 대한 기존의 고정관념을 허물어 젊은 세대와 공유하는 문화를 확산시키고 있다는 점도 우리에게 시사하는 바가 크다.

시니어세대에게 은퇴, 사별, 질병(죽음)은 주요한 테마가 될 수밖에 없다. 각 단계별로 연착륙을 도모하는 것이 필요하다. 세 가지 테마는 같이 올 수도 있지만, 각각의 테마별로 이에 대응하는 성공적인 노화가 가능하도록 새로운 의미 부여가 필요할 것이다. 무엇보다도 '멋있는 어른'으로 자리매김할 수 있는 콘텐츠 제공이 필요할 것이며, '호모 헌드레드 시대'를 맞이하여 시니어들이 잘 노는 것, 잘 놀 수 있도록 하는 제반 여건과 환경을 제공하는 사회구조 변화가 시급하다. 노동과 놀이라는 이분법적 사고에서 벗어나 사신에게 오롯하게 집중할 수 있는 시간이 바로 노년이다. 이전과는 다른 '공부'가 바로 백세시대의 대안이다. 평생학습의 개념은 고령화사회에서 나온 맥락이다. 요컨대 늘어난 시간이 재앙이 아니고 즐겁고 설레는 시간으로 다가올 수 있도록 하는 것이 바로 성공적인 노년을 맞이할 수 있는 가장 중요한 솔루션일 것이다.

4. 실버산업의 개념 및 특징

'실버'라는 말은 노인을 뜻하는 단어이다. 노인을 표현하는 단어 중, 50대 이상을 지칭하는 시니어층, 그리고 그레이 혹은 '55+'라고 표기하며(55세 이상), '성숙 소비자'라는 뜻으로 쓰이고 있다. 그중 실버마케팅, 실버산업 등에 쓰이는 '실버'라는 말이 노인을 지칭하는 가장 보편적인 언어다. 실버산업이란 50대 후반 이후 중·노년층을 대상으로 하는 영리 목적의 사업을 일반적으로 지칭한다(이인수, 1999).

최근 생활수준 향상으로 노인들의 욕구는 단순한 생존적 욕구충족의 수준을 넘어 삶의 질을 추구하려는 수준에까지 이르고 있으며, 그 욕구의 종류도 다양해지고 있다. 이에 20세기에 들어와서 노인인구의 증가와 그들의 다양한 욕구에 대한 사회적 대책은 국가의 주요 정책과제의 하나가 되고 있다.

이미 선진국에서는 노인의 기본적 생존과 삶의 질 문제를 국가의 제도적 차원에서 적극적으로 해결하려는 노력이 19세기 말부터 이루어졌다. 사회보장제도의 도입과 1940년대 중반부터 시작된 복지

국가 이데올로기의 실현 등이 그것이다. 전통적 사회복지제도는 국가가 개입하여 국민의 생활에 필요한 상품과 서비스를 시장경제제도 밖의 다른 원칙에 의하여 배분하는 활동이다.

그러나 노인 인구의 급속한 증가에 따라 노인과 관련된 다양하고 많은 문제를 국가의 사회복지제도만으로는 해결할 수 없게 되었다. 그래서 노인 관련 일부 재화와 서비스의 공급을 시장경제 체계에서 해결하려는 시도가 1960년대부터 선진국에서 있었다. 1970년대 이후 경제성장의 퇴조와 국가 복지재정 한계에 봉착하여 선진국에서는 복지서비스, 특히 노인복지서비스의 일부를 시장(경제시장)에서 공급하는 경향이 두드러지게 나타나고 있다.

이렇게 노인복지서비스를 시장경제 체계 안에서 공급하고 소비하는 것을 '실버산업'이라 정의할 수 있다. 실버산업은 현재의 노인을 대상으로 하는 상품(재화와 서비스)과 비노인층이 장차 노인이 되었을 때 효력을 발생하는 상품을 시장경제원칙에 입각하여 생산하고 공급하는 활동을 말한다(김일석, 2014).

선진국에서는 실버산업이 복지국가의 새로운 방향전환과 더불어 크게 발전하는 경향을 보이고 있다. 실버산업은 종래 전통적으로 사회복지의 공급체계인 사회시장(social market)에서 공급되던 것의 일부를 다시 시장경제 체계를 이용하여 공급하려는 시도이다. 민영화(privatization) 경향과 결부되어 사회복지에서 중요한 이슈 중의 하나가 되고 있다.

한편, 고령화사회가 되면서 노인들 자신이 자신들의 삶을 즐기려는 경향이 커지고 있다. 후기산업사회 이후로 인간의 가치관은 대체로 '존재-자기개발'의 가치관으로 변화되는 경향을 띠고 있다고 할 수 있으며, 향후 실버세대는 보다 높은 차원의 '삶의 질' 향상을 추구하면서 소비자 주권(Consumer's Sovereignty)을 도모할 것이다. 그 예로 핵가족화가 두드러지게 나타나면서 부양 문제 등을 가정 외부에서 해결하려는 수요가 늘어나는 사례를 들 수 있다.

최근에는 노년기에 가난에 허덕이는 것이 아닌 경제력을 갖춘 실버세대가 등장하고 있다. 향후 노년층은 개인적, 사회적으로 경제적으로 여유를 더 가지게 될 것이다. 경제 여건의 변화에 따라 전반적인 국민소득 수준이 향상되어 가고 있으며, 향후 실버세대는 정년퇴직 후에도 연금, 저축, 보험, 자산소득 등의 고정 소득원을 갖고 있는바 구매력을 지닌 실버세대가 증가할 것이다. 따라서 이들 고령자를 대상으로 독자적인 소비시장이 형성되고, 고령자를 활용한 다양한 실버마케팅이 이루어질 것이다.

현재 고령사회 진입을 앞둔 상황에서 소비시장 내 주요 소비주체로 부상하는 뉴시니어에 대한 관심이 고조되고 있다. 넉넉한 자산과 소득을 갖춘 시니어 계층의 증가로 '시니어 비즈니스'라는 거대 소비시장이 형성될 것으로 예상된다.

과거 대다수 시니어가 여생을 소일거리 하며 보내거나 집안에 갇혀 손주를 돌보며 많은 시간을 보냈다면, 뉴시니어는 경제적으로 안정된 소비여력을 갖추고 있고 자신을 위해 소비한다는 점에서 차별된다. 이들은 건강한 신체를 바탕으로 등산, 골프 등 다양한 스포츠를 즐기기도 하며 자신만의 패션 코드를 갖고 외적인 젊음을 추구하는 데 적극적이다. 이들은 건강하고 아름답게 늙기 위한 '웰에이징(well-aging)'을 추구한다.

한편 인구 구성비에서 점차 큰 비중을 차지하게 되는 시니어 계층에 새로운 트렌드를 몰고 올 액티브 시니어(Active Senior)가 등장하고 있다. 액티브 시니어는 '건강하고 활동적인'을 의미하는 액티브(Active)와 '연장자'를 의미하는 시니어(Senior)가 합쳐진 신조어이다. 액티브 시니어는 기존 시니어 계층과 다른 '뉴시니어'로 시니어 비즈니스의 핵심주체 역할을 할 것으로 기대된다. 이처럼 최근 주목을 받고 있는 뉴시니어는 사고방식·체력·라이프스타일 등 다양한 측면에서 젊고 활동적인 경향을 지니며 과거 '실버세대'로 일컫던 시니어세대와 다소 구분되는 특징을 보인다. 이에 따라 뉴시니어의 등장은 기존에 형성되어 있던 '실버마켓' 혹은 '실버비즈니스'의 양상까지 변모시키고 있는 모습이다. '시니어 비즈니스'는 청춘을 가능한 오랫동안 즐기고자 하는 뉴시니어의 니즈에 맞춰 젊은 세대를 대상으로 한 제품·서비스도 일부 포함된 보다 폭넓은 사업영역으로 변화하고 있다.

한편, 실버세대를 위한 '실버산업'은 우리나라와 일본에서만 사용되는 용어이기에 의미를 명확하게 규정할 필요가 있다. '실버산업'은 1980년대 중반부터 우리 사회에서 사용되기 시작한 용어이다. '실버산업'은 '노인산업'으로도 사용되어 왔고, '실버마켓'과도 혼용하여 왔다. 흔히 실버산업으로 통칭되다, 2005년 '고령화 및 미래사회위원회'가 발족하면서 그동안의 실버산업을 고령친화산업으로 명명했다.

영어로 silver industry 정도가 되겠는데, 영어권에서 silver industry는 은광산업(silver mining: 銀鑛産業)을 뜻한다. 일본에서는 '실버서비스(シルバーサービス)', '실버 비즈니스(シルバービジネス)'라는 용어가 사용되고 있는데, 이때 '실버'는 노인을 뜻한다. 또 우리나라

의 노인복지시비스와 실버산업은 일본의 영향을 많이 받아온 것 또한 인정하는 사실이다. 이러한 사실들로 미루어 보건대, '실버산업'의 어학적 유래는 일본에서 비롯된 것으로 추정해도 과언은 아닐 것이다(김일석, 2014).

영어권에서 '실버산업'과 같은 의미의 용어로는 elderly market, mature market, maturity market, older market, old market, old age market, grey market, senior market, senior citizen market, retiree market, aging market, silver market, 50-p1us market 등이 있다. 이들 중 상대적으로 빈번히 사용되는 것은 'elderly market'과 'mature market'(Wolfe, 1990; 최성재・장인협 참조)이다.

실버산업은 실버계층을 중심으로 신체적・정신적 자립도의 수준을 유지시켜주는 목적으로 새로 개발 또는 변형되는 상품 및 서비스를 통칭한다. 후기노년기의 신체적・정신적 자립도를 향상시키는 것을 목표로 개발된 다양한 제품과 서비스를 의미한다. 신체적 노화로 발생하는 노년기의 독립성 훼손을 저하(예방) 또는 제거하여 인간다운 삶을 유지・발전시킬 수 있도록 돕는 역할을 수행한다. 결국 생물학적 노화와 사회경제적 능력 저하를 보이는 고령자를 대상으로 정신적・육체적 건강, 편익, 안전을 도모하기 위한 재화와 서비스를 제공하는 산업이라 하겠다.

좁은 의미로는 고령자의 욕구를 충족하기 위한 상품과 서비스를 제공하는 산업을 지칭한다. 생물학적 노화와 사회경제적인 능력 저하를 보완하기 위한 상품과 서비스가 필요하기 때문이다. 넓은 의미로는 노인의 니즈(needs)를 우선적으로 고려하여 개발된 상품과 서비스를 제공하는 산업을 의미한다. 모든 사람을 잠재적 수요자로 생각하고 편의성과 안정성을 강화한 상품과 서비스를 공급하는 것이다. 노인만이 아니라 어린이, 여성, 장애인 등 노인처럼 신체적 능력이 약한 사람들, 나아가 편의성과 안정성을 추구하는 모든 건강한 사람들도 이 범주에 포함된다. 편의성과 안정성을 추구하는 모든 산업이 해당된다.

법적인 정의는 '고령친화산업진흥(법률 8852호 2008년 2월 29일 시행)'에 근거하는데, 고령친화제품 등을 연구·개발·제조·건축·제공·유통 또는 판매하는 업으로 규정된다. 구체적인 대상은 다음과 같다.

① 노인이 주로 사용하거나 착용하는 용구·용품 또는 의료기기
② 노인이 주로 거주 또는 이용하는 주택 그 밖의 시설
③ 노인요양 서비스
④ 노인을 위한 금융·자산관리 서비스
⑤ 노인을 위한 정보기기 및 서비스
⑥ 노인을 위한 여가·관광·문화 또는 건강지원 서비스
⑦ 노인에게 적합한 농업용품 또는 영농지원 서비스
⑧ 그 밖에 노인을 대상으로 개발되는 제품 또는 서비스로서 대통령령이 정하는 것

그동안 정부는 신성장동력 확보를 위해 고령친화산업진흥법을 제정(2006)하고 고령친화산업을 육성하고자 노력해왔다. 그러나 여전히 고령친화산업 및 실버경제에 대한 사회적 인식이 낮은 편이며, 고령친화산업에 대한 투자도 걸음마 수준이다. 특히, 그 중심이 되는 실버세대의 여가활동과 교육을 위한 콘텐츠의 개발 역시 필요하

나고 시적뇌시반 실버세대를 위한 교육, 여가 등을 포함하는 콘텐츠는 많이 부족한 실정이다(강효은, 2016).

고령친화산업은 새롭게 태어났다기보다는 노인인구 증가와 더불어 새롭게 조명된 산업이다. 일생생활과 관련된 여러 산업활동 중에서 고령자를 대상으로 한 부분들이 하나의 산업영역으로 자리하게 된 것이다. 최근 민간 기업이 참여한 서비스는 개호(介護: 간병)·의료 서비스 부문이 대종을 이룬다. 금융 관련 서비스, 스포츠, 레저, 재택 관련 서비스에도 많이 참여하고 있다.

우리나라에서도 점차 공공부문이 감당하지 못하는 영역을 실버산업이 채워가는 양상을 보이고 있다. 건강과 장수 그리고 웰빙에 관심이 많아지고, 관련된 상품을 소비할 수 있는 경제력을 갖춘 노인계층이 점차 증가하고 있기 때문이다.

한편, 노년층 인구의 증가는 고령자의 분화를 가져온다. 고령자의 학력상승, 소득과 소비수준의 상승, 자산의 증가, 자기실현 욕구의 표출 등 고령자의 생활상을 일률적으로 규정하기 어렵게 되어 다양화와 개성화가 두드러지게 되었다. 즉, 고령자 속에서도 다양한 특성을 가진 계층 분화 현상이 발생할 수 있고 고령자의 복지서비스를 다룰 경우에도 일률적인 처리에 문제가 발생할 수 있는 것이다.

향후 고령화사회로의 발전과정에서는 소득수준의 향상과 함께 노년층의 생활양식도 복잡하게 변화될 것으로 예상된다. 노인들은 생존을 위한 기본 욕구를 넘어서 다양한 개인적 욕구를 표출할 것이며 이는 젊은 노동력의 부족, 세대 간의 부담 문제, 노인복지에 대한 정부의 공적 복지 공급의 한계와 이에 따른 민간참여 부분의 역할 증대문제를 야기할 것이다. 이러한 문제점들은 바로 실버산업의 필요성, 육성문제 등을 대두시키는 직접적인 원인이 된다.

실버산업은 경제시장의 한 영역에 속하지만, 노인을 대상으로 한다는 점과 그 시장에서 제공되는 서비스의 성격과 사회적 기능이 일반적 경제시장과 다르다. 즉, 실버산업은 그 자체가 사회시장과 경제시장의 성격을 모두 갖고 있다 하겠다.

2장 유망 실버상품 분야

1. 건강/안전

어떻게 하면 독립적이며 행복한 생활을 오래 지속하고 활기찬 노화를 유지할 수 있는가는 고령자에게는 대단히 중요한 화두이다. 고령자가 남은 생을 활기차고 행복하게 보내기 위해서는 건강 상태에 대한 측면이 매우 중요하게 부각될 수밖에 없다. 건강 불안은 시니어가 지닌 대표적인 불확실성 요인이다. 그들은 뇌졸중을 비롯해 치매, 낙상(골절)이라는 위험 요소를 안고 있다. 따라서 시니어들은 건강을 유지하기 위한 관심과 투자욕구가 매우 높다. 특히, 소비 및 구매력을 갖춘 액티브 시니어의 경우 자신의 건강을 유지하기 위해 지속적인 노력을 기울이며 이에 대한 투자욕구도 높다. 이러한 시니어들의 니즈에 맞춰 기업들은 식품, 건강진단, 스포츠 등 다양한 산업에서 시니어들의 건강관리 욕구를 겨냥한 상품 및 서비스를 속속 출시하고 있다. 이미 스포츠 업계에서도 건강관리에 관심이 많은 시니어들이 주요한 고객으로 자리 잡고 있으며, 스포츠 관련 상품군에서 50대 연령층의 매출 역시 증가하고 있는 추세이다.

건강과 더불어 시니어들은 안전한 삶에 대한 욕구도 늘고 있는데,

특히 1인 노인가구 혹은 2인 노인가구(부부세대)들의 증가와 함께 고령노인들에 대한 안전을 확인할 수 있는 서비스가 대폭 확대되고 있다.

'Three No M' 전략으로 성공한 여성전용 피트니스클럽 '커브스 (curves)'

미국에서 시작된 여성전문 피트니스 클럽 커브스(Curves)는 전 세계 90개국에 가맹점을 보유한 세계 최대 피트니스 프랜차이즈 기업이다. 커브스는 미국뿐만 아니라 일본에서도 1,600개 지점의 68만 명 회원을 보유할 정도로 인기가 높으며, 현재 국내에서도 운영 중이다.

커브스의 성공 요인으로는 여성 시니어 고객의 니즈를 정확히 파악하고 그들의 불만을 최소화하기 위한 전략을 꼽을 수 있다. 기존 피트니스 클럽은 평균 25세의 젊은 세대를 타깃층으로 설정한 데 반해, 커브스는 고객의 평균 연령이 50세에 달한다. 이 기업의 주요 전략은 'Three No M'으로 요약된다. 남자(man)가 없고, 화장(make up)이 필요 없고, 거울(mirror)도 없다는 것이다. 무엇보다 커브스는 기존 헬스클럽에서 여성 시니어들이 느꼈던 불만들을 없애고 차별화된 프로그램을 제공하고 있다. 먼저 힘든 운동을 선호하지 않는 시니어 여성들을 위해 그들이 사용하기에 편한 퀵피트(quick fit)라는 운동기구를 독자적으로 개발했다. 8~12종류의 운동기구를 이용해 일정한 시간 간격으로 이동해가며 운동하다보면 30분 내에 하나의 프로그램을 마칠 수 있다. 또한 운동기구들을 방사형으로 배치해 고객들이 서로 얼굴을 마주하고 이야기하며 운동할 수 있도록 공간을 구성한 것도 커브스만의 특징이다. 무엇보다 샤워실 등의 부대시설을 없애 이용료를 낮춘 것도 시니어들에게는 매력적인 요인이다. 만약 커브스가 중장년층 대상의 사업이라 하여 전문적인 트레이너를 고용하여 맞춤형 운동을 제안하는 데 공을 들였다면 이렇게까지 대중적인 사업으로 성장하기는 어려웠을 것이다.

안전 확인 서비스 일본의 '코코로미(こころみ)'

고령화사회로 접어들며 혼자 사는 부모를 걱정하는 자식들이 많아졌다. 이러한 고객의 니즈를 파고 든 것이 바로, 일본 벤처기업 코코로미(こころみ)의 안전 확인 서비스이다. 코코로미 서비스는 노령 고객의 안전을 확인하여 가입 고객의 가족들과 공유하는 시스템이다. 이 서비스는 타사보다 2배 높은 요금(5,000엔/월)에도 불구하고 차별화된 전략으로 많은 시니어들의 호응을 얻고 있다. 코코로미의 가장 큰 특징은 고객 한 명당 전속 상담원을 배치해 대응하고 있다는 점이다. 이 상담원은 서비스를 개시하기 전 고객과의 심층 인터

親子を結ぶ会話サービス つながりプラス

(출처: http://tsunagariplus.cocolomi.net)

<코코로미 안전확인 서비스 광고>

뷰를 진행해 고객의 취향 및 생활 습관 등을 꼼꼼히 파악한다. 이 결과를 바탕으로 고객의 안전 확인을 물론 친밀한 통화 서비스까지 제공한다. 통화 내용은 당일 가족에게 발송하여 고객의 상태 및 심리 변화 등을 즉각적으로 파악할 수 있도록 하고 있다. 기존의 다른 안전 확인 서비스의 경우 단순히 고객의 안전만을 확인하는 서비스로 오히려 고객들에게 거부감을 느끼게 했다. 하지만 코코로미의 대화 서비스는 하루 동안 무료한 시간을 보내는 고령의 고객들이 오히려 전화를 기다리게 된다는 평이다.

원거리 모니터링 스타트업, '라이블리(Lively)'

미국 스타트업 라이블리는 웨어러블 헬스 와치 '라이블리(Lively)'를 개발했다. 이 시계는 시니어들의 건강 상태를 체크할 수 있도록 돕는다. 뿐만 아니라 건강에 이상을 느낄 때 시계의 버튼을 누르면 구급차를 호출할 수 있으며, 동시에 가족에게도 알림이 가도록 설정

(출처: http://www.mylively.com)

<라이블리 와치(watch)와 센서>

되어 있다. 또한 이 시계는 자체 무선통신장비를 보유하고 있어 카메라 없이도 고객의 상태를 모니터링할 수 있다. 때문에 카메라로 자신을 지켜보고 있는 것에 대해 부담을 느끼는 고령자들의 거부감을 최소화했다. 또한 이 제품은 센서로부터 정보를 받아 스마트 워치에 정보를 수집해 알려준다. 만약 고객의 집 출입문에 활동 센서를 부착하면 출입 여부를 알 수 있고, 냉장고에 부착할 경우 음식 섭취 여부까지 수집할 수 있다. 이렇게 수집된 정보는 클라우드에 저장되고, 필요한 정보를 고객의 시계로 전송해준다. 이 서비스는 고령의 부모님의 안전을 걱정하는 자녀들을 타깃으로 현재 미국을 비롯하여 멕시코, 캐나다, 영국, 호주, 뉴질랜드에서 서비스를 제공하고 있다.

2. 식품/식생활

고령사회의 도래로 인해 식품업계의 전략도 바뀌고 있다. 그동안 업계 관심에서 한발 비켜 있던 고령층을 위한 음식 개발에 적극적으로 나서기 시작한 것이다. 이른바 '실버 푸드'가 중요한 키워드가 되고 있다. 대표적인 실버 푸드는 연화식(軟化食)이다. 일상에서 흔히 먹는 음식을 씹고 삼키기 편하게 만들었다. 연화식은 겉모습도 중요하다. 먹기 편하게 하되, 음식 모양은 그대로 유지한다는 점에서 기존 가루나 액상 형태의 '병원 환자식'과 구별된다. 영양 공급 차원을 넘어서 먹는 즐거움도 제공해야 하기 때문이다. 고령층은 젊은 시절 먹던 음식을 그대로 먹고 싶어 하는 욕구가 매우 높다. 식사 외 음료 등 다른 먹거리 분야도 실버 푸드로 부상하고 있다. 고령층 필수 영양소를 강화한 전용영양식, 고령층을 위한 분유나 유제품이 대표적이다.

2006년에 이미 65세 이상 인구가 전체의 20%를 넘어선 일본에선 '카이고(개호·介護·곁에서 돌봄)식품'으로 불리는 다양한 실버 푸드가 발달했다. 일본 정부도 '스마일케어식'이라는 정책을 통해 분류기준을 만드는 등 업계를 적극적으로 지원하고 있다. 로손 등 편의점에는 고령자 코너가 마련돼 있고 개호식 전문 레스토랑이나 배달 서비스도 활발하다. 일본 개호식품 시장 규모는 2012년 처음으로 1조 원 규모를 넘어 2조 원대를 바라보고 있다. 일본과 마찬가지로 우리나라 고령자들도 음식 부족과 풍요를 모두 경험한 세대들이다. 따라서 향후 우리나라에서도 개호식품에 대한 수요가 늘어날 것이며, 개호식에 관심 있는 식품회사는 먹는 즐거움에 대해 반드시 고려할 필요가 있겠다(최숙희, 2015.8.23).

농림축산식품부에 따르면 고령친화 식품으로 불리는 실버 푸드 시장의 국내 규모는 2015년 7,903억 원으로 5년 동안 54.8% 늘었다. 2017년엔 1조 1,000억 원대에 이른 것으로 추정된다. 정부는 2018년 1월부터 각 음식을 치아 섭취, 잇몸 섭취, 혀 섭취 등 3단계로 구분해 표기하는 '고령친화식품 한국산업표준(KS)'을 시작했다.

경로당 대신 편의점 찾는 일본 시니어들

일본 사회에서는 편의점을 빼놓고 일상생활을 이야기하기 어렵다. 편의점과 집과의 거리는 전철역과의 거리와 함께 집값, 집세를 결정하는 중요한 요인이 될 정도로 중요하다. 동네 중심으로 운영되는 편의점 업계는 1990년대 이후 일본 경기의 장기 침체로 인해 오랜 기간 성체상태였다. 편의점 점포수는 지속적으로 늘어난 반면, 이윤은 오히려 줄어들었다. 이런 위기를 극복하기 위해 편의점들은 늘어나는 고령인구에 눈높이를 맞추었다. 자체상품(Private Brand: PB)으로 가격을 낮추고 고령자에 특화된 상품·서비스를 다양화했다. 일본 편의점들은 거동이 불편하거나 쇠약한 노인들을 위해 배달 서비스는 물론, 미니 양로원과 간호원을 갖추고 있는 일체형 매장을 내는 등 분주히 움직이고 있다(최숙희, 2016.1.17).

현재 일본의 편의점 업계에서는 고령자 취향에 맞춘 상품 개발에 열을 올리고 있다. 고령화사회에 발맞춰 노인을 타깃으로 제품 구성을 비롯해 서비스 품목, 인테리어까지 변화하고 있다. 일본식 디저트·파스타 등 실버세대의 입맛을 겨냥한 식품들이 속속 개발되고 있으며, 채소가 풍부하고 부드러워 씹기 쉬운 도시락, 저염식·저열량 도시락 등 간병 식품들도 쉽게 찾아볼 수 있다.

일본의 편의점 체인 세븐일레븐은 2000년부터 도시락 반찬을 배달하는 '세븐밀(Seven Meal)' 서비스를 내놓아 시니어들에게 인기를 끌고 있다. 500엔 이상 주문 시 무료로 배달되며, 매주 60~70가지의 신상품을 선보인다. 특히 주문 고객은 도시락을 배달받으면서 필요한 일용품도 함께 주문할 수 있어 기동성이 떨어지는 실버세대에게는 안성맞춤 서비스이다. 세븐일레븐의 세대별 고객 분포를 보면 2015년 기준으로 50대 이상 고객이 46%에 달하며, 2016년 매출액은 전년 대비 15.5% 증가한 266억 7,800만 엔을 기록하기도 했다.

또한, 세븐일레븐은 2013년 60세 이상의 고령자들을 적극 채용하기 시작했다. 고령의 직원을 도시락 배달 업무에 전면 배치함으로써 고령자 고객들이 편의점에 더 친근감을 갖도록 하겠다는 전략이다.

고령자를 대상으로 한 비즈니스에 고령자 직원을 활용하는 셈이다. 예를 들어, 고령의 직원들이 고객 집을 방문할 경우 말벗이 되어주는 등 젊은 직원들보다 더 친근한 서비스를 제공할 수 있다.

초고령화 시대에 맞춰 가장 적극적인 편의점 체인은 로손이다. 로손은 2015년 도쿄 근교에 최초로 '간병 상담 창구'가 있는 이색적인 편의점을 열어 주목을 끌었다. 지역의 간병 사업자와 제휴를 통해 편의점 내에 간병 상담 창구를 만들고, 이곳에서 간병 전문가가 근무하며 성인용 기저귀 선택 요령부터 심리 상담 등을 제공한다. 고객이 원하면 간병 보험 서비스 등을 소개해주기도 한다. 뿐만 아니라 매장의 출입구와 화장실 등도 고령의 고객이 사용하기 쉽게 공간을 설계했다. '시니어 살롱'이란 공간도 눈길을 끈다. 노인들의 커뮤니티 거점인 이곳에서는 다양한 건강 측정기를 자유롭게 사용할 수 있게 해놨다. 또 건강보조식품은 물론 기능성 화장품까지 다양하게 구성된 고령자 전용 생필품 코너도 인기다. 로손은 생활습관이나 골밀도 측정 등 간이 건강검진 등을 서비스하고, 다양한 건강 관련 교육도 실시하고 있다.

또 다른 편의점 체인인 패밀리마트는 고령자들을 대상으로 메디컬 푸드(요양식)를 판매한다. 당뇨병, 신장병, 고혈압 등에 좋지 않은 염분·칼로리·당분의 함량이 제한된 환자전용 특별용도의 개호(介護, 곁에서 돌봐준다)식품들이다. 현재 도쿄 등 주요 도시 병원에 인접한 200개 점포에서 판매하며 좋은 반응을 얻고 있다.

이렇게 시니어를 위한 다양한 서비스를 제공하면서 일본 고령자들 사이에선 편의점에 대한 의존도가 갈수록 높아지고 있다. 초고령화 시대에 일본 편의점은 단순히 물건을 구입하는 마켓의 개념을 넘이 생활 인프라 중 하나로 자리 잡고 있다. 홀로 사는 노인의 근황을 살펴주는가 하면 지자체와 협력해 치매환자를 보호하는 서비스까지 고령화사회를 위한 솔루션을 제공하고 있다.

현재 일본 편의점은 각종 생필품 판매 외에도 도시락 배달은 기본이며 택배 서비스, 은행 서비스, 공과금 수납 대행, 행정 서비스 등 종합 생활 서비스센터 역할을 하고 있다. 여기에 최근 고령자용 코너는 물론 이들이 편하게 쉴 수 있는 친화적 공간을 확대하고 건강검진에 상담 등의 맞춤 이벤트까지 해주며 고령자 마음을 사로잡기 위해 적극 나서고 있다.

미니트럭을 이용한 이동식 편의점도 활성화되고 있는 가운데 로손은 2020년까지 이동식 편의점을 최대 1,200대로 확대하기로 했다. 거동이 불편하거나 상점, 편의점에서 멀리 떨어진 지역에 거주해 물건 구매에 어려움을 겪는 일명 '쇼핑 약자'가 늘고 있고 그 수요도 증가할 것이라고 판단했기 때문이다. 이동식 편의점은 하루 100~200㎞를 돌아다니며 빵, 과일 등 400~500개 품목을 판매한다. 더 나아가 편의점 업계는 이동차량에서 온도관리가 어려운 따뜻한 식품은 드론(무인항공기)을 이용해 배송하기 위한 실험도 진행 중이다.

고령자들 사이에서 일상생활의 중심으로 자리 잡아가고 있는 일본 편의점들의 비즈니스 전략은 다가오는 한국의 고령화 시대를 대비하여 눈여겨볼 만한 시니어 마켓의 새로운 사례이다.

3D 프린터를 이용한 시니어 푸드, 독일 바이오준(Biozoon Food Innovations)

최근 고령자들의 증가와 함께 시니어들에게 맞춤형 음식을 제공하는 회사로 독일의 바이오준(Biozoon)이 주목받고 있다. 이 맞춤 영양식은 3D 프린터를 이용해 만들어진 것들이다.

EU 프로젝트인 PERFORMANCE(Personalised Food using Rapid Manufacturing for the Nutrition of elderly Consumers)에서 3D 푸드 프린터를 개발했다. PERFORMANCE 프로젝트는 2012년에 시작되어 2015년에 종료되었으며 EU로부터 300만 유로의 펀딩을 받기도 했다. 바이오준이 이 프로젝트를 이끌어 마침내 3D 프린터를 이용한 시니어 푸드가 제작될 수 있었던 것이다. 또한, 이 프로젝트에는 유럽 일류 요리사인 마커스 비더만과 허버트 틸이 참여하였다.

(출처: http://biozoon.de)

<3D 프린터로 만든 시니어 푸드>

이 회사에서는 시니어들이 평소 딱딱한 음식을 소화하기 어렵다는 것에 착안해 고객의 영양 상태에 맞춰 '부드러운 음식(Smooth food)'을 식사로 제공하고 있다. 음식이 소화가 잘 되지 않거나 자주 체하는 등 식사장애를 가진 환자나 치아가 튼튼하지 않은 노년층을 위한 음식을 제공한다. 또한, 이 3D 프린터는 알고리즘에 의해 자동으로 사용자의 영양 상태, 체중 등을 확인하고 그에 맞는 맞춤형 음식을 제조한다. 다른 시니어 푸드들이 음식의 맛을 유지하는 못하는 데 반해, 이 회사의 음식은 맛을 유지하면서도 고령에 맞는 부드러운 식감의 음식을 제공해 좋은 반응을 얻고 있다. 그동안 치아 문제나 소화기능 저하 등으로 인해 먹는 즐거움을 포기했던 시니어들에게 희소식이 아닐 수 없다.

늙지 않는 '젊은 청년'의 스토리텔링으로 성공한 국순당 백세주

국순당의 백세주는 '안티에이징', '동안의 비결'을 담은 스토리텔링 전략으로 성공한 사례이다. 스토리텔링 전략조차 알려지지 않았던 1990년대 '늙지 않는 비결'을 담은 이야기는 백세주를 무명의 전통주에서 전국구 전통주로 급부상하는 계기를 마련했다.

1993년 백세주가 출시하자마자 인기를 끌었던 것은 아니다. 후발 주류업체였던 국순당은 선발업계와의 경쟁에서도 밀리고 있었으며, 시장에서의 반응도 냉담했다. 당시 국순당은 업소를 찾아다니며 개별적인 공략을 하는 게릴라 마케팅을 비롯해 업소별 차림표, 메뉴판을 제공하는 맞춤형 전략으로 시장을 개척했다. 이때 반전의 기회를 만든 것이 조선시대 실학자 이수광의『지봉유설』을 담아낸 포스터와 차림표의 내용이다. 국순당이 펼친 백세주 이야기는 이렇다.

"옛날 한 선비가 길을 가던 중 어떤 젊은 청년이 늙은 노인을 때리고 있는 것을 보고 '너는 어린 것이 어찌 노인을 때리는가' 하고 꾸짖자, 그 청년이 대답하기를 '이 아이는 내가 여든 살에 본 자식인데 그 술을 먹지 않아서 나보다 먼저 늙었소'라고 대답했다. 선비가 그 청년에게 절하고 그 술이 무엇이냐고 물은즉, 구기자와 여러 약초가 들어간 '구기 백세주'라고 했다."

이 이야기를 통해 사람들의 머릿속에는 백세주가 고령자들뿐만 아니라 젊게 오래 살기를 기원하는 이들에게 건강한 술이라는 인식을 심어주었다. 이후에는 고객들 스스로 백세주와 관련된 이야깃거리를 만들어내며 소비 확산속도를 부채질했다. 예컨대 백세주 50%와 다른 술을 섞어 만드는 '50세주' 등도 당시 화제였다.

(출처: 국순당)

<백세주 초기 포스터 이미지>

백세주의 이러한 성공은 당시 국내에서 흔치 않았던 스토리텔링 기법을 이용한 성공사례로도 유명하다.

3. 패션/뷰티/쇼핑

최근 시니어들에게는 경제력 여부를 떠나 자신의 외모에 적극 투자하는 '꽃중년 패션'이 중요해지고 있으며, 실제 나이보다 더 젊고 건강해 보이도록 외모를 가꾸고 유지하는 것이 중요한 경쟁력이 되고 있다. 시니어들은 자신만의 외모 관리 비법, 꾸준한 운동 습관과 젊은 세대 못지않게 유행에도 민감하여, 중후한 멋을 추구하기보다는 젊어 보이는 스타일과 '남심(男心)'과 '여심(女心)'을 사로잡는 매력적이면서도 세련된 패션 스타일을 선호한다. 이에 따라 노화를 막는 안티에이징(anti-aging)과 젊어지려는 다운에이징(down-aging)이 패션, 잡화, 뷰티산업의 주요 트렌드로 부상하고 있다. 화장품 산업에서 안티에이징 제품은 매년 30% 이상의 가파른 매출 증가세를 보인다.

특히, 패션과 뷰티시장에서 새롭게 떠오르는 소비자 계층은 바로 '어번 그래니(Urban Granny)'라고 불리는 소비층이다. 어번 그래니는 영어권에서 할머니의 줄임말로 사용되던 '그래니(Granny)'에 '도시적(Urban)'이라는 단어를 조합한 합성어로 세련되고 도시적인 50~60대 여성을 지칭하는 신조어이다. 어번 그래니 개념은 신체적 나이로 실버세대를 의미하지만 패션이나 뷰티 감각만큼은 20~30대에 뒤처지지 않는 젊은 감각을 뜻하는 개념이다.

어번 그래니를 위한 뷰티, 일본 시세이도 · 카오의 시니어용 화장품

이미 화장품 업계에서는 전체 일본 화장품 시장 매출 중 50세 이상 여성들의 화장품 구매금액이 2~3조 엔으로 절반가량을 차지하며 시니어 여성이 주요 소비자로 떠올랐다. 이에 따라 메이크업 브랜드는 기초 제품뿐만 아니라 색조 메이크업 제품에까지 시니어를 위한 제품을 출시하고 있으며, 이른바 '어번 그래니' 소비자층을 잡기 위해 60대의 시니어 모델을 기용하여 마케팅을 펼치고 있다.

더욱 눈에 띄는 건 이들 업체 화장품 제품에 보이지 않는 '가령(加齡, 나이가 들수록 인간의 생리현상이나 기능이 변화해가는 것)' 현상에 대한 배려가 들어 있다는 점이다. 화장품 설명서의 글씨를 키워 읽기 편하게 하는 것은 물론 악력이 약한 시니어를 위해서 용기를 쉽게 여닫을 수 있도록 제품용기 디자인에도 변화를 주었다. 특히, 일본의 유명 화장품 브랜드 시세이도(Shiseido)는 시니어 전용 화장품 라인을 강화했다. 시니어 라인의 아이섀도 제품의 뚜껑과 여

(출처: 각 회사 홈페이지)

<차례대로 시세이도 프라이어 제품, 카오 오브쿠튀르 아이섀도 제품>

닿는 부분을 본체와 대소되는 붉은색으로 디자인했는데, 이는 노안이나 백내장 등 시력이 떨어진 시니어를 배려한 디자인이다. 일본의 또 다른 화장품 브랜드 카오(Kao)는 아이섀도 케이스 내부에 실물의 2배로 보이는 돋보기를 부착한 '오브 쿠튀르(Aube Couture)' 제품을 내놓았다. 화장 중에도 돋보기를 이용해야 하는 시니어들의 불편을 해소하기 위한 것이다.

패션 · 뷰티계를 흔드는 '연륜의 아름다움' 시니어 모델 전성시대

전 세계 패션 · 뷰티계의 노익장들의 활약이 놀랍다. 시니어 모델들이 패션, 뷰티 브랜드를 대표하는 모델로 선정되며, 그야말로 시니어 모델 붐이 일고 있다. 모델뿐만 아니라 다양한 패션 분야에서 시니어들의 활동이 두드러진다. 스타일리스트 카린 로이펠드(Carine Roitfeld)는 1954년생, 패션 저널리스트 안나 윈투어(Anna Wintour)는 1949년생, 디자이너 칼 라거펠트(Karl Lagerfeld)는 1933년생, 모델 카르멘 델로피체(Carmen DellOrefice)는 1931년생으로 모두 현재 패션계에서 활발히 활동하고 있는 인물들이다.

2017년 전 세계 180개국에 진출해 있는 미국 화장품 '커버걸(Cover Girl)'은 브랜드를 대표하는 모델로 당시 69세의 메이 머스크(Maye Musk)를 선정했다. 현재 메이 머스크는 미국 현역 중 최고령 모델로 활동 중이다. 그녀는 테슬라의 CEO 엘론 머스크(Elon Musk)의 어머니로도 유명하다. 메이 머스크는 15세부터 모델로 활약한 프로페셔널 모델 경력의 소유자이기는 하지만 70세의 나이에 수많은 젊은 스타를 제치고 세계적 화장품 브랜드의 공식 모델로 뽑

mayemusk ● · S'abonner

mayemusk I'm so excited to say that I'm
now officially a COVERGIRL! My three kids,
ten grandchildren and I have had the
hardest time trying to keep it a secret until
today's big announcement. Who knew,
after many years of admiring the gorgeous
COVERGIRL models, that I would be one at
69 years of age? It just shows, never give
up. Thank you COVERGIRL, for including
me in your tribe of diversity. Beauty truly is
for women of all ages, and I can't wait to
take you all along this amazing journey
with me! Follow @covergirl for more
updates. #JustGettingStarted
#COVERGIRLMADE

(출처: 메이 머스크 인스타그램)

<커버걸 공식 모델로 선정된 소식을 게재한 메이 머스크>

혔다는 것은 뷰티계의 상징적인 사건이라 하겠다.

메이 머스크 외에도 64세에 마크 제이콥스 모델이 된 제시카 랭 (Jessica Lange), 로레알의 모델 65세 트위기(Twiggy) 등 시니어 모델들의 활약이 계속되고 있다. 그들은 하루가 다르게 급변하는 패션계에서 시니어들에게뿐 아니라, 전 세대를 아우르는 패션 피플에게 그들만의 연륜과 독보적인 아름다움을 인정받고 있는 것이다.

국내 아웃도어의 폭발적 성장, 패션지형을 바꾼 시니어

실버세대가 집에서 머무는 시간이 많고, 패션에 큰 관심이 없는 것으로 여겨졌던 것은 이제 옛말이다. 활동을 즐기는 액티브 시니어들은 외모에 대한 관심이 많아졌음은 물론 여가 및 사회활동에도 적극적이다. 이에 따라서 패션업계의 트렌드도 급변하고 있다. 기존의 실비세대를 겨냥한 시티웨어, 마담 엘레강스, 디사이너 부티크 분야는 판매가 급감하며 어려움을 겪고 있는 데 반해 아웃도어는 폭발적으로 성장하고 있다. 이것은 시니어들의 활동 변화와도 밀접한 관련을 갖는다. 여가시간에 바이크나 캠핑 등의 활동적인 레저활동을 즐기는 시니어들이 많아졌다. 그러다 보니 딱딱한 정장스타일보다는 캐주얼이 가미된 상품을 원하게 된 것이다. 또한 기존에는 시니어들이 브랜드 충성도가 높아 자신이 구매했던 브랜드에서만 지속적으로 옷을 구매했던 것과 달리, 최근에는 다양한 디자인을 구매하며 유행에도 민감한 반응을 보이고 있다. 시니어를 겨냥한 옷들은 오히려 '아줌마 옷', '아재룩'이라는 거부감을 보이며 젊은 감성을 추구하고 있는 것이 특징이다. 특히, 아웃도어 의류가 많은 시니어들에게 소비되는 이유는 아웃도어가 편하고 멋있으면서 시니어만이 입는 옷이 아니라, 전 세대가 입는 옷이라는 점이다. 다시 말해서, 젊은 층과 같은 디자인이면서도 편하기까지 한 제품이 시니어들의 니즈를 충족시키고 있다.

아웃도어가 가벼운 소재에 화려한 색상으로 캐주얼하고 활력 있는 분위기를 주는 것도 시니어에게 인기 있는 이유 중 하나다. 이를 두고 소위 '아웃도어 회춘효과'라고 일컫기도 한다.

노인에게 쇼핑의 즐거움까지 배달하는 출장백화점

고령자들 특히 시설에 있는 고령자들이 백화점에 쇼핑을 가는 것이 쉽지 않다. 특히, 거동이 불편한 경우 차량을 몰고 가기도, 물건을 구매하고 집으로 들고 가기도 여간 어렵지 않다. 패션과 뷰티에 관심이 있는 노인이라도 장시간 매장을 돌아다니는 것도 육체적으로 쉽지 않은 일이다. 일본에서는 이러한 노인들의 쇼핑에 대한 애로사항을 해결하기 위해, 소위 출장백화점이 설립되어 인기를 얻고 있다. 바로 시설에 입소해 있는 고령자에게 쇼핑의 행복을 안겨주는 '풀카운트(http://full-count.net)'라는 회사이다. 고령자 시설의 식당 등을 빌려 의류와 일용품 등을 서비스하는 사업이다. 속옷, 양말, 잠옷, 지갑, 가방, 인형, 과자, 심지어 안경이나 보청기까지 서비스 및 판매하니, 시설에서 무료하게 지내는 노인들에게 왕년의 쇼핑 감각을 되살려준다. 노인들은 자기 마음에 드는 화려한 코트나 슈트를 방에 가져가서 오랫동안 입어보고 돌아와서 결국 수수한 슈트를 고른다고 한다. 과거 자신이 백화점에서 하던 것과 같은 패턴이다. 또한 시설에 있으면 현금을 쓰는 경우가 거의 없는데 출장백화점에서 현금을 직접 써보는 것도 노인들에게는 일상에서 벗어난 산뜻한 체험이 된다. 휠체어를 탄 시니어가 자기 무릎 위에 쇼핑한 물건들을 종이팩에 가득 안고 만면에 웃음을 띠고 돌아가는 모습은 왠지 새로운 인생을 경험하는 듯하다. 이곳은 단지 노인들에게 물건을 파는 사업을 하는 것이 아니다. 노인들의 간병인 입장에서 노인들이 원하는 것, 사회와 유대감을 지속시켜주는 개호의 실천인 것이다.

세련된 의류를 판매하는 이동식 매장 '시니어 숍'

스웨덴의 시니어 숍(Senior Shop)은 시니어층을 타깃으로 그들의 기호에 맞춰 고품질의 편안하고 세련된 의류를 판매하는 이동식 매장으로 많은 인기를 누리고 있다. 시니어 숍은 1996년 스웨덴에서 설립된 선문 패션업체로 현재 유럽 6개국에서 60개 이상의 이동식 매장을 갖추고 있다. 각 시니어 숍은 이동식 패션 부티크로서 요양원, 은퇴 마을, 지역 여성협회, 브리지 클럽(카드놀이) 혹은 볼 클럽 등 고령층이 많이 모이는 곳이나 고령자 거주 시설에서 고품질의 편안하고 세련된 옷을 제공하고 있으며, 유행하고 있는 의류를 저렴하게 전시하고 있다. 시니어 숍에서 준비한 밴 차량은 방문 당일 즉시 구입할 수 있는 약 1,000개의 의상을 구비하여 이동한다. 시니어 숍을 통해 의류를 구매하기 위해서는 우선, 방문을 원하는 조직이나 클럽이 시니어 숍과 방문 약속을 잡아야 한다. 이후 시니어 숍이 고객이 요청한 곳으로 방문을 한다. 거주자 또는 클럽 회원들이 이동식 매장을 여유롭게 쇼핑하는 방식이다. 시니어 숍은 행사를 장려하기 위해서 패션쇼를 기획하거나 운영한다(최숙희, 2018.4.26).

시니어 숍의 성공 요인은 시니어들이 주로 모이는 공간으로 직접 방문하여 다양한 사이즈로 구성된 약 1,000개의 의류를 제공하고, 편안한 쇼핑과 즐거움을 선사하여 시니어세대의 패션에 대한 요구와 소망을 충족시킨다는 점이다. 시니어 숍은 이동식 매장을 통해 시니어의 패션에 대한 요구를 충족시키면서 쇼핑의 즐거움을 선사하고, 패션쇼 행사를 여는 등 적극적으로 시니어층에게 다가가는 전략으로 승부하여 성공을 거둔 대표적인 사례라고 할 수 있다.

시니어를 위한 온라인 쇼핑몰 '골드바이올린'

미국에서는 최근 '실버 세대용'이라는 점을 겉으로 드러내지 않고, 품격과 젊은 이미지를 앞세워 인기를 끌고 있는 온라인 쇼핑몰

이 있다. 온라인 쇼핑몰인 '골드바이올린닷컴(www.goldviolin.com)'
은 세대의 변화와 함께 현재의 60대는 과거의 60대와 다르다고 말
한다. 골드바이올린닷컴의 고객들은 스스로가 '실버세대'라고 생각
하지 않으며, 이를 충족시키기 위해서 이 쇼핑몰은 가장 트렌디하면
서도 가치가 높은 제품들을 구비하고 있다. 처음에는 의류를 중심으
로 영업을 진행했다면, 지금은 패션과 관련된 모든 제품은 물론 가
구, IT기기 등 리빙 전반에 걸친 제품들을 소개하고 있다. '골드바이
올린'이라는 명칭도 직접적으로 노인을 연상하게 하지 않고, 고귀하
며 클래식한 그리고 품격 있는 느낌을 전달한다는 평가이다.

골드바이올린닷컴, 이 업체의 주요한 경쟁력 중 하나는 다른 곳에
서 찾아볼 수 없는 차별화된 제품을 구비하고 있다는 것인데 이를
위해 고객의 니즈 파악에 상당히 많은 노력을 기울인다. 예컨대 일

(https://goldviolin.blair.com/home.jsp)

<시니어 전용 온라인 쇼핑몰 골드바이올린닷컴>

반직으로 가장 많이 아웃소싱하는 콜센터 업무도 골드바이올린닷컴은 직접 운영을 고집한다. 고객과의 접점에서 획득한 정보가 마케팅과 머천다이징의 핵심 요소로 활용되기 때문이다. 또한 인근 은퇴자 커뮤니티의 입주자들을 비공식적인 포커스 그룹으로 조직하고 이들의 의견을 참고한다. 설문식의 시장조사만으로는 시니어들의 니즈를 제대로 파악할 수 없기 때문에 이처럼 지속적이고 직접적인 접촉의 수단을 갖는 것은 대단히 중요하다.

시니어를 겨냥해 성공한 치코즈의 성공비결

시니어 소비자에 대한 이해를 바탕으로 의류사업에서 성공한 사례가 있다. 바로, 미국의 유명한 여성 시니어 패션브랜드인 치코즈(Chico's FAS, Inc, www.chicosfas.com)이다. 1983년 마빈과 헬렌 그랄닉(Marvin & Helene Gralnick)이 플로리다의 작은 가게에서 멕시칸 민속 예술품과 면 스웨터를 팔기 시작한 것이 치코즈의 효시이다. 뛰어난 서비스와 독특한 멕시칸 스타일로 고객의 호응을 얻어 치코즈 1호점이 플로리다(Periwinkle Place on Sanibel Island, Florida)에 탄생하게 되었다. 현재 치코즈는 코디나 액세서리 활용법, 어울리는 스타일을 세세히 체크해주는 판매직원들이 상주하고 있는 가게가 미국 48개주 1,084개에 이를 정도로 성공하였다. 2009년 기준으로 순매출액이 17억 1,300만 달러, 영업이익이 1억 820만 달러, 순이익이 6,970만 달러, 그리고 근로자 수가 1만 6,200명(70%가 파트타임)에 이를 만큼 성장하였다.

치코즈는 미국시장에서 패션 소매업들이 유일하게 무관심했던 장년층(45세 이상)을 대상으로 사업을 전개했다. 치코즈의 성공비결은 편안한 착용감에 있다. 신축성 있는 허리밴드 바지와 스커트, 그리고 따로 패드나 심을 대지 않은 재킷은 치코즈의 대표상품이다. 보기에 고상하면서 입었을 때 더 편안했기 때문에 시니어들에게 큰 호응을 얻고 있다.

치코즈의 사이즈 스펙도 특이하다. 단순화된 사이즈를 사용하고 있다. 사이즈0(Extra Small)으로 시작해서, 사이즈3(Large)이 전부이다. 미국에서 일반적으로 통용되는 4/6, 8/10, 12/14, 16/18 사이즈와 비슷하지만, 융통성에서 차이가 있다. 고객이 어느 정도 맞게 입는 것을 좋아하는지, 그 선호도에 따라 사이즈를 선택할 수 있다. 만약 어떤 고객이 약간 여유 있게 입는 것을 좋아한다면 같은 사이즈 내에서 더 큰 것으로 입을 수 있다. 이것은 고객들의 취향을 고려한 사이즈로 고객에게 좀 더 간편하고 쉽게 선택할 수 있도록 한 것이다 (최숙희, 2013.10.11).

치코즈의 성공으로 상당수 의류 소매업체가 중년 여성을 상대로 한 사업에 뛰어들고 있다. 중년 여성을 상대로 마케팅을 전개하는 것이 10대를 상대로 마케팅을 전개하는 것보다 훨씬 더 편한 것으로 분석되었기 때문이다. 10대 구매자는 새로운 스타일에 민감하고 단골가게에 대한 충성도가 미약한 반면, 중년 여성의 단골가게에 대한 충성도는 어느 소비층보다도 높기 때문이다.

4. 보건/의료/장례

인구 고령화가 가속화되면서 단순히 병에 대한 치료를 넘어 개인의 건강기대수명(healthy-life expectancy)을 높이는 것에 대한 수요가 증가하고 있으며, 이에 따라 '헬스케어 3.0' 시대로 진화하고 있다는 진단이다. 헬스케어 서비스의 발전 동향을 살펴보면 '헬스케어 1.0(공중보건)' → '헬스케어 2.0(질병 치료)'을 거쳐 21세기 이후 인간의 기대수명 증가와 웰빙, 웰니스 등의 중요성이 부각되는 '헬스케어 3.0' 패러다임으로 변화하고 있다. 이러한 변화양상을 살펴보면 다음과 같다.

<u>헬스케어 1.0(18~20세기 초)</u>
- ▸ 공급자 중심의 시장 → 병원에 초점(제도적 서비스)
- ▸ 공공의료 확산
- ▸ 전염병 예방 및 확산 방지 등을 통해 사망률 감소에 주력
- ▸ 예방접종 활성화, 엑스레이 발명 등

<u>헬스케어 2.0(20세기 초~말)</u>
- ▸ 공급자 중심의 시장 → 의사에 초점
- ▸ 전공분야별 의사의 전문성 강조
- ▸ 일부 국가에서는 민간 의료시장 발전
- ▸ 질병치료가 주요 목적
- ▸ 초음파, CT, MRI 등의 의료기술 발전

헬스케어 3.0(21세기 이후)

▸ 소비자 중심의 시장 → 환자 외에도 모든 소비자를 대상

▸ 공공의료 및 민간의료 시장 모두 발달

▸ 건강기대 수명 연장에 초점

▸ 건강관리를 위한 맞춤 서비스를 비롯해 요양, 간병 등의 관리 서비스 확산

헬스케어 3.0의 개념은 100세 시대의 도래와 연관이 있다. 고령인구는 대체로 완치가 어렵고 지속적인 관리가 필요한 만성질환을 보유하고 있는 비율이 다른 연령층보다 높으며, 최근 100세 시대의 도래로 질병관리 기간이 늘어나고 있다. 이에 따라 고령층을 중심으로 질병관리에 대한 니즈가 증가하고, 특히 치매와 같이 치료보다는 간병서비스가 필요한 질병이 증가하면서 간병, 홈케어, 요양 등에 대한 서비스 수요 역시 증가하고 있다. 또한 기대수명이 길어졌기 때문에 '무병장수'의 중요성이 커지면서 질병예방 및 건강관리를 통해 고령자 삶의 질을 높이는 보건서비스에 대한 필요성이 커지고 있다. 이에 따라 지금까지는 질병을 치료하는 병원이 주요 보건서비스 공급자로서의 역할을 담당해왔으나, 최근에는 병원뿐 아니라 간병·요양시설, 헬스케어센터 등으로 보건서비스의 공급자 범위가 확대되고 있다.

단순 고령화를 넘어 무병장수가 중요한 키워드가 된 100세 시대가 도래함에 따라 관련 서비스도 변화를 맞이하고 있다. 100세 시대진입이 우리보다 앞선 미국과 일본에서 이미 보편화된 질병예방서비스와 홈케어서비스에 대한 수요가 최근에는 우리나라 고령층에서

도 높아지고 있다. 보건복지부 등 실버세대 의견조사에 따르면, 고령자들은 시설을 통한 요양서비스보다는 방문서비스를 희망하고 있다. 또한 고령자가 가장 걱정하고 있는 고민사항은 '건강 및 기능 악화'이며 가장 필요한 서비스로는 건강관리서비스이다. 기대수명이 연장되면서 노년을 건강하고 적극적으로 생활하고자 하는 욕구가 증가함에 따라 친숙한 환경에서 받을 수 있는 사전관리 중심의 서비스 수요가 증가하는 것이다.

100세 시대를 맞이하여 오랜 기간 건강을 유지하고 적극적인 활동을 하기 위해서는 정부 차원의 노력을 비롯해 민간부문에서도 장기적인 건강관리서비스 제공이 확대될 필요가 있다. 특히 병원뿐 아니라 간병, 요양 등의 전문시설들을 통한 서비스를 비롯해 이동이 불편한 고령자 등을 위한 홈케어서비스가 보다 확대되어야 할 것이다.

병원 외의 보건서비스 공급자의 범위가 확대되고 있음에도 불구하고, 장기요양기관의 지역 분포 불균형 문제 및 공공인프라 부족이 심각한 과제로 지적되고 있다. 민간부문에의 과도한 의존으로 이용자 만족도와 서비스 질이 높은 공공인프라는 부족하고, 치매전담형 기관도 저조한 수준이다. 체계적인 기관·인력 확충 계획 수립, 민간자원과 균형을 이루는 공공인프라 조성 등 적정 인프라 확보를 위한 제도적 기반이 9요구되는 상황이다.

노인 심리치료용 애완동물 간병로봇 '파로(PARO)'

핵가족화와 개인주의가 팽배해짐에 따라 거동이 불편한 고령자들과 장애인들의 수발을 잘 들어줄 사람들을 찾기가 점점 어려워지고 있다. 특히, 평균 수명이 세계 최고 수준에 있고 1인 가구 수도 유난히 많은 일본에서는 간병 수요가 어느 나라보다도 높아, 부족한 간병인을 대신할 로봇의 개발과 실용화가 일찍부터 시도되어 왔다(최숙희, 2015.3.6).

일본에서는 '개호(介護: 곁에서 돌보아줌) 로봇'이라 불리는 노약자용 간병 로봇이 실용화의 전기를 맞고 있다. 간병 로봇 파로(PARO)는 일본의 국립연구개발법인인 산업기술종합연구소(AIST)가 1993년부터 약 1천500만 달러(160억 원)의 개발비가 투입되어 2005년 처음 상용화됐으며, 여러 차례 업그레이드되어 2017년까지 8번째 버전이 출시된 상태이다. 세계 최초로 치유용 로봇으로 기네스북에 등재되었다. 아기 하프물범을 형상화한 파로는 약 57㎝의 길이와 2.5kg 무게이다. 파로는 사람이 안으면 따뜻한 정도의 느낌을 주도록 온도가 설정되어 있다. 동물과 어울리면 감정이 안정적이고 환자들에게도 재활 효과를 준다는 이른바 '애니멀 테라피(animal therapy, 동물 매개 치료)' 효과를 노린 것이다. 인간과 공존하는 '멘털 커미트(Mental Commit) 로봇'의 본격적인 등장이다. 파로는 손으로 만

(출처: http://www.pororobots.com)

<간병로봇 파로, 파로와 시간을 보내는 시니어 모습>

지거나 이름을 부르면 이에 반응해 소리를 내고 다양한 감정 표현이 가능하며, 주인의 일정한 행동양식 학습이 가능한 지능까지 장착하고 있다. 요양시설 수용자, 입원환자, 간병인 등의 스트레스를 줄여주기 위해 개발되었는데, 촉각, 시각, 청각 등을 감지할 수 있는 센서가 내장되어 있다. 미국 식품의약국(FDA)으로부터 신경치료용 의료기기로 인정받기도 했다.

2017년 기준 30개국 병원과 요양시설에 약 5천 개가 보급되어 있으며, 약 3분의 2는 일본에, 나머지 대부분은 덴마크 등 유럽과 미국에 팔렸다.

연명의료결정법 본격 시행, 죽음에 대해 말해야 할 때

2018년 2월 4일부터 무의미한 연명치료에서 벗어나 소위 '존엄한 죽음'이 가능해졌다. '호스피스·완화의료 및 임종과정에 있는 환자의 연명의료 결정에 관한 법률'(이하 '연명의료결정법')에 따른 연명의료결정제도가 본격 시행된 것이다. 이 법이 의도한 바는 말기 암환자들이나 더 이상 적극적인 연명치료가 효과 없는 말기 중증 질환자들에게 '무의미한 연명의료'를 지속해서 발생하는 여러 가지 사회적, 재정적 낭비를 줄이기 위하여 진료현장에서 발생하는 법적 책임문제를 명확히 해주겠다는 것이다.

'연명의료결정법'상 요건을 충족하는 사람은 사전연명의료의향서와 연명의료계획서를 통해 연명의료에 관한 본인의 의사를 남겨놓을 수 있다. 사전연명의료의향서는 19세 이상이면 건강한 사람도 작성해둘 수 있다. 다만 사전연명의료의향서 등록기관을 찾아가 충분한 설명을 듣고 작성해야 법적으로 유효한 서식이 된다. 연명의료계획서는 의료기관윤리위원회가 설치되어 있는 의료기관에서 담당의사 및 전문의 1인에 의해 말기환자나 임종과정에 있는 환자로 진단 또는 판단을 받은 환자에 대해 담당의사가 작성하는 서식이다.

사전연명의료의향서나 연명의료계획서로 연명의료를 받지 않겠다는 의사를 밝혔다 하더라도, 실제로 연명의료를 받지 않으려면 의료기관에서 담당의사와 전문의 1인에 의해 회생의 가능성이 없고, 임종과정에 있는 환자라는 판단을 받아야 한다. 또 연명의료계획서나 사전연명의료의향서를 통해 환자가 연명의료를 받지 않기를 원한다는 사실이 확인되어야 한다. 연명의료계획서나 사전연명의료의향서가 모두 없고 환자가 의사표현을 하는 것이 불가능한 상태라면 평소 연명의료에 관한 환자의 의향을 환자가족 2인 이상이 동일하게 진술하고 그 내용을 담당의사와 해당 분야 전문의가 함께 확인하는 것도 가능하다. 만약 모든 경우가 불가능하다면, 환자가족 전원이 합의해 환자를 위한 결정을 할 수 있고, 이를 담당의사와 해당 분야 전문의가 함께 확인해야 한다. 환자가 미성년자인 경우에는 친권자가 그 결정을 할 수 있다.

연명의료 중단 결정이 내려지면 심폐소생술, 혈액 투석, 항암제 투여, 인공호흡기 착용 등 치료적 효과 없이 임종과정의 기간만을 연장하는 연명의료를 중단할 수 있다. 다만 통증 완화, 영양 공급, 물 공급, 산소의 단순공급(일반연명의료)은 어떠한 경우도 중단할 수 없다.

복지부는 연명의료결정제도의 본격적 시행에 대비하기 위해 2017년 10월 16일부터 2018년 1월 15일까지 연명의료시범사업을 실시

힌 바 있다. 시범사업 추진결과 사전연명의료의향서 9,336건, 연명의료계획서 107건이 보고됐으며, 연명의료계획서에 따른 이행을 포함하여 연명의료중단 등 결정의 이행(유보 또는 중단) 54건이 발생했다. 사전연명의료의향서의 경우, 총 9,336건이 작성되었는데 여성이 남성보다 2배 이상 많았고, 모두 70대에서 가장 많았다. 지역별로는 서울, 경기, 충청 순으로 많았으며, 연명의료계획서는 총 107건이 작성됐다. 성별로는 남성이 60건, 여성이 47건이었고, 연령대는 50~70대가 86건으로 전체의 80%를 차지했다. 전체의 90%인 96건이 말기 암환자에 대해 작성됐다. 연명의료중단 등 결정의 이행은 총 54건이 이뤄졌다. 연명의료계획서를 통한 이행 27건, 환자가족 2인 이상의 진술을 통한 이행 23건, 환자가족 전원 합의를 통한 이행(시범사업에서는 유보만 가능) 4건 등이다.

한 해 의료기관에서 사망하는 환자가 전체 사망 환자의 75%이다. 연명의료결정제도가 본격적으로 시행되면 임종과정에 있는 환자의 자기결정이 존중되고 임종기의 의료가 '집착적 치료'에서 '돌봄'으로 전환되는 계기가 마련될 것으로 기대된다.

산업으로 진화하는 상조서비스

관혼상제를 중요시했던 한국의 전통문화는 현대사회로 오면서 핵가족화, 고령화, 아파트 주거문화, 사회구조 변화 등으로 인하여 가족 및 이웃과의 사회적 유대감이 상당부분 약화되었다. 현대사회에서 전통적인 방식으로 장례식을 준비하고 치르기에는 시간과 장소의 문제, 그리고 진행방법 등에 대한 어려움이 있으므로 경제적, 시간적, 편의적인 방법으로 장례행사를 치르고자 하는 니즈가 커졌다. 이런 변화에 따라 상호 부조하는 민족의 인본정신에 바탕을 둔 상조사업은 회원에게 길, 흉사 시 저렴한 비용으로 행사에 필요한 물품과 서비스를 제공하는 서비스산업으로서 그 비중이 높아지고 있다.

상조란 결혼식, 회갑, 장의행사 등 관혼상제에 대해 주변의 여러 사람들의 도움으로 문제를 해결하는 우리 민족의 미풍양식이다. 상조서비스는 가정의례인 결혼 및 장례와 관련한 일체의 용역제공, 물품 제공 및 기타 서비스를 목적으로 상조상품 가입자를 모집하여 매월 일정금액을 납입 받고, 약정한 금액의 일부 또는 전부가 납입되었을 때, 고객에게 약정된 가정의례행사에 대해 인적·물적 서비스를 제공하는 업이라고 할 수 있다. 즉, 상조서비스는 매월 일정금액의 불입금을 받은 후에 이에 대한 대가로 장례 등 행사와 관련된 용역과 물품을 제공할 것을 약정하는 계약이라고 할 수 있다.

우리나라의 상조서비스는 일본의 상조회를 모델로 1982년 부산에서 처음 도입되어 전국으로 확산되었는데, 초기에는 상조회사에서 장례서비스만 제공했으나 현재 일부 대규모의 상조회사에서는 사업영역을 확대하여 장례서비스뿐만 아니라 결혼상품, 여행상품, 어학 관련 상품 등 다양한 서비스를 결합하여 제공하고 있다.

2017년 말 국내 상조가입자 수는 500만 명을 돌파했다. 상조서비스의 필요성에 대한 인식이 높아지면서 최근 10년 사이 상조가입은 4배 이상 가파르게 증가하는 추세이다. 상조업체의 총 선수금은 4조 4,866억 원으로 꾸준히 증가하는 추세이다.

업계 대표 상조회사 프리드라이프에 따르면, 2017년 온라인을 통해 상조서비스에 가입한 고객 중 63%가 20대에서 40대로, 갈수록 가입 연령대가 낮아지는 추세다. 목돈이 드는 장례행사를 가입 당시의 금액으로 준비할 수 있다는 공감대가 형성되면서, 상조가입을 미리 준비하려는 젊은 층이 증가했다는 분석이다. 프리드라이프는 소셜커머스 전용상품 '티몬프리드 100'을 출시했다. 2040세대 등 젊은 층이 대부분인 소셜커머스의 특성을 고려해, 이들을 겨냥한 맞춤혜택 상품을 기획한 것이다. 상조서비스 역시 스마트미디어 환경에 적응 중이다.

장례문화의 변화와 엔딩산업의 성장

△1위, 물건 정리 정돈(70.1%) △2위, 보험 등 돈 준비(65.2%) △3위, 여행이나 취미 등 지금의 인생을 즐길 일(57.5%) △4위, 무덤 준비(44.8%) △5위, 개호(고령자 돌봄)나 연명치료 등의 의사 표시(43.8%) △6위, 장례식 준비(42.5%) △7위, 엔딩 노트의 작성(39.7%) △8위, 유언장 작성 및 상속 준비(33.5%)······.

일본의 SBI보험회사가 2017년 회원 1,400명을 대상으로 흥미로운 설문조사를 실시했다. 이는 '종활(終活, 슈카쓰)'에 관한 조사였다. 종활은 인생의 마지막을 맞이하기 위한 '엔딩활동'을 뜻하는 초(超)고령화 시대 일본사회의 신조어다. 2009년 유명 매체인 주간 아사히(週刊朝日)에서 이에 관한 연재가 진행되면서 일본인들 입에서 종활이란 단어가 오르내리기 시작했으며, 2012년 '유행어 대상' 톱10에 뽑힐 정도로 대중화되었다. 그대로 해석하면 '(인생)마지막을 위한 활동', 죽음을 준비하는 활동으로 생각할 수 있지만 100세 시대 일본에서는 이 개념이 좀 다르다.

종활은 단순한 인생의 끝마무리가 아닌 본인이 앞으로 어떻게 살지에 중점을 두고 있다. 어디까지나 본인을 위한 것이며, 더불어 자녀 세대가 무엇을 생각하는지 또 어떤 것을 전할 것인지를 마련할 수 있는 세대를 넘어선 커뮤니케이션이 되기도 한다.

아울러 일본 사회에서 종활은 장례문화의 큰 변화와 다양한 시장을 만들어냈다. 여러 사람이 함께 커피나 다과를 즐기며 편안한 마음으로 죽음을 이야기하는 '데스카페(Death & Cafe)'가 최근 일본에서 늘고 있다. 데스카페는 공포 분위기의 카페가 아닌 죽음을 현명하게 준비하자는 의미로 만들어진 일명 '죽음 준비 교육장'이다. 여러 사람과 죽음에 관한 이야기를 하면서 자신에 대해서도 깊게 돌아볼 수 있게 한다는 게 운영 취지다. 2004년 스위스 사회학자 버나드 크레타즈가 아내의 죽음을 계기로 문을 열었으며 현재는 미국과 유럽 전 세계 30여 개국에서 운영되고 있다. 특히 일본에서는 2011년 동일본 대지진으로 2만 명의 목숨을 잃은 이후 젊은 세대에게도 삶의 의미나 죽음에 관심이 높아져 앞으로 더 늘어날 것으로 예상되고 있다.

(출처: http://宇宙葬.com/plan/spaceflight.html)

<우주장에 이용되는 유골 캡슐>

최근 미국과 일본에서는 우주장(宇宙葬) 서비스가 최근 관심을 끌고 있다. 미국과 일본 회사가 준비하고 있는 일종의 상조상품으로 상업용 로켓을 이용해 고인을 화장한 유골재를 대기권 밖까지 이동시켜주는 방식이다. 이 유골 캡슐은 수십 년간 우주를 떠다니다 지구로 귀환한다. 우주여행을 마친 유골캡슐의 재는 바다에 뿌려진다. 심지어 모바일 애플리케이션으로 가족들이 캡슐이 실린 위성의 위치를 실시간 확인이 가능해 언제든 하늘을 상공을 보면서 고인의 명복을 빌 수 있다. 소설에나 나올 것 같은 이 우주장은 2015년 '엔딩박람회'를 통해 일본에서 처음으로 알려지면서 큰 관심을 끌었다. 우주장 비용은 50만~95만 엔(1,000만 원 정도)이 든다.

죽은 자만이 갈 수 있는 망자(亡者)호텔, 죽음 준비 박람회 등 죽음 산업의 확대

일본 요코하마시에 있는 호텔 '라스텔(LASTEL)'의 객실에는 향(香)불이 있고, 조용한 객실에는 흔한 침대는 찾아볼 수 없다. 대신 가로 2m, 세로 1.5m 크기의 유리로 된 냉장시설이 비치되어 있다. 3.3도로 유지되는 냉장시설 안에는 망자(亡者)의 시신을 모신 관이 화장터에 가기 전까지 보관된다. 최근 도쿄나 오사카 같은 대도시를 중심으로 이런 곳이 20여 개에 이른다. 일명 '이타이(遺體·시신)호텔'이다. 이름은 호텔이지만 숙박 허가를 받지 못해 망자 말고는 산 사람은 이곳에 숙박할 수 없다. 산 사람 대신 죽은 사람을 고객으로 받는다. 2017년 객실 이용률이 80%를 넘었고, 한 달 평균 100구의 시신이 들어오는 등 호황을 누리고 있다.

(출처: http://lastel.jp/)

<일본의 시신호텔>

이렇게 시신호텔들이 생겨난 이유는 초고령화로 급격히 늘어난 사망자들을 화장터들이 감당하지 못하기 때문이다. 시신들이 화장터로 가는 길에 정체가 심각해진 것이다. 도쿄에서는 20년 전과 비교하여 하루에 60명(240명→300명)이 더 사망하고 있지만, 도내 화장터는 주민들의 반대에 부딪혀 증설되지 않아 여전히 26곳뿐이다. 망자호텔은 초고령사회가 된 지 10년이 넘어 '다사(多死)사회'로 가는 일본의 단면을 보여주고 있다.

한편, 시신호텔을 포함한 일본의 '죽음산업'은 이런 흐름 속에 빠르게 성장 중이다. 이러한 고령자·사망자의 증가는 곧 죽음산업의 '고객'이 늘어나는 것을 의미한다. 사망자가 늘어나면서 이와 관련한 '죽음산업' 규모도 확장되는 것이다. 시신호텔과 장례서비스, 자신의 죽음을 준비하는 '슈카쓰' 등을 포함한 일본 죽음산업 규모는 연간 5조 엔(약 50조 4,700억 원)에 이르는 것으로 추산된다. 도쿄 빅사이트에서 열린 '엔딩산업전'은 죽음을 주제로 부스들이 차려졌다. 여기에는 320개사가 참여하였고, 사흘간 2만 5,000여 명이 몰리기도 했다.

죽음산업의 잠재고객늘이 가장 많이 찾는 상품은 바로 자신의 죽음을 준비하는 활동인 '슈카쓰'이다. 일본 대형유통업체 이온(AEON)은 지난 2009년부터 전국 지점(동네 마트)을 돌며 슈카쓰 박람회를 열고 있다. 지금까지 400회가 넘었다. 서베이 결과, 60세 이상 응답자 중 31%가 슈카쓰 경험이 있거나 준비 중이었다.

슈카쓰 박람회에서는 장례식이나 묘지비용, 유산분배 등 임종에 필요한 세밀한 정보를 제공한다. 이 박람회에서는 사후 가족과 친구에게 전달할 메시지를 담은 '엔딩 노트'를 작성하고, 입관(入棺) 체험도 할 수 있다. 슈카쓰 버스 투어도 성행 중이다. 묘지를 견학하고, 바닷가에 유골을 뿌리는 산골(散骨) 체험을 한 뒤 온천을 즐기고 돌아오는 프로그램이다. 당일 코스 기준으로 1인당 1만 엔(10만 1,000원) 정도에 제공되는 서비스인다. 노인들은 이곳에서 한국말로는 '무덤 친구'인 '하카토모(墓友)'를 사귀며, 투어 이후에도 서로 자주 만나며 장례와 사후에 관해 얘기한다. 각자가 사망한 뒤에는 같은 곳에 같은 방식으로 묻히게 된다.

최근 국내에서도 화장률 비중이 높아지면서, 고인을 안치하는 봉안당과 수목장의 시설이 새롭게 변화하고 있다. 실제로 1994년 20.5%에 불과하던 화장률이 2004년 49.2%로 절반 가까이로 늘어났고, 2016년엔 82.7%를 차지하는 추세이다. 이에 화장이 보편화하면서 봉안당(납골당)이나 수목장을 포함한 자연장 방식과 시설도 다양해졌다. 특히 이런 시설들이 죽은 이만을 위한 공간에서 남은 이들을 더 배려하는 쪽으로 변하고 있는 추세이다. 지금까지의 봉안당·수목장 시설들은 고인의 안식을 위한 시설에 치중해, 방문객을 위한 배려는 적었다. 무겁고 두렵고 찜찜하게 여겨지던 추모 공간이, 떠난 사람을 기억하며 편하게 쉬고, 상처를 보듬을 수 있는 휴식·치유(힐링) 공간으로 바뀌고 있다.

성남시 분당구 야탑동 송파공원 '봉안당 홈'의 경우에는 세계 최초의 서재형 봉안시설로 관심을 모으고 있다. 기존 봉안당의 딱딱한 분위기, 획일화된 형식을 탈피해, 유족들에게 편하고 친근한 분위기로 다가가는 방식을 고민한 끝에 나온 시설이다. 서가형 봉안단(안치단)에는 '하늘에서 바람 속에서' 등의 제목이 적힌, 두꺼운 책들이 꽂혀 있다. 가죽 양장본 서적 형태의 유골함과 유품함이다. 기존 봉안당의 '유리 벽 속의 유골 항아리'와는 다른 형식이다. 고인의 삶을 한 권의 책으로 담아내자는 뜻이라고 한다. 고인 1위마다 두 권의 책이 제공된다. 유골함과 유품함이다. 유품함에는 고인의 사진, 고인의 손때가 묻은 안경·펜·휴대폰·반지 등 유품과 고인이 생전에 남긴 글, 고인에게 전하고 싶은 글을 적어 담을 수 있게 했다. 열쇠는 유족들이 보관하며 언제든 찾아와 열어볼 수 있다. 수목장림도 유족들이 자연으로 돌아간 고인을 기억하며 자연 속에서 마음껏 쉬고 놀다 갈 수 있는 자연림 공원으로 진화하고 있다. 그 대표적인 곳이 한국산림복지진흥원에서 운영하는 경기도 양평의 국립 하늘숲추모원이다. 국내 유일의 국립 수목장림으로 울창한 숲으로 이어진 산책로에 엠티비(MTB) 코스, 캠핑장(3.6㏊)까지 갖춘 휴양림이다. 2017년부터는 봄철에 국립 하늘숲추모원 캠핑페스티벌도 열고 있다. 건강, 힐링이 주목받는 시대에 발맞춰 수목장림을 레저 공간으로 개방한 것이다. 유족들로선 고인을 추모하면서 숲도 즐기는 일석이조의 나들이 코스로 떠오른 셈이다.

5. 주거/공간/가사

노인에게 주거는 단순히 물리적 공간만을 의미하지 않으며 신체적·정서적 건강, 사회적 관계, 안전과 사회보장 등 다양한 사회정책과도 밀접한 연관성을 지닌다. 노인은 나이가 들어감에 따라 쇠약한 상태로 변해가는 시기에 있기 때문에 신체적, 심리적, 사회적 측면에서 주거는 중요한 의미를 지닌다. 노인에게 적합하고 안정된 주거환경은 신체적 건강의 악화를 예방할 뿐만 아니라 사회화, 정서적 안녕을 제공하고 경제활동 참여에 대한 잠재력을 발견하는 자기계발의 공간으로도 기능하게 된다. 그러나 안정된 주거환경으로 인생의 마지막 단계에서, 인간다운 존엄성을 유지하며 생을 마감해야 할 노인들이 실제적으로는 불안정한 주거 여건, 열악한 주거환경의 지속으로 정상적 주거생활을 위협받고 있다. 또한 실증적으로도 열악한 주거환경에서의 거주로 인해서 노년기 신체 노화와 소득 불안정이 더욱 악화되는 것으로 나타나기도 한다. 나아가 열악한 주거 환경은 노인의 심리적이고 정서적인 문제점을 수반하기도 한다.

노인은 나이가 들어감에 따라 신체적, 정신적 문제 등으로 인하여 물리적 활동 영역이 줄어듦에 따라 사회적 활동공간으로의 근린생활권이 상대적으로 중요해지게 된다. 따라서 생활하기 편리하고 안전한 지역 환경은 노인의 지역사회 거주를 가능하게 한다는 점에서 지속적인 관심이 필요한 분야이며, 이에 노인들의 사회적 교류 증진을 위한 지역사회 환경 조성은 중요한 과제이다. 이러한 특성은 결국 '자신에게 익숙한 환경에서 계속 거주하기(aging in place)'라는 노인주거에 있어서 새로운 패러다임을 지지한다. 100세 시대의 보편적 삶을 위해서는 100세 시대에 맞는 국토 및 도시 공간의 공간적 배려가 반영되어야 한다. 100세를 산다는 것은 살고 있는 도시, 거주하고 있는 주택 등 도시 공간 요소가 이들 계층의 생물학적 특징을 이해하고, 그에 맞는 물리적 공간을 조성하는 데 실천적 목표와 수단을 강구해야 함을 의미하기 때문이다(서정렬, 2016).

우선 실천 목표로는 건강(돌봄), 안전(배려), 참여(일자리, 봉사), 쾌적한 환경(여가)이 요구된다. 이들 목표를 달성하기 위한 도시 및 지역 차원과 주거 분야의 수단별 대안으로는 건강(돌봄) 측면에서는 도시 텃밭이나 걷는 길 조성 등 치유시설의 설치와 취약계층, 취약지역을 포괄하는 선진형 의료복지시스템과 재가서비스, 1~2인 노인가구 증가에 따른 다양한 고령자 주택, 건강 주택 등의 공급이 요구된다. 안전(배려) 측면에서는 유니버설 디자인으로 대표되는 무장애 디자인(barrier-free design)과 셉테드(CPTED, crime prevention through environmental design)로 통용되는 환경설계를 통한 범죄예방 설계기법, 그리고 고령자를 배려한 주택의 개조가 요구된다. 주거불편 해소 차원의 디자인과 개조의 필요와 유지관리의 용이성이 함께 검토되어야 한다. 고령자의 생활패턴을 배려한 노인전용 주택의 공급 확대 역시 이런 맥락에서 검토될 필요가 있다. 참여(일자리, 봉사) 측면에서는 문화, 숲, 향토 및 도시 해설사 등의 자원봉사 프로그램의 개발과 거주하고 있는 지역 내 커뮤니티활동의 참여를 높이고 노인이 노인을 돌보는 '노노 케어(老老 Care)'로 재가 관련 일자리 확대 등도 요구된다.

쾌적한 환경(여가) 측면에서는 도시 숲, 수변 공간의 조성과 건강 생태 회랑 등 녹지 네트워크 구축과 노인의 건강을 위한 텃밭 및 집수변에 걷는 길 조성, 편의시설에 대한 접근성 제고 등 불리적 환경 조성 및 개선이 검토될 필요가 있다. 신체적으로 불리한 고령자를 위한 국토 및 도시 공간과 주거 분야에 이러한 수단들이 도입되면 일반인들이 사용하는 데 있어서도 편하다는 장점도 가지게 된다. 최근 고령화로 인해 가구형태의 주요 축이 점차 1인 가구를 중심으로 변하고, 은퇴 이후의 편안한 생활에 대한 욕구와 신체건강 악화에 따라 보건·요양서비스에 대한 니즈가 증가하면서 실버타운, 요양시설, 임대주택 등 고령자전용 주거시설이 확대되고 있다. 각국 정부들은 고령자를 위한 임대주택 건설 등의 주거정책을 추진하고 있으며, 민간부문에서도 실버타운, 요양시설 등의 건설이 확대되고 있다.

그러나 100세 시대의 본격화로 초고령 기간에 진입하기 전까지 사회생활을 지속하는 고령자 수가 증가하면서 별도의 고령자전용 주거시설보다는 현재의 커뮤니티에서 생활을 유지하고자 하는 경향이 커지고 있다. 이러한 트렌드를 'Aging in Place(이하 AIP, 친근한 환경에서 안정적이고 자립적으로 살고자 하는 노후 트렌드)'라 지칭한다. AIP가 확산되면서 현재의 거주 주택 리모델링 등을 통해 고령자에게 적합한 주거환경을 조성하는 방안들이 확대되고 있으며, 이는 주거산업에 새로운 트렌드로 자리 잡고 있다. 일본에서는 고령자가 자신의 집에 편의를 위해 핸들을 설치하고 문턱을 없애 휠체어가 다닐 수 있게 개·보수하는 것이 일반화되었다. 이는 비용적인 측면에서도 요양시설 유치보다 더 경제적이라는 평가이다.

보건복지부가 65세 이상 고령자의 희망 거주형태에 대해 실시한 설문조사에 따르면, 전체 응답자의 74.2%가 일반주택·아파트를 선호하는 것으로 나타났으며, 노인시설 입소는 5.1%에 불과했다. 이는 고령자들이 은퇴 이후에도 기존의 생활환경을 벗어나고 싶지 않음을 뜻하며, 점차 100세 시대가 본격화되면서 AIP에 대한 선호도는 더욱 강화될 것으로 예상된다. 이에 따라 국내에도 AIP 실현을 위해 고령층만을 위한 별도의 주거환경보다는 다양한 세대가 함께 거주할 수 있는 커뮤니티 중심의 주거환경 조성이 확대될 것으로 전망된다.

또한, 서비스 포함 고령자용 주택으로 고령자의 생활 지원을 위한 생활상담 긴급콜센터 등 서비스를 함께 제공하는 임대주택으로, 공동주택이 많으며 배리어프리(Barrier Free) 설계가 주목받고 있다. 배리어프리는 고령자, 장애인 등 사회적 약자가 생활하는 데에 있어 물리적 정신적 장벽이 되는 것을 제거하는 것을 의미한다. 일본, 스웨덴, 미국 등 선진국을 중심으로 휠체어를 탄 고령자나 장애인도 일반인과 다름없이 편하게 살 수 있도록 하자는 의미에서 주택 및 공공시설을 지을 때 문턱을 없애자는 운동을 전개하고 있다. 고령자 대상의 배리어프리 리폼은 넘어짐 방지, 휠체어 이동의 원활화, 설비의 사용 편이성 향상 등을 목적으로 이루어진다.

최근에는 건강, 미용, 스포츠, 재테크 등의 강좌와 동호회활동을 통한 교류를 지원하는 실버세대 전용 커뮤니티 주택도 속속 등장하고 있다. 미국의 경우, 취미와 교류생활 등이 이루어지는 실버세대 전용주택 UBRC(University Based Retirement Community)가 발달했는데, UBRC는 실버세대가 대학이 운영하는 주택에 거주하면서 강의를 수강하거나 직접 강사로 활약하는 등 지적 욕구를 충족시킬 수 있는 기회를 제공한다. 고령화로 인해 대학의 학생 수가 감소하는 대학들은 줄어드는 수입을 충당하기 위한 비즈니스 모델로 UBRC를 활용가능하다. 스탠퍼드대의 클래식 레지던스, 플로리다대의 오크 해믹, 다트머스대의 캔달 앳 하노버 등이 내표적이다.

국내에서도 2017년부터 용인대학교 사회봉사센터에서 URBC사업을 시도하고 있다. 용인대학교는 고령화사회를 맞이하여 지역사회 노인들의 새로운 인생준비와 성공적 인생후반을 지원하기 위해 대학이 앞장서야 할 때라는 인식하에 대학이 보유하고 있는 다양하고 전문적인 교육프로그램과 인프라를 지역사회 노인들을 위해 개방하였고, 축제나 체육대회와 같은 대학 고유의 프로그램들에 참여할 수 있는 기회를 최대한 제공하고 있다. 실제로 용인대학교 URBC사업에 참여한 200여 명의 노인들은 용인대학교 박물관 견학, 축제참가, 체육대회 관람, 연극학과 공연관람, 교수들과 함께 떠난 여행 등 대학교의 축제, 체육대회, 공연 등에 참여할 수 있는 기회가 부여되었다.

뉴시니어의 새로운 라이프스타일을 반영한 일본 케어링 디자인의 'Good Over 50's'

나이가 들어 노년기에 접어들면 새로운 환경에 대한 적응력이 떨어지게 된다. 그래서 거주지를 옮기는 것 자체가 실버세대에게는 커다란 부담으로 다가온다. 설령 나이가 들어 자녀들이 독립하더라도 자신이 살던 집에서 지속적으로 거주하기를 원하는 경향이 강하다.

이러한 실버세대의 니즈에 맞춰 새로운 공간으로 이사하기보다는 자신의 주거공간을 취향과 기호에 맞게 리모델링하는 서비스가 최근 늘어나고 있다. 일본의 케어링 디자인(Caring Design)은 이러한 시니어들의 니즈를 파악하고 그들의 라이프스타일을 반영한 리모델링 서비스를 공급하고 있다. 이 회사는 인생의 분기점을 맞은 50·

60대 고객을 주요 타깃으로 '50세부터의 삶을 생각한다(Good Over 50's)'라는 모토로 그들의 기호와 건강을 배려한 디자인을 제시하고 있다. 이 회사의 설계 디자인은 실버세대 고객의 환경을 적극 반영하고 있는데, 먼저 여성만의 공간으로 여겨졌던 주방을 오픈공간으로 설계하여 함께 요리를 즐기고 소통할 수 있는 공간으로 변화시켰다. 또한 관절염이 시작되는 나이를 고려해 싱크대 하단 부분을 없애고, 의자를 설치하여 앉아서도 요리를 할 수 있도록 제안했다. 이처럼 시니어 부부들의 남은 삶의 질을 향상시키기 위한 전문화된 리모델링 설계를 제시하고 있다.

(출처: https://www.sogo-seibu.jp/kurashi/concept/)

<Good over 50's라는 카피를 내건 홈페이지>

프리미엄 고령자 주택, ORIX의 '프라테시아(Platesia)'

부동산 리스 기업 ORIX는 부유층 시니어를 타깃으로 프리미엄 서비스주택 '프라테시아(Platesia)'로 성공을 거두고 있다. 프라테시

아는 일본 수도권에서 운영 중이며, 3개 시설의 약 250호 규모로 일반적인 서비스 주택의 면적이 30m² 전후인데 비해 이 시설은 55~110m²의 넓은 평수를 자랑한다. 그 외에도 건물 내에 피트니스센터, 수영장, 뷰티살롱, 스파 시설을 비롯하여 파티룸과 고급식당까지 갖추고 있다. 또한 전문 관리인이 24시간 상주하여 안전관리 및 상담 대응이 가능하다.

또한 시니어들의 건강을 위해 모든 진료과의 전문병원과 연계되어 있어 긴급환자 발생 시 상시 대응 가능하며, 연간 2회의 정기검진도 제공하고 있다. 간병이 필요한 노년층의 입주도 가능하나, 주요 고객은 건강하고 부유한 60~70대이며, 여성 입주자가 80% 이상이다. 초기 입주비용이 5,000만 엔(한화로 약 5억 이상)이며 월 임차료도 20~30만 엔(한화 약 2~300만 원)으로 상당히 고가이지만 인기는 계속되고 있다.

국내 시니어 전용 아파트, 불붙은 청약전쟁

최근 우리나라 경기도 한 지역의 시니어 전용 아파트 단지에 60대 이상 수요자가 몰리며 10대1이 넘는 경쟁률을 기록했다. 이 아파트는 시니어 주택(노인복지주택)이기 때문에 전국에 거주하는 만 60세 이상으로 청약자격을 제한하고 있다. 이러한 시니어 주택의 경우 입지가 매우 중요한데, 전원생활을 즐길 수 있는 쾌적한 주거환경을 갖추면서도 도심 생활 인프라 접근성도 높아야 한다. 또한 병원 접근이 쉬워야 하고, 자가운전보다는 버스나 지하철 등을 이용하는 입주자가 많기 때문에 대중교통도 잘 갖춰져야 한다.

해당 아파트 단지의 경우 '노약자 안전 확인 서비스'를 갖추고 있는데, 전기·수도·가스 등 에너지 사용량 데이터를 활용해 고령층 입주자의 안전을 확인하는 시스템이다. 또한, 욕실에도 센서를 설치해 화장실 사용 빈도 등이 비정상적으로 증감하는 상황을 체크할 수 있어 보호자들은 시니어 입주자의 상황을 스마트폰 알림 서비스로 확인할 수 있도록 설계했다. 그리고 휠체어를 이용하는 노인들을 고려하여 그들이 편안하게 이동할 수 있도록 동마다 병원에서 쓰는 광폭 엘리베이터를 설치하고, 현관 앞에 의자와 수납장 등을 놓을 수 있는 공간을 만들어 휠체어나 지팡이 같은 생활용품을 놔두거나 앉아서 엘리베이터를 기다릴 수 있도록 배려하고 있다.

65세 이상의 고령자만 모시는 시니어 맞춤형 부동산 회사

세계적으로 대부분의 부동산 회사는 노인들에게 임대를 중개하지 않으려고 한다. 고독사나 임차료, 화재사고 문제 등이 발생할 수 있다는 것 때문이다. 하지만 실제 집주인 중에는 그들에게 임대하는 것을 꺼리지 않은 경우도 있다. 이 점에 착안하여 일본의 젊은 청년, 야마모토 료는 'R65(http://r65.info/)'라는 부동산 회사를 설립했다. 'R65'는 회사 이름 그대로 65세 이상(Rating은 영화나 연극 등의 연령제한 표시 문자임)만을 고객으로 부동산 거래를 하는 사업이다. 연령차별을 이유로 집을 빌리지 못하는 홀몸노인의 수요에 주목한 것이다. 65세 이상의 고객이 거주할 집이므로, 역에서 가까운 것은 기본이고 병원도 가까워야 하고 임대료도 저렴해야 한다. 노인들이 평생 함께해온 반려동물도 입주 가능하며, 가장 골치 아픈 보증인이 필요 없으면 더욱 좋다. 주인에게는 고령자일수록 오랜 기간 매너가 쌓여 있으므로 파손이나 과실, 트러블 등이 더 적다고 홍보를 하고 있다. 일반적으로 별로 인기가 없는 1층의 방도 노인들에게는 대환영이란 점도 집주인들에게 어필하는 포인트이다.

사소한 용무도 해결해주는 100엔 가사대행 서비스

고령자들은 젊은이들이 손쉽게 할 수 있는 일들을 쉽게 해결하지 못하는 경우가 많다. 예컨대 반려동물 목욕시키기, 전구 갈기, 집 청소, 잔디 정리, 전자제품 설치 등이 대표적이다. 이러한 노인들의 가사대행을 저렴하게 해주는 서비스가 일본에서 출시되었다. 바로, '고요키키(御用聞き, http://www.goyo-kiki.com)'라는 회사의 100엔 가사대행 서비스이다. 전구나 건전지 갈아주기, 병 따주기, 우편물 회수해주기, 청소 등 노인들이 하기 어려운 용무를 5분간 100엔에 해주는 것이다. '100엔 도와주기', '주거에 안심을', '거리에 기운을'이라는 슬로건을 내걸고 사업을 시작해 지금은 도쿄, 사이타마, 지바, 가나가와 현 등 8개 지역에서 서비스하고 있다.

시니어를 위한 이사업체 '무빙솔루션'의 성공사례

베이비붐 세대의 은퇴 후 가계소득 감소는 소유 부동산 처분으로 이어질 가능성이 높으며, 이에 따라 베이비붐 세대의 은퇴 후 거주지 이동이 빈번하게 나타날 수 있다. 하지만 은퇴자들은 거주지를 옮기고 싶어도, 여러 이유로 인해 망설이게 된다. 이에 착안해 은퇴자들을 위한 이사업체가 설립되었는데, 1996년 시작된 캐나다의 무빙 솔루션(Moving Solutions)이다. 설립자인 마짓 노박(Margit Novack)은 은퇴자들이 거주지를 옮기는 것에 큰 어려움을 느끼고 있으며, 누군가의 도움을 절실히 필요로 한다는 사실을 착안해 은퇴자를 위한 이사 전문업체를 창업했다. 은퇴자들이 이사로 인해 스트레스를 받는 이유는 정든 친구와 이웃을 떠나 새로운 사람들을 사귀어야 하며, 스스로 건강을 관리하고, 적지 않은 이사비용을 지불하기 때문이다. 2000년에 마짓 노박은 무빙 솔루션과 유사한 사업에 관심이 높은 예비 창업자를 위한 마케팅 및 교육 프로그램을 개발하였고, 4년 동안 14개 주에서 20개의 회사들이 성공적으로 런칭할 수 있도록 도왔다. 2005년 무빙 솔루션은 무빙 솔루션 프랜차이즈를 런칭하였고, 이후 6개 주에 7개의 무빙 솔루션이 독립적으로 사업을 전개하고 있다(최숙희, 2014.7.26).

무빙 솔루션이 제공하고 있는 서비스 10가지는 다음과 같으며 가격에 맞춰 서비스를 선택할 수 있다. ① 맞춤형 개인이사 전문가(Personal Moving Consultant)를 파견한다. ② 도면(Floor Plan)을 통해 물건을 배치해준다. ③ 이사 물건을 분류하여 팔 건지, 기증할 건지, 버릴 건지 등 불필요한 과정을 축소하여(Organize, Sort and Declutter) 이사 스트레스를 줄여준다. ④ 포장 전문가가 미국 전역의 가족이나 친지에게 보내는 물건을 효율적으로 처리할 수 있도록 도와준다. ⑤ 디지털 사진과 라벨을 이용해 짐 싸기, 짐 풀기를 하고, 전자기기의 연결과 포장지를 제거하여 제대로 정착(Pack, Unpack and Resettle)할 수 있도록 도와준다. ⑥ 중고가구 딜러, 주택청산인(estate liquidators)과 이베이(eBAY) 네트워크를 이용해 불필요한 물건을 팔 수 있도록(Sell Your Belongings) 도와준다. ⑦ 기증품을 포장하고, 지역 자선단체가 가져갈 수 있도록 조정(Coordinate Donations) 역할을 해준다. ⑧ 인쇄물, 우편물과 의료명세서 등을 분류하여 정리(Paper Sorting)해준다. ⑨ 비밀문서를 분쇄(Shredding)한 후 파괴증서(Certificate of Destruction)를 제공한다. ⑩ 남겨진 물건에 대한 처리와 집 청소(Clean-outs)를 통해 새로운 주인을 맞을 수 있도록 도와준다.

무빙 솔루션 사례에서 보듯이 은퇴자들이 거주지를 옮기는 것에 큰 어려움을 느끼며, 타인의 도움을 필요로 한다는 사실을 이해함으로써, 은퇴자를 위한 전문 이사관리 업체가 성공을 거둘 수 있었다.

(출처: http://www.movingsolutions.com/)

<노인을 위한 이사업체 무빙 솔루션>

6. 교통/이동/여행

최근 고령자들의 운전사고가 사회적 이슈로 부각되고 있다. 운전 중 반응속도가 더딘 70세 이상 고령 운전자가 사고를 내거나, 반대로 사고를 당하는 경우가 점차 증가하고 있는 추세이다. 시니어 운전자들은 운전에 필수적인 인지능력이 떨어지며 그중 민첩성은 33% 야간시력의 경우 젊은 층에 비해 30배가량 어두운 것으로 평가된다. 60대는 물론 70대의 연령에도 이동이나 생활을 위해 자가 운전을 하는 일이 많아짐에 따라, 차량 자체도 고령 운전자를 위한 설계와 디자인이 필요한 상황이다. 계기판을 운전자의 시력에 맞도록 크기나 글씨체를 변경하거나, 고령운전자가 긴급한 건강상의 문제가 발생했을 경우를 대비하여 내비게이션이나 위성장비 통신을 이용하여 위급상황을 외부에 알릴 수 있는 기술 도입이 필요하다.

운전을 할 수 없는 시니어들의 가장 큰 문제는 기동성이라 할 수 있는데, 이를 해결하기 위한 서비스들도 필요하다. 스마트폰이나 인터넷 정보를 이용하는 데 미숙한 시니어들이 대중교통 정보시스템을 이용하는 데 불편을 겪는 경우가 있는데, 이를 해결할 수 있는 방안 마련도 필요하다.

시니어를 위한 맞춤 택시서비스를 내놓은 우버와 리프트

승객과 운전기사를 스마트폰 버튼 하나로 연결하는 기술 플랫폼인 우버(Uber)와 리프트(Lyft)가 시니어를 위한 맞춤 서비스를 내놓았다. 우버의 경우 '24시간 홈케어(24Hr HomeCare)', 리프트는 '그

How It Works

1. Dial "0".

Simply dial "0" on any Jitterbug phone to request a ride from a live Personal Operator who'll provide an estimate and wait time before you book your ride.

2. Get picked up.

It's more convenient than a taxi. A friendly driver will arrive at your location within minutes, ready to take you where you want to go.

3. Go anywhere.

The fare will be added to your next GreatCall bill, so there's no need to tip or carry cash. Ready to return? Just dial "0" again and you'll be on your way.

(출처: 그레이트콜 홈페이지 https://www.greatcall.com)

<그레이트콜 이용방법>

레이트콜(GreatCall)' 서비스로 스마트폰이나 앱 계정 없이도 차량을 예약할 수 있다. 스마트폰에 익숙지 않은 시니어들을 배려한 상품이다. 전화로 택시를 불러 원하는 곳으로 갈 수 있는데, 한국식으로 보면 콜택시 서비스와 유사하다. 하지만 이 서비스는 현금을 소지할 필요도 없다. 요금청구서가 월별로 정산되어 집으로 배달되기 때문이다.

사용법에는 차이가 있다. 우버의 경우, 먼저 24시간 홈케어의 '라이드위드24(RideWith24)'라는 플랜에 먼저 가입한 뒤 택시가 필요할 때 부르면 된다. 그레이트콜은 이 사이트에서 판매하는 휴대전화기를 먼저 구입해야 한다. 휴대폰은 스마트폰과 플립폰 두 형태가 있으며, 이 전화기로 0번을 누르면 상담원과 연결되고 택시를 요청하면 된다. 상담원은 예상 요금과 택시도착 시간, 예상 운행시간 등을 알려준다.

일반적으로 시니어가 주로 자택에서 대부분의 시간을 보내는 가장 큰 이유 가운데 하나는 바로 대중교통 문제 때문인데, 이와 같은 서비스를 이용하면 스마트폰에 익숙하지 않은 시니어도 시니어 전용차량 공유서비스를 통해 삶의 질을 향상시킬 것으로 기대된다.

시니어에게 높은 기동성, 적절한 운동량을 제공하는 전기자전거에 대한 관심 증대

최근 오스트리아에서 전기자전거 시장이 급성장하고 있는 가운데, 실버세대 자전거족을 일컫는 '실버서퍼'가 전기자동차 시장의 주요 소비자층으로 떠올랐다. 오스트리아 교통혁신기술부에 따르면 오스트리아 전기자전거 이용자의 74%가 45세로 집계된다.

미국에서도 전기자전거 회사 이벨로(Evelo)가 50세 이상을 주요 고객으로 설정하여 시장 확대에 나섰다. 이벨로는 실버세대가 오랫동안 자전거의 페달을 돌리는데 육체적인 부담을 갖는다는 점에 착안해 전기자전거 스타트업을 시작했다. 전기자전거는 자전거를 타는 사람이 페달을 많이 혹은 적게 돌릴지를 스스로 결정할 수 있다는 것이 장점이다. 기존자전거에 부담을 느낀 시니어들에게는 적절한 운동과 기동성을 제공할 수 있다는 점에서 매력적이다. 시니어층을 겨냥한 이벨로는 2017년 400만 달러 수준의 매출을 올리기도 했다.

포드자동차, 신체나이 100살을 체험하는 되는 슈트 개발

미국 자동차회사 포드(Ford)가 입으면 신체나이를 100살 정도로 느낄 수 있는 슈트를 개발했다. 이 슈트는 선글라스와 이어폰, 장갑 등이 있는데 이것을 입으면 모든 신체기관들이 마치 고령의 노인이 된 것처럼 뻣뻣해지고 고통을 느끼게 만든다. 또한 시야도 흐릿해지고 귀도 어두워진다. 이것은 벌써 3차례에 걸쳐 업그레이드된 것으로 이제는 손 떨림까지 느껴질 정도이다. 자동차회사 포드에서 이렇게 노인 체험이 가능한 옷을 만든 이유는 고령자의 신체 상태를 분석해 그들에게 적합한 자동차를 만들기 위해서이다. 뿐만 아니라 포드는 최근 운전자의 심장마비 가능성을 예측해 차량이 안전하게 정차하도록 하는 기술을 발표했다. 운전자의 심장 상태를 진단해주는 특수좌석으로, 운전자의 의류를 통해 몸에서 나오는 전류를 감지하는 센서가 장착되어 있다. 고령화사회 진입과 함께 고령의 운전자들을 위해서 자동차기업들도 다양한 연구를 통해 변모하고 있는 것이다.

(출처: 유튜브 MailOnlineVideo)

<노인체험 슈트를 입은 모습>

일본의 시니어 관광상품인 '배리어프리'와 고급 패키지여행

클럽투어리즘社는 일본의 대형 여행사인 킨키 니혼 투어리스트에서 분리 독립된 일본의 대표적인 시니어 관광회사인데, 시니어를 대상으로 교육, 여행, 그리고 네트워크를 결합한 상품을 출시하고 있다. 클럽투어리즘社는 '지팡이와 휠체어로 여행을 즐기자'라는 구호 아래 '배리어프리(Barrier Free) 여행' 상품을 판매하고 있다. 배리어프리는 고령자나 장애인이 쉽게 이용할 수 있도록 주택이나 공공시설의 문턱을 제거하자는 운동이다. 이 상품은 고령자의 늦은 걸음걸이에 맞춰 충분한 시간을 두고 일정을 진행하며 또 무거운 짐은 가이드가 대신 들어주며, 욕실에서 사용하는 미끄럼 방지 매트를 빌려준다. 휠체어를 탄 채 탑승할 수 있는 버스를 운행하고, 여행을 도와주는 '트레블 서포터' 서비스를 제공하고 있다. 서비스 내용으로는 유료로 여행 중 수동·전동 휠체어 빌려주기, 샤워의자 대여하기, 자원봉사 직원이 여행을 도와주기, 여행 전의 질환도 대상이 되는 '클럽투어리즘'만의 독자적인 해외여행보험 가입하기, 룸까지 여행 물품을 운반하기, 목욕 시에 도와주기, 공항이나 역까지 여행물품을 운반하기, 그리고 식사 시 도와주기 등이 있다(최숙희, 2015.4.28).

또한, 일본에서는 시간적, 경제적 여유가 있는 시니어를 위한 고급 패키지여행도 주목받고 있다. 일본의 국내여행 수요는 2011년 동일본대지진 이후 주춤하였으나, 금전적 여유가 있는 고령자의 증가에 따라 지속적으로 시장이 확대되는 추세이다. 액티브 시니어들은 원거리 해외여행에도 주저함이 없고, 국내여행의 경우에도 차별화된 고급 여행상품을 선호한다. 스스로 몸을 움직여 체험하는 것을 즐기는 액티브 시니어의 증가로 일본 여행업계는 유적순례, 트래킹, 온천관광 등의 다양한 여행상품을 연이어 출시 중이다.

시니어들은 상대적으로 인터넷과 SNS에 익숙지 않기 때문에 고전적인 홍보전략이 더욱 효과적이다. 따라서 많은 여행사들이 시니어 고객을 유치하기 위해 신문, 잡지에 여행상품 광고를 싣고 전화와 인터넷으로 신청을 받고 있다. 또한, 시니어의 신체조건을 고려하여 세심하게 설계한 여행상품들도 증가하고 있다. 실제로 한큐교통사는 최근 전체 고객의 70% 이상을 차지하는 55세 이상의 고객을 겨냥하여 '몸에 친절한 여행'이라는 새로운 여행상품을 출시했다. 상품에는 무릎 관절에 좋지 않은 시니어들을 위해 걷는 시간을 최소화하고 계단이 없는 루트를 선택할 수 있는 여행 코스를 제공하고 있다. 또한 휴식 시간을 90분당 1회 배정하고 있으며, 일몰 전에 하루 코스를 마칠 수 있는 프로그램 등 시니어들의 건강을 고려한 맞춤형 서비스를 제공하고 있다.

또 다른 사례로 전 세계의 비경을 보기 위해서라면 기꺼이 원거리 여행도 감수하는 시니어를 위한 고가의 여행상품도 있다. 전 세계의 유적과 문화를 직접 체험하고자 하는 부유한 시니어들은 돈과 시간을 아낌없이 투자한다. 이러한 수요에 맞춰 2012년 말 전일본항공(ANA)은 시니어 소비자를 주요 타깃으로 'ANA 원더어스(Wonder Earth)' 프로그램을 신설했다. 이 프로그램은 '오로라를 보러 떠나는 알래스카 여행', '야생동물 탐방을 위한 아프리카 여행', '와인을 맛보기 위한 프랑스 시골 체험' 등 차별화된 테마여행으로 일본 시니어들에게 인기를 끌고 있다. 이 프로그램은 단가가 평균 80만 엔(약 760만 원)에 달하는 고액 상품들이 대부분이지만 오히려 매출은 다른 여행 상품과 비교하여 20% 정도 높다.

또한, 일본에서는 고령 여행자들을 위한 '트레블 헬퍼'가 새로운 직업으로 분류되고 있다. 간병이 필요한 고령자와 먼 여행을 함께 하는 전문인력이다. 여행 지식은 기본이고 간병 지식과 경험이 있어야 한다. 트레블헬퍼협회까지 만들어져 2009년부터 자격시험도 치른다. 일 반여행에 비해 요금이 2배 가까이 되지만 적은 인원으로 의미 있는 말년의 여행을 즐길 수 있어 인기를 누리고 있다. 예를 들어 휠체어를 이용하는 사람이나 여행 시 간호를 필요로 하는 사람들에게 여행지에 서의 간호에 익숙한 트레블 헬퍼를 파견한다. 외출(가벼운 외출, 동창 회, 피로연, 법요 등)이나 대형역사, 공항 등의 환승 또는 관광, 목욕 시에도 보조 서비스도 제공한다. 지병을 있는 사람이나 물리치료 중 인 사람에게는 제휴의료기관과 서로 협력하여 여행지에서는 인공투석 이나 재택 산소요법 등을 실시, 안심하고 여행할 수 있도록 한다. 이 용요금은 이용자의 간호 상태에 따라 다르지만 반나절 코스가 1만 3,650엔으로부터 1일 코스 2만 6,250엔까지 있다. 동행하는 트레블 헬퍼의 여비, 식사비, 관광 시설 등의 입장료는 이용자의 부담이다.

트레블 헬퍼에게 가장 많은 의뢰가 오는 것은 바로 의뢰자와 함께 가는 '성묘'이다. 포기하고 있던 성묘를 갈 수 있는 것만으로도 행동 에 자신을 가지거나, 삶에 의욕이 생겨난 시니어가 많은 것으로 알 려져 있다.

관광을 넘어 지적 호기심을 충족시켜주는 '섬머 스쿨(Senior Summer School)'

100세 시대의 건강한 고령자는 단순한 관광이 아니라, 지적 호기 심을 충족시킬 수 있는 교육과 체험활동을 포괄하는 여행을 원한다. 또한 여행을 통해 공통의 관심사나 취미를 가진 타인들과 상호작용 을 함으로써 은퇴 후 단절된 인간관계를 새롭게 형성하기를 원한다.

미국에서는 이러한 액티브 시니어들의 니즈를 만족시키기 위한 다양한 관광서비스가 마련되어 있다. 대표적으로 '시니어 섬머 스쿨(Senior Summer School)'을 들 수 있는데, 이는 60대 이상의 고령층이 대학에서의 수준 높은 학습을 경험하는 것과 동시에 휴식과 관광, 오락, 레저 등을 함께 즐길 수 있는 프로그램을 제공한다. 이를 두고 '학습하는 방학(learning vacations)'이라고도 한다. 제휴된 대학의 강사와 교수들이 강의하는 정치학, 예술의 역사, 문학, 음악, 연극 등 다양한 분야의 강좌들이 제공되며, 수업이 없는 시간에는 씨티 투어, 캠퍼스 투어, 영화 관람 등의 관광이 진행된다. 1985년에 만들어진 이 프로그램이 지금까지도 활발하게 이어져 오는 것은 100세 시대 시니어들의 의미 있는 여가 소비에 대한 욕구가 그만큼 크다는 것을 의미한다.

노인을 위한 에어비앤비를 표방하는 프리버드클럽

아일랜드에서 처음으로 시작된 '프리버드클럽(The Freebird Club)'은 노인을 위한 여행자 클럽을 표방한다. 현지인이 직접 자신의 집을 여행객들에게 저렴한 가격으로 대여해주는 공유경제형 숙박서비스인 '에어비앤비(AirBnB)'와 유사하다. 프리버드클럽은 에어비앤비보다 시니어가 사용하기 쉽도록 다양한 서비스를 제공하고 있다. 먼저 젊은 층에 비해 이메일 체크를 자주 하지 않는 시니어 고객을 위해 프리버드클럽은 문자메시지로 예약정보와 긴급정보 등을 보내준다. 또 일부 시니어는 인터넷을 사용하지 않을 수 있어 전화로 서비스를 사용한다. 예약금액 중 여행객과 주인에게서 각각 12%, 3%

의 소개료를 받는다. 여행객은 기본적인 인적사항, 사진, 신분증 등을 제출해야 하며 집주인은 사전심사로 선정한다. 여행객과 집주인은 서로의 정보를 프리버드클럽을 통해 확인할 수 있다.

프리버드클럽은 2015년 '유럽사회혁신대회(European Social Innovation Competition)' 최종 3개 프로젝트 가운데 하나에 선정돼 5만 유로의 상금을 받았다. 2016년에는 'Aging 2.0 Global Startup Search in London'도 수상했다. 그 밖에도 크고 작은 여러 대회에서 수상하며 초기 창업비용을 모았다. 2017년 4월에 문을 연 뒤 1년도 안 돼 약 2,000명의 회원이 가입했다. 앞으로는 마음 맞는 여행 동반자를 찾을 수 있는 서비스를 더하고, 유럽 여러 나라를 더 자유롭게 돌아다니도록 할인된 기간제 철도승차권인 인터레일(interrail) 표도 제공할 계획이다. 공유 경제를 넘어 이른바 '돌봄 경제(caring economy)'의 개척자가 되겠다는 포부도 가지고 있다.

(출처: 프리버드클럽 홈페이지 https://www.freebirdclub.com)

<시니어를 위한 에어비앤비를 표방하는 '프리버드클럽'>

7. 금융/자산관리

100세 시대의 도래로 전체 생애에서 노후기간이 차지하는 비중이 더욱 증가하면서 은퇴 이전에 금융시장을 통한 자산증대로 충분한 노후자금을 마련해야 할 필요성이 높아지고 있다. 이러한 현상은 금융회사들에게는 새로운 비즈니스 기회가 되고 있다. 지금까지 국내외 금융회사들의 은퇴서비스는 기업과 개인 고객에 따라 이원화되어 있는 것이 일반적이었다. 기업고객을 대상으로 퇴직연금 등 근로자의 퇴직 및 복지와 관련된 서비스를 제공하고, 개인고객을 대상으로는 개인연금 등의 리테일 은퇴 상품과 서비스를 제공하였다. 그러나 본격적으로 100세 시대가 도래함에 따라 개인이 스스로 노후를 준비하는 방안들에 대한 수요가 폭발적으로 증가하게 되었고, 이에 따라서 금융회사의 은퇴비즈니스는 점차 리테일로 그 중심이 이동하고 있는 추세이다. 또한 100세를 산다면 은퇴 이후에도 약 40년의 긴 시간이 있는 만큼 고령자들은 기초적인 생활비뿐 아니라 여가, 교육 등 여러 가지 사회활동을 위한 재무적 니즈가 클 수밖에 없으며, 이에 따라 해당 지출 재원을 마련할 수 있는 다양한 재무적 솔루션에 대한 수요도 확대되고 있다. 이러한 변화들은 보다 정교하고 다양한 은퇴금융 상품과 서비스에 대한 개발로 이어지고 있다.

시니어 고객 전용 회원제 프로그램을 운영하는 미국 금융기업 웰스파고의 사례

미국의 다국적 금융 서비스 기업인 웰스파고(Wells Fargo)는 시니어 고객 전용 회원제 프로그램인 엘더케어 프로그램(Elder Care Program)을 운영하고 있다. 이 프로그램은 신체의 변화로 불편을 겪는 시니어 고객의 독립적인 생활과 삶의 질을 유지하도록 지원하는 서비스이다. 특히, 이 서비스는 65세 이상 고객 중에서도 관리자산이 35만~100만 달러 이상의 부유층만을 대상으로 하고 있다. 이 서비스에 가입한 고객들에게는 병원예약, 간병인 관리 등 의료서비스뿐만 아니라 식사·심부름·집수리 등의 생활서비스와 더불어 라이프 플랜 서비스까지 지원한다. 웰스파고는 이 프로그램을 통해 시니어 고객의 가족들까지 고객을 확대하는 효과를 거두고 있다.

시니어 전용 금융회사를 표방하는 '트루링크파이낸셜(True Link Financial)'

판단력이 저하된 시니어들의 은퇴자금을 노리는 금융사기가 늘고 있다. 텔레마케터와 판매원들이 시니어들에게 접근해 은퇴자금 중 일부를 필요 없는 물건을 구매하는 데 쓰게 만들거나, 금융사기 피해를 입히는 경우다. 2015년 미국은 금융사기로 인한 시니어의 피해액이 약 10억 달러(1조 1,600억 원)에 달했다. 이러한 시니어 금융사기를 예방하고 시니어의 은퇴자금을 보호·관리할 수 있는 시니어 전용 신용카드회사 트루링크파이낸셜이 2012년 미국 샌프란시스코를 중심으로 설립되었다. 이 회사의 창업자 카이 스틴치콤베(Kai Stinchcombe)는 평범한 학교 선생님이었다. 어느 날 그는 치매를 앓고 있던 자신의 할머니가 텔레마케터와 판매원들에게 속고 있다는 것을 알게 되었고, 여기서 아이디어를 얻어 시니어전용 신용카드 회사를 창업했다. 이 회사는 시니어만을 대상으로 하는 현금카드(debit card)를 만들어 서비스하고 있는데, 이 현금카드는 시니어의 가족이 스마트폰이나 인터넷으로 시니어의 카드사용금액 한도를 정할 수 있고, 사용처를 특정 식료품 가게나 약국 등으로만 한정할 수 있어 금융사기로 인한 무분별한 지출을 예방할 수 있도록 하고 있다. 또한 평소와 다른 미심쩍은 지출이 발생하는 경우 가족들에게 이메일이나 문자로 경고 메시지를 보내주는 기능도 있다.

시니어 전용 모바일 뱅킹 서비스를 제공하는 국내은행들의 사례

국내 금융권에서도 시니어 고객들의 특화된 서비스를 제공하기 위해 다양한 움직임을 보이고 있다. 먼저 하나금융지주는 SK텔레콤과 합자로 60대 이상 시니어 고객들을 위한 전용 플랫폼 핀크(Finnq)를 출범했다. 핀크는 2016년 10월 하나금융그룹과 SK텔레콤이 각각 51%, 49%의 비율로 출자한 합작법인으로, 금융서비스뿐 아니라 공연 등 문화예술활동과 병원 진료·상담 등을 하나의 애플리케이션(앱)을 이용해 제공하는 종합 플랫폼이다. 이 앱에서는 지출내역 및 현금흐름을 한눈에 파악할 수 있도록 하고 있으며, 고객의 자산형성과 건강한 소비습관을 돕는 AI 기반의 머니 트레이너 서비스를 제공하고 있다. 그 밖에도 공연 등 문화예술활동, 건강상담·진료예약 등 헬스케어활동, 여행 등 모임활동 등이 비금융서비스도 함께 제공한다. 이 시니어 전용 앱은 일정 비용을 지불하고 회원으로 등록해야 하는 멤버십으로 운영된다.

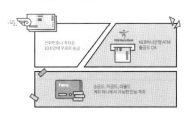

(출처: https://www.finnq.com)

<하나은행과 SK텔레콤의 합자로 출시된 핀크 앱>

KB국민은행도 시니어 전용 모바일 플랫폼인 '골든 라이프 뱅킹'을 출시하였다. 이 서비스는 금융서비스는 물론 시니어들에게 필요한 여행, 건강정보 등의 비금융서비스도 제공하고 있다. 특히, 이 앱은 이용도 높은 조회·이체 메뉴를 전면에 배치하고, 앱 화면의 글씨체 확대 등 시니어 맞춤형 모바일 환경을 제공한다. 그 외에 농협 등 대부분의 은행권에서도 시니어들을 위해 모바일 글자의 크기를 키우는 등 시니어 고객들의 니즈를 적극 반영 중이다.

2000년대 중반부터 고령화가 한국사회의 중요한 이슈로 부각되면서 국내에서도 사적연금을 비롯해 은퇴금융 상품시장이 빠르게 성장하고 있다. 개인을 대상으로 한 은퇴금융 상품시장은 최근 개인의 은퇴준비에 대한 수요가 폭발적으로 증가하면서 변액연금보험, 월지급식펀드, 즉시연금 등을 중심으로 성장세를 보이고 있다. 금융회사들도 시장의 높은 성장 전망에 대응하고자 퇴직연금뿐 아니라 은퇴

비즈니스를 강화하고 있으며, 향후 고령자를 위한 은퇴 상품과 서비스는 더욱 확대될 전망이다.

100세 시대에는 은퇴 준비단계부터 은퇴 기간까지 각 단계별로 적합한 은퇴 준비방안이 제시되어야 하는데, 아직까지 국내에서는 이러한 재무설계에 기반한 은퇴 솔루션이 제대로 제공되지 않고 있다. 100세 시대의 도래로 노후기간이 늘어난 만큼 향후 고령기간 동안 소득을 확보할 수 있는 다양한 은퇴상품이 개발될 필요가 있으며, 그중에서 특히 연금상품 라인업이 강화되어야 할 것이다. 또한 고객군을 생애 단계별로 세분화하고 각각에 적합한 상품 포트폴리오 및 재무설계안이 제시된다면 금융회사는 고객과의 장기적인 관계형성이 용이할 것이다. 100세 시대의 도래로 고령층의 니즈가 단순히 기초생활비 확보에서 보다 다양해지면서 일본처럼 여행, 간병 등의 기타 서비스와 연계된 금융서비스의 강화 또한 고령 금융소비자 확보에 유리할 것으로 분석된다.

경제적 합리성에 기초한 호모 에코노미쿠스로서의 소비가 100세 시대에도 지속되기 위해서는 보유 자산의 분배도 중요하지만, 100세에 이르기까지 쓸 수 있는 자산이 있어야 함을 의미한다. 그러기 위해서는 100세까지는 아니어도 이전 세대보다 오랜 기간 동안 경제적 활동에 참여해야 한다는 전제조건이 선결되어야 한다. 그런 이유로 100세를 사는 호모 사피엔스로서의 호모 헌드레드는 호모 에코노미쿠스여야 한다. 바로 호모 헌드레드 에코노미쿠스의 출현이다. 호모 사피엔스 페쿠니오수스와 유사한 세분된 아종(亞種)인 셈이다.

현재 우리나라에서 100세의 기대수명을 살아갈 사람들은 대부분 1955~1963년에 출생한 베이비부머들이다. 이들은 대부분의 자산을 부동산으로 형성해왔다. 이런 이유로 노후를 위한 비용 역시 본인들이 축적한 부동산 자산을 활용해 충당해야 한다. 자산 포트폴리오 리모델링이 그 대안이다(서정렬, 2016).

자산 포트폴리오 리모델링은 '본인 소유의 부동산 또는 금융 자산의 보유 비중 조정 등을 통해 효용을 극대화하기 위한 분산 투자'라고 할 수 있다. 결국 보유 자산의 분산 투자를 통해 은퇴 이후 생활비를 확보하고 노후를 위한 준비를 한다는 것인데, 보유 자산의 약 80%를 부동산으로 갖고 있다는 점에서 보유 부동산 중심의 투자나 운용일 수밖에 없는 제약이 있다.

최근 부동산 시장의 분위기나 트렌드를 고려할 때 부동산을 중심으로 한 분산 투자 및 운용과 관련해서는 다운사이징(downsizing)과 주택연금(reverse mortgage)이 대표적이다. 다운사이징이란 '사물의 소형화 또는 기업의 감량 경영'을 통칭하는 것이 일반적이다. 주택의 다운사이징이란 대형 주택을 팔아 대출금 등 부채를 상환한 후 작은 주택으로 옮긴 뒤 남는 자산으로 노후 생활비를 확보하는 것을 말한다. 상환할 부채가 없다면 소형 주택 두 채를 매입해 한 채에는 자신들이 거주하고, 다른 한 채는 월세를 받는 수익형 부동산으로 운용하는 방식이다.

주택연금은 현재 60세 이상의 고령자가 금융기관에 자신이 살고 있는 주택을 담보로 제공한 뒤, 매달 고정적인 생활 자금을 연금식으로 받는 장기주택저당대출을 말한다. 다른 말로 역모기지론이라고도 한다. 월 지급액은 집값 상승률과 기대수명 등을 고려해 결정된다. 부부 모두 사망할 때까지 연금은 지급되며, 담보로 잡은 주택은 대출금과 이자를 갚고 남는 돈이 있으면 상속자에게 상속되나 사망

시섬이 길어져 담보 수택 가격보다 많은 월 지급액이 지급될 경우라도 별도 청구 없이 정부가 지급을 보증한다.

시니어들은 50대 이전까지 소득을 통한 저축이나 은퇴 자금으로 축적한 여유 자금에 대한 투자 정보 또는 자산관리가 무엇보다 중요하다. 은퇴 후 소득 발생 여부, 자산 보유 여부, 연금 수령액 등과 이에 따른 전문적인 자산관리 서비스가 노후의 삶의 질을 좌우한다. 50대 이후 건강하고 안정된 삶을 유지하기 위해서 은퇴 설계는 필요충분조건이다. 더불어 건강 및 취미, 라이프 플랜 등 은퇴 이후 삶을 관리해주는 토털 라이프 매니지먼트 서비스에 대한 수요도 늘고 있다.

금융권에서는 자산관리를 필요로 하는 시니어 및 노후를 준비하는 직장인들에게 은퇴설계 및 프라이빗 뱅킹 등의 상품을 제공하는 한편, 시니어 고객들을 대상으로 한 일상 지원 등 비금융서비스까지 그 영역을 확장하고 있다. 대표적인 금융사의 비금융서비스로는 일정 금액 이상의 자산관리 혹은 계좌 보유고객들을 대상으로 맞춤형 비서 서비스인 '컨시어지 서비스'를 제공하고 있다. 금융사들은 컨시어지 서비스를 통해 자산 보유 규모가 큰 시니어 고객을 유치하기 위해, 여행맞춤설계, 국내외 레스토랑 추천뿐만 아니라 공연예매대행 서비스까지 다양한 프리미엄서비스를 제공하고 있다.

한편, 고령자의 가처분소득 확대를 위한 금융상품이 활성화될 수 있도록 정책적 지원이 요구된다. 자산이 많아도 경상소득이 없으면 자산을 소비로 전환하는 데 두려움을 느끼는 은퇴자들이 많기 때문에, 은퇴 이후 연금을 수령하기까지 발생하는 소득공백기에는 소비가 위축되는 경향이 있다. 따라서 은퇴 이후 발생하는 소득 공백기에 자산의 일부를 소득으로 전환할 수 있게 한다면 이 시기에 발생하는 소비위축을 완화할 수 있다.

심리적인 불안감을 최소화할 수 있도록 역모기지와 같은 금융상품을 보다 활성화해야 할 필요도 있다. 우리나라에도 공공 역모기지 상품인 주택연금이 있다. 주택연금(역모기지론)은 많은 장점을 갖고 있지만 가입요건이 까다로워 가입률이 높지 않은 수준이다. 가입조건을 완화하고 상품종류를 다양화하여 은퇴자들의 가처분소득을 증가시키는 방안이 필요하다.

금융시장을 통한 노후자금 마련이 현재 가장 시급한 과제인 만큼 금융의 역할이 매우 중요하다. 이에 따라 국내 금융회사들은 보다 다양한 은퇴상품과 서비스를 개발할 필요가 있으며, 기존과 같이 단기적인 성과를 위한 일부 대표 및 인기 은퇴상품 중심의 판매에서 재무설계에 기반한 보다 종합적인 은퇴 솔루션이 제공되어야 할 것이다.

8. IT기기/서비스

시니어들도 젊은 세대들과 마찬가지로 쇼핑, 가사 등 일상생활분야에서 IT를 활용한 서비스를 필요로 한다. 최근 IT 분야에서 시니어 소비자를 대상으로 한 기존의 '실버폰'을 시작으로 다양한 제품 및 서비스가 출시되고 있는 상황이다. 특히 독거노인의 비중이 높아지면서 '고령자 안전 확인 서비스' 관련 IT기기 및 서비스 시장의 성장이 두드러질 것으로 기대된다.

최근 시니어들의 스마트폰 보급률이 확대됨에 따라 시니어 소비자가 쉽게 이용할 수 있는 맞춤형 스마트폰이 출시되고 있다. 시니어 소비자에게 최적화된 간단한 홈 화면이 특징적이며, 마이크와 스피커 모두 필터링 기능 탑재를 통해 소음을 희석시킬 수 있어 선명한 통화 환경을 제공한다. 실버폰은 기존의 휴대폰에 비해 버튼의 크기, 버튼 텍스트의 크기, 화면 글자의 크기를 키울 수 있도록 디자인되었고, 알람, 자주 쓰는 기능 등은 외부 버튼으로 제작되고, SOS 기능을 첨부하여 위급상황 시에 지인에게 연락할 수 있는 기능 역시 제공하고 있다. 노인층은 통화 빈도는 낮지만, 한번 이용 시 장기간 통화를 지속한다는 특성을 반영하여 저렴한 통화 요금제를 내놓는 통신회사들도 늘어나고 있다.

시니어 소비자 및 그 가족을 대상으로 하는 IT 솔루션도 증가하고 있다. 특히 고령자 안전 확인 위치 추적 배설 지원 등 생활 밀착 지원형 서비스의 경우 최근 수요가 증가하고 있으며 개발도 활발하다.

시니어의 니즈를 파고든 맞춤형 스마트폰

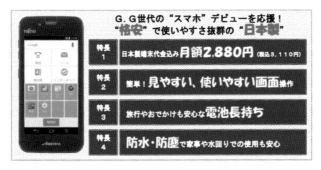

(출처: 이온 홈페이지 https://www.aeon.info)

<이온의 ARROWS M01 단말기>

이온(AEON) 모바일은 2016년 11월 말 시니어 소비자의 수요를 반영한 자체 단말기 'ARROWS M01'을 발매하여 호평을 얻고 있다. 이 제품은 일본의 ICT기업인 후지쯔에서 제조한 것으로, 디자인이 심플하여 시니어들에게 작동이 어렵지 않은 것이 매력이다. 자국의 스마트폰을 사용하기를 원하는 일본 시니어 소비자들에게 인기를 얻고 있다. 또한 이 단말기 가격은 39,600엔 정도이며, 월 사용료는 1,500엔~1,800엔 선으로 저렴해 시니어 소비자의 가격 부담을 덜었다. 무엇보다 실버세대 소비자에게 최적화된 간단한 홈 화면과 마이크 스피커 모두 후지스 자체 필터링 기능 탑재를 통해 소음을 최소화할 수 있어 선명한 통화 환경 제공하고 있다. 여러 가지 기능보다 통화를 주로 하는 시니어들의 니즈를 정확히 파고든 것이다.

24시간 통화 지원 서비스로 노년층 시장공략에 성공한 지터벅 (Jitterbug)

베이비붐 세대와 그 부모 세대를 겨냥한 실버폰 지터벅(Jitterbug)이 미국시장에서 성공을 거두고 있다. 미국 이동통신업체 그레이트콜이 삼성전자와 공동 개발한 이 단말기는 다른 서비스에 비해 요금이 절반 가까이 낮고, 휴대폰 기능이 단순하여 고령자들도 조작이 쉽다는 특징을 보인다. 또한 휴대폰이 손에 잡히는 그립감을 최대한 살린 둥그스름한 폴더 디자인에 다이얼 효과음을 유선전화와 비슷하게 설정하는 등 노년층의 심리적, 신체적 특성을 반영해 소비자들에게 좋은 반응을 얻고 있다.

지터벅 원터치 모델은 보통 12개에 이르는 숫자·기능 버튼을 3

개로 술였는데, 이는 교환원 연결, 호출, 긴급구소(911) 버튼으로 모든 기능을 쉽게 이용할 수 있도록 디자인했다. 미국 전 지역에서 교환원들이 24시간 상담을 통해 통화 연결을 하고 있으며, 전화부 검색 등의 서비스를 제공한다. 또한 월 4달러의 추가 옵션으로 간호원과 직통연결 서비스를 제공하고 있다. 미국시장에서 지터벅 실버폰의 성공으로 통신사업자들은 사용편의성 및 기본기능에 충실한 단말 기획에 적극적으로 개발함과 동시에 65세 이상 가입자 대상의 요금제를 출시하기 시작했다.

Jitterbug OneTouch™

A smart choice if you want the security of having a cell phone in your car, purse or pocket for an emergency.

Key Features :
- Press Operator to reach a live Jitterbug operator
- A middle direct dial button personalized for you
- One-touch access to 911 services

(출처: http://www.cellphonedigest.net)

<그레이트콜과 삼성이 공동 개발한 실버폰 지터벅>

쉽고 편한 실버폰, NTT도코모의 '라쿠라쿠폰'

NTT도코모의 '라쿠라쿠폰'은 실버폰의 대표적인 사례로 꼽힌다. '쉽게 쉽게(easy easy)'라는 뜻의 이 제품은 1999년 10월 출시 이래 1,500만 대를 판매했으며 2008년도 일본 핸드폰 전체 판매량 순위에서 10위를 차지할 정도로 일본에서 인기를 끌었다. 라쿠라쿠폰은 글자크기도 일반 휴대폰에 비해서 크고 그림으로 기능을 나타내 쉽게 사용할 수 있게 만들었다. 음성지원은 물론 화면은 터치보다는 직접 누르는 느낌으로 디자인된 것도 시니어들에게는 매력적인 요인이다. 특히, 라쿠라쿠폰 판매의 40%는 가족 선물이나 친구 추천으로 이루어져 어버이날, 아버지의 날, 경로의 날 등에 자녀들 대상으로 마케팅활동을 벌인 것이 효과적이었다. 현재 5세대까지 출시되었으며 상대방의 목소리를 천천히 혹은 또렷이 들을 수 있는 기능이 탑재되어 있다. 더불어 NTT 도코모는 만보기, 체중계, 혈압계 등에서 측정된 고객의 체중, 혈압 등 신체 데이터를 휴대폰을 통해 자동으로 수집·전송하는 맞춤형 건강서비스인 모바일 헬스케어 서비스를 제공 중이다. 이를 위해 NTT 도코모는 2012년부터 통신사업 외에도 '스마트라이프 파트너'라는 슬로건을 내걸고 헬스케어 관련 회사와의 병합을 지속 추진해오고 있다.

(출처: https://www.nttdocomo.co.jp)

<NTT도코모의 '라쿠라쿠폰'>

9. 정보(교육/재취업)

2010년을 기점으로 국내 베이비붐 세대가 본격적으로 정년퇴직 연령에 진입했지만 대부분 재취업 또는 창업을 원하고 있다. 노후준비가 취약한 60세 이상 고령층 역시 생계를 위한 구직활동에 나서고 있지만 대체로 저임금 비정규직에 종사하거나 취업 자체가 쉽지 않은 상황이다.

우리나라 인구의 약 14.6%를 차지하는 베이비붐 세대는 1955~1963년 출생하여 현재 50대 퇴직 연령층 대부분이 해당되는데 생계 유지, 자녀교육 및 경제적 지원 등으로 인해 은퇴하기 어렵고 노후 준비가 취약해 경제활동을 계속해야 하는 세대이다.

노후준비가 취약한 상당수의 60세 이상 고령층들은 생계를 위한 구직활동에 나서고 있지만 저임금 비정규직에 종사하거나 취업 자체가 어려운 상황이다. 현재 우리나라의 60세 이상 취업률은 39.1%로 높은 편인데 대부분 고용여건이 불안정한 저임금 임시일용직 또는 자영업자로 일하고 있으며, 이들은 대체로 71세를 은퇴연령으로 생각하고 있지만, 나이로 인해 취업은 매우 힘든 상황이다. 한국노인인력개발원에 따르면 60세 이상 전체 임금근로자 195만 5,000명 중 비정규직은 131만 7,000명으로 전체의 67.3%를 차지하고 있다. 즉, 시니어 10명 중 7명은 아파트 경비원, 빌딩 관리원, 건설현장 일용직 등으로 고용안정성이 낮은 여건에서 일하고 있는 것이다.

결국 재취업을 원하는 실버세대를 위한 교육 및 취업 연계 시스템이 매우 긴요한 시점이다. 은퇴하기 전의 경험을 살릴 수 있는 직업과의 연계할 수 있는 서비스 등이 필요하다는 것이다.

영화 인턴이 현실로, 오랜 경험으로 무장한 60대 신입사원의 활약

소셜커머스 기업 위메프 직원의 평균 연령은 31세이다. IT기술을 기반으로 젊은 인력들을 채용하던 이 회사에 2017년 10월부터 50~60대 시니어 인력 20명이 근무 중이다. 평균 연령이 60.2세인 이들 시니어 인력은 시니어 전문 정보기술(IT) 기업인 '에버영코리아'에서 파견된 무기계약직 사원들이다. 이들 중 최연장자는 68세, 최연소자는 55세로 이곳에서 근무하기 전에는 교육자와 공무원, 대기업 임원 등으로 사회 곳곳에서 활약했었다. 과거의 경험을 바탕으로 이들은 위메프 사이트에 게시된 판매글들 중 현행법에 저촉될 여지가 있는 글들을 모니터링하고 심의 검수하는 심사관리 업무를 맡고 있다. 현재 시니어 담당자들은 다른 위메프 직원들과 주 5일 똑같이 출근하지만, 근무시간은 오전 8시부터 정오까지 약 4시간이다.

CJ대한통운도 2013년부터 실버택배 사업을 운영하고 있다. 택배차량이 아파트 단지에 도착하며, 택배기사를 대신에 지역에 사는 실버택배원이 전동카트나 수레를 이용해 각 가구에 물건을 배달한다. 현재 전국 각지 140여 개 거점에서 1,066개의 노인 일자리를 창출하고 있다.

한국어 선생님으로 다시 태어난 시니어들, 온라인 교육업체 '세이글로벌'

은퇴 후 외국인에게 한국어를 가르치는 선생님으로 변신한 시니어들이 언론의 주목을 받고 있다. 온라인 교육업체인 세이글로벌(Say Global)은 시니어와 한국어를 배우고자 하는 외국인이나 교포를 대상으로 온라인으로 한국 원어민 선생님을 연결하고 있다. 여기서 외국인늘에게 한국어를 지도하는 선생님의 80%가량이 53~74세의 시니어들이다. 이 서비스는 2014년 용산노인복지관의 시니어와 미국 프린스턴 대학교의 외국인을 연결한 봉사활동에서 시작했다. 한국어를 배우고자 하는 외국인들이 원어민들과 회화 연습을 필요로 하는 경우가 많다는 점에 착안해 미국 프린스턴 대학교를 졸업한 조용민 대표가 용산노인복지관에서 군 복무 당시 처음 세이글로벌을 만들게 된 것이다.

처음 봉사활동으로 시작한 프로그램은 해를 거듭할수록 참여를 희망하는 시니어와 학교가 늘어, 2016년 말 사회적 기업(소셜 벤처)으로 전환했다. 이때 컴퓨터나 스마트폰에 능숙하지 못한 시니어를 위해 그들이 사용하기 편한 형태로 플랫폼을 설계했다. 현재 100개 이상의 수업을 진행하고 있으며 30명 정도의 튜터를 보유 중이다. 한국어를 배우길 원하는 고객(학생)이 웹사이트에서 수업을 구매하면, 레슨비 중 일부를 시니어 선생님에게 지급한다. 시니어들이 튜터로 일하기 위해서는 세이글로벌 홈페이지에서 지원서를 작성하고 인터뷰를 거쳐야 한다.

(출처: https://www.sayspeaking.com)

<세이글로벌 서비스를 통해 한국어 강의를 듣는 모습>

3장 실버상품 비즈니스 블루오션

1. 실버상품 비즈니스 블루오션 전략

20세기에 들어와 세계의 인구는 두 차례나 두 배로 증가했다. 하지만 금세기에서는 곳곳의 출산율 하락으로 인해 두 배 증가하는 일이 한 번 있기도 어려울 것이다. 그러나 65세 이상 노년층은 25년 내에 두 배로 증가할 전망이다. 인구 고령화가 급속히 진행되고 있다는 지표이다.

인구 고령화가 사회·경제에 미치는 파장과 그 대응에 관해서는 이미 오래전부터 꾸준하게 논의되어 왔다. 1980년대에 들어오면서 노인인구가 급속한 증가추세를 보이고 고령화가 사회 전체에 영향을 미치기 시작함에 따라 1982년 UN에서 처음으로 제1차 세계고령화총회(World Assembly on Ageing)를 개최하고 비엔나국제고령화행동계획(VIPAA: Vienna International Plan of Action on Ageing)을 채택하여 UN 회원국이 이를 국가정책에 반영하도록 건의했는데, 복지, 소득보장, 고용, 가족, 주거정책 등 노년층을 대상으로 한 다각적인 대책 마련을 촉구한 것이었다. VIPAA는 원론적으로 UN 인권선언에 명시된 기본적이고 양도할 수 없는 인간의 권리가 노인에게도 충분히 적용되어야 한다는 것을 재확인하였을 뿐 노인인권에 관한 구체적인 정책 제안은 하지 못했다.

1991년 유엔총회는 노인의 인권 보장을 위해 '노인을 위한 유엔원칙(UN Principles for Older Persons)' 채택하고 노인의 자립, 참여, 보호, 자아실현, 존엄성과 관련된 18가지 권리를 명시하고 있다.

노인을 위한 유엔원칙(1991년 12월 16일 유엔총회 결의 46/91)

독립(Independence)
1) 소득, 가족과 지역사회의 지원 및 자조를 통하여 적절한 식량, 물, 주거, 의복 및 건강보호에 접근할 수 있어야 한다.
2) 일을 할 수 있는 기회를 제공받거나, 다른 소득을 얻을 수 있는 기회에 접근할 수 있어야 한다.
3) 직장에서 언제 어떻게 그만둘 것인지에 대한 결정에 참여할 수 있어야 한다.
4) 적절한 교육과 훈련 프로그램에 접근할 수 있어야 한다.
5) 개인의 선호와 변화하는 능력에 맞추어 안전하고 적응할 수 있는 환경에서 살 수 있어야 한다.
6) 가능한 오랫동안 가정에서 살 수 있어야 한다.

참여(Participation)
1) 사회에 통합되어야 하며, 그들의 복지에 직접 영향을 미치는 정책의 형성과 이행에 적극적으로 참여하고, 그들의 지식과 기술을 젊은 세대와 함께 공유하여야 한다.
2) 지역사회 봉사를 위한 기회를 찾고 개발하여야 하며, 그들의 흥미와 능력에 알맞은 자원봉사자로서 봉사할 수 있어야 한다.
3) 노인들을 위한 사회운동과 단체를 형성할 수 있어야 한다.

돌봄(Care)
1) 각 사회의 문화적 가치체계에 따라 가족과 지역사회의 보살핌과 보호를 받아야 한다.
2) 신체적, 정신적, 정서적 안녕의 최적 수준을 유지하거나 되찾도록 도와주고 질병을 예방하거나 그 시작을 지연시키는 건강보호에 접근할 수 있어야 한다.
3) 그들의 자율과 보호를 고양시키는 사회적 법률적인 서비스에 접근할 수 있어야 한다.
4) 인간적이고 안전한 환경에서 보호, 재활, 사회적 정신적 격려를 제공하는 적정

수준의 시설보호를 이용할 수 있어야 한다.

5) 그들이 보호시설이나 치료시설에서 거주할 때도 그들의 존엄, 신념, 욕구와 사생활을 존중받으며, 자신들의 건강보호와 삶의 질을 결정하는 권리도 존중받는 것을 포함하는 인간의 권리와 기본적인 자유를 향유할 수 있어야 한다.

자아실현(Self-fulfillment)

1) 자신들의 잠재력을 완전히 발전시키기 위한 기회를 추구하여야 한다.

2) 사회의 교육적, 문화적, 정신적 그리고 여가에 관한 자원에 접근할 수 있어야 한다.

존엄성(Dignity)

1) 존엄과 안전 속에서 살 수 있어야 하며, 착취와 육체적 정신적 학대로부터 자유로워야 한다.

2) 나이, 성별, 인종이나 민족적인 배경, 장애나 여타 지위에 상관없이 공정하게 대우받아야 하며 그들의 경제적 기여와 관계없이 평가되어야 한다.

1982년부터 20년 후 2002년에 스페인 마드리드에서 개최된 제2차 UN 세계고령화총회에서 채택된 마드리드국제고령화행동계획(MIPAA: Madrid International Plan of Action on Ageing)에는 노인인권에 관한 원론적이고 포괄적이고 선언은 없었으나 보다 구체적으로 연령차별, 노인유기, 학대폭력에 방지대책과 노인에 대한 부정적 이미지를 개선하는 대책을 회원국이 시행하도록 건의하였고, UN이 각국의 MIPAA 실천 전반에 대해 주기적으로 모니터링하도록 결정했다. 하지만 인구 고령화가 미래사회에 미칠 영향이 부정적일 것이라고만 단정 짓는 것은 현명하지 못하다. 노년층의 절대적·상대적 증가는 감당하기 어려운 사회·경제적 문제를 야기하지만 과거의 노년세대보다 교육수준이 높고 건강해진 노년층은 지식경제에서 갖는 잠재력을 토대로 새로운 기회를 만들 수 있기 때문이다.

특히 실버산업에는 인구 고령화가 기회요인으로 작용할 수 있다.

사회가 고령화되면서 실버산업의 시장규모가 크게 확대되고 이에 따라 실버산업이 내수확대에 기여할 것이라는 낙관적인 기대도 확산되고 있다. 특히, 한국전쟁 이후 사회가 안정되면서 출생한 세대인 베이비붐 세대의 은퇴를 앞두고 실버서비스 시장이 과거 어느 때보다 대폭 성장할 것이라는 기대가 높은 상황이다.

우리는 인간의 기대수명이 매일 5시간씩 증가하는 시대를 살고 있다. 유엔은 2020년이면 평균수명이 80세를 넘기는 나라가 31개에 달할 것으로 내다보면서 호모 헌드레드, 100세 장수시대를 언급했다. 우리나라의 평균 기대수명 역시 계속 증가하고 있다. 2016년 통계청 생명표에 따르면 2016년 출생아의 기대수명은 남녀 평균 82.4년이며, 2016년에 50세인 남자는 향후 31.1년(81.1세), 60세인 남자는 향후 22.5년(82.5세), 50세인 여자는 36.6년(86.6세), 60세인 여자는 27.2년(87.2세) 더 생존할 것으로 예상했다.

특히, 우리나라의 고령화 속도는 세계 최고 수준이다. 2000년 고령화사회로의 진입 이후, 기존의 통계청 예상보다 1년 빠른 2017년에 65세 이상 인구가 전체 인구의 14%를 넘어 이미 고령사회에 접어들었다. 베이비부머의 은퇴시기가 도래하고 저출산 지수가 상승함에 따라 초고령사회 진입 역시 가속화될 것으로 보여 현재 예상인 2026년보다 더 빨라질 것이라는 예상도 나오고 있다. 최근 100세 시대의 도래를 앞두고 65세 이상을 '非생산적' 기간으로 간주하는 것에 대한 반대시각이 확산되고 있다. 75~80세의 기대수명을 기준으로 했던 기존 생애주기에서의 65세 이상이 가지는 의미와 100세 시대에서 65세 이상이 가지는 의미는 다르다는 것이다. 100세 시대에서 65~80세는 신체적으로 건강을 유지하고 있는 나이로, 80세를 기대수명으로 했을 때 약 50대 초반에 해당한다고 볼 수 있다. 이에 따라 60세 정년퇴직 후 약 20년 동안은 퇴직 이전과 동일하게 사회 및 경제활동을 지속할 수 있는 나이로 인식해야 한다는 주장이 제기되고 있다.

100세 시대는 고령인구의 삶의 방식뿐 아니라 소비행태의 변화를 초래한다. 신체적으로 건강하고 여전히 경제활동을 지속하는 고령층의 수가 늘어나면서 이들은 보다 적극적인 소비행동을 보이게 된다. 예로 건강에 대한 관심이 커지면서 질병예방 및 건강관리 서비스에 대한 수요가 증가하고 있다. 또한 고령층은 다양한 활동을 통해 적극적으로 삶을 설계하는데, 여가활동의 내용도 여행, 관광 등의 일회적인 활동에 국한되기보다는 교육, 자기계발 등으로 넓어지고 있다.

100세 시대의 도래가 과연 축복인가 또는 재앙인가에 대한 사회적 논란은 여전히 현재진행형이다. 하지만 분명한 것은 100세 시대의 도래로 고령층이 주요 소비계층으로 부상하면서 산업 트렌드 전반에 매우 큰 변화가 도래할 것이라는 점이다. 기업 입장에서 이에 대한 준비가 철저하게 되어 있다면 100세 시대는 오히려 소비시장의 감소가 아니라 새로운 비즈니스의 기회로 작용할 수 있을 것이다.

실버세대의 변화에 주목

일본의 단카이(團塊世代) 세대가 보여준 특징에 주목해야 한다. 단카이 세대는 일본의 베이비부머를 지칭하는 용어로 1947년부터 1949년 사이에 태어난 세대이며 2016년 기준 일본 인구의 약 5%인 675만 명으로 구성된다. 단카이 세대는 팝송이나 영화 등 서구의 대중문화를 본격적으로 즐겨온 세대로 청바지와 패스트푸드에 익숙하며 문화적 자부심도 매우 높다. 이들은 액티브 시니어라고 불리며 일본 내수시장의 주체로 각광받고 있다. 이전 세대와는 달리 컴퓨터 및 스마트폰에 익숙하며, 은퇴 이후 취미활동이나 여가생활에 대한 관심도 매우 높아 일본에서도 주요 소비자 계층으로 떠오르고 있다. 단카이 세대는 연금을 본격적으로 수령하기 시작한 2012년부터 일본의 내수시장을 주도하기 시작하였으며, 부양의 대상이 아니라 소비를 주도하는 '액티브 시니어' 세대로 부상하고 있음이다.

우리나라 베이비붐 세대와 일본 단카이 세대는 매우 유사한 특징을 보인다. 우리나라 베이비붐 세대는 이전 세대에 비교하여 빠른 도시화를 경험하며 핵가족이라는 가구형태가 처음으로 보편화된 세대로 이전 세대에 비교하여 자녀수가 적다. 또한 이들 이전 세대에 비해 학력이 월등히 높으며 다양한 문화 및 여가생활에 관심이 많은 것이 특징이다. 안정된 소득구조와 자산을 바탕으로 현재의 고령층보다 소비여력이 높은 편이다. 우리나라도 베이비붐 세대가 연금을 본격적으로 수령하기 시작하는 2020년부터 고령층의 소비가 본격적으로 활성화될 것으로 예상된다.

고령층 소비의 양적인 증가뿐만 아니라 질적인 변화도 수반되어야 한다. 지금까지의 고령층은 상대적으로 소득수준이 낮고 자기부양능력이 부족하며 소비여력이 부족했다면, 향후 고령사회의 중심적 계층이 될 새로운 시니어세대는 소비여력이 크고, 문화·오락·스포츠 등을 향유하는 등 보다 적극적인 사회적 참여와 소비행태를 보일 것으로 전망된다. 기업들은 고령사회의 주요 소비계층 및 소비행태 변화 등에 기초하여 대응책 마련이 필요하며, 향후 고령사회를 맞아 준비된 기업에게는 기회가, 준비되지 않은 기업에게는 위협이 될 수 있다.

시니어 시프트(Senior Shift)

기존 산업의 주요 고객이 노인계층으로 이동하는 현상, 즉 시니어 시프트(Senior Shift)가 시작되고 있다. 일본 최대 유통업체 이온(AEON)이 '시니어 시프트' 전략을 발표하면서 알려진 신조어이다. 고령화로 이탈하는 고객을 신규고객으로 채울 수 없는 구조적인 상황에 직면하면서 고령층을 새로운 고객으로 활용하는 비즈니스들이 등장하고 있는 것이다. 시니어를 위한 여행상품, 생필품 배달 서비스, 생활밀착형 심부름센터, 건강센터나 운동시설 그리고 노후의 건강을 중점적으로 관리하고 경제활동을 지원하는 라이프 컨설턴트의 탄생 등 시니어 시프트의 영향은 사회적으로나 경제적으로 증가하고 있는 추세이다. 시니어 시프트가 심화되는 미래는 100세 시대 곧, 호모 헌드레드의 시대이다. 100세 장수시대의 중간지점이 50플러스 세대(50~64세)이다. 3.0명 이상의 높은 출산율이 지속되어 연간 출생이 80만 명 이상이던 베이비부머(1955~1963년생)를 포함하는 50플러스 세대(50~64세)는 통계청의 2016년 인구주택총조사 기준 약 1,100만 명으로 전체 인구의 22.3%나 된다.

베이비부머 등 50플러스 세대는 기존 고령인구와 확연히 구분되는 특성과 욕구를 보여준다. 인류역사상 제도권 교육을 온전하게 이수한 노년세대로 볼 수 있다. 이들은 한국전쟁 이후 경제개발계획에 따른 산업화와 민주화운동을 몸소 겪은 세대이며, 청바지, 통기타 등으로 상징되는 낭만주의적 대학문화의 형성과 미니스커트 단속,

단발령과 같은 규제를 동시에 경험한 세대이다. 전후세대보다 비교적 풍요로운 생활을 하였고, 교육수준 역시 높다. 실제로 베이비부머의 70% 이상이 고졸 이상의 학력을 가지고 있다. 기존 고령세대와 달리 대부분 컴퓨터와 인터넷, SNS 사용 등 정보 접근과 활용에 별로 문제가 없다. 한편, 자산의 대부분(80% 이상)이 부동산으로 현금자산이 부족하여 풍족한 삶을 누리고 있지는 못하며, 문화생활에 소요되는 비용을 지속적으로 지불하는 것에는 부담을 느낀다. 그러나 베이비부머의 문화생활에 대한 관심은 대체로 높은 수준이다.

장수시대는 단순하게 삶을 살아갈 시간이 길어지는 것을 의미할 뿐만 아니라 인생의 새로운 단계에 접어드는 것을 의미하기도 한다. 그러나 다수의 50플러스 세대는 제대로 준비되지 않은 상태에서 이전과 전혀 다른 새로운 인생의 단계에 진입한다. 이에 기업들은 소비의 주요 계층이 될 50대 이상의 가치소비 성향을 인식하여, 50대 이상의 삶의 패턴과 기호에 적합한 서비스를 기획할 필요가 있다. 기존의 고령층은 대부분 자신이 살고 있는 지역 근처에서 직접 매장을 방문하여 필요한 물건을 구입하는 반면, 50대는 IT에 대한 친숙도가 높아 PC나 스마트폰을 활용한 상품 구입이 활발하다. 단지 상품 구매뿐만 아니라 SNS 등을 이용한 온라인 네트워크 형성에도 적극적이어서, 상품이나 서비스에 대한 평가 등에도 적극적으로 참여한다. 이전 세대와는 확연하게 다른 모습이다.

시니어 비즈니스 시장공략을 위한 전략

시니어 비즈니스 시장 공략을 위한 전략으로 다음의 4가지를 제시할 수 있다(최숙희, 2013.7.9). 첫째, 가치로 승부하자. 과거와는 달리 현재, 그리고 향후 시니어 비즈니스 시장의 소비자들은 일정수준 이상의 구매력을 갖추고 있는 사람들이 늘어날 것으로 전망된다. 따라서 저가의 박리다매형 제품 또는 서비스보다는 품질과 가치로 승부하는 것이 필요하다고 강조하였다. 둘째, 안심과 안전이 키워드다. 시니어 비즈니스 시장 소비자들의 주된 관심은 여행, 건강, 노후 재테크 등에 분산되어 있다. 그렇다보니 결함이 없고 안전을 보장할 수 있는 제품과 서비스의 기획이 무엇보다도 중요하게 부각되고 있다. 고령층 소비자들은 건강과 안전을 가장 중요한 개념으로 생각한다고 볼 수 있겠다. 셋째, 젊은 마인드를 강조하자. 시니어라고 해서 과거의 노인 이미지를 연상하면 곤란하다. 젊은 사고방식을 가지고 노후를 풍족하게 즐기려는 욕구를 지닌 고령층 소비자도 많다. 따라서 노인 이미지가 강하거나 고령자용 제품임이 명확히 드러나는 상품들은 시니어 공략에 실패하기 십상이다. 마지막으로 커뮤니티를 파고들어야 한다. 젊은 층은 인터넷을 통한 마케팅활동이 주효하지만, 시니어 소비자들은 익명의 관계를 추구하기보다는 가까운 친구, 지인 등 자신과 유사한 사람들과의 관계에 집중하게 된다. 머지않아 시니어들에게도 인터넷을 통한 마케팅활동이 중요한 수단이 되겠지만, 밀착형 커뮤니티 마케팅이 시니어 비즈니스 시장의 공략에 주효할 수 있다.

실버상품 비즈니스 블루오션 전략의 전개

블루오션 전략(Blue Ocean Strategy)은 기업이 성공하기 위해서는 경쟁이 없는 독창적인 새로운 시상을 창출하고 발전시켜야 한다는 경영 전략이다. 실버산업분야에서의 블루오션 기획을 위해서는 혁신 기회를 찾는 것이 중요하다. 도처에 숨겨진 가능성으로부터 실버 비즈니스 기회를 어떻게 성공적으로 찾아낼 것인가에 대한 것이다. 즉, 실버 비즈니스에서 획기적인 블루오션 전략이 요구되는데 무엇보다도 가치혁신, 즉 비약적 가치 창출에 의한 무한시장의 개척을 목표로 해야 할 것이다. 블루오션은 알려져 있지 않은 시장, 즉 현재 존재하지 않아서 경쟁에 의해 더렵혀지지 않은 모든 영역을 말한다. 시장 수요는 경쟁에 의해 얻어지는 것이 아니라 창조에 의해서 얻어진다. 이곳에는 높은 수익과 함께 빠른 성장을 가능케 하는 커다란 기회가 존재한다. 게임의 법칙이 아직 정해지지 않았기 때문에 경쟁은 무의미하다. 즉, 블루오션은 높은 수익과 무한한 성장이 존재하는 강력한 시장을 의미하는 것이다.

(1) 대안산업을 관찰하라

대부분의 판매자는 종종 직감적 사고를 잊어버린다. 판매자는 고객들이 대안산업군 전체에서 하나를 선택하게 되는 과정을 의식하지 못한다. 많은 성공사례들을 보면 새로운 시장을 창출하기 위해 대안산업 전체를 살펴봤다는 것을 알 수 있다. 대안산업들 안에서 구매자들이 특정 상품을 선택하게 하는 주요 요소에 포커스를 맞추고 그 밖의 다른 것들을 제거하면 새로운 시장 공간인 블루오션을 창출할 수 있는 것이다.

실버상품(서비스) 소비자는 이용 혹은 구매를 결정하기 전 항상 마음속으로 대안상품과 해당상품을 저울질하는 경향이 있다. 형태는 달라도 동일한 기능이나 핵심적인 효용성을 제공하는 상품 및 서비스는 각각 서로의 대체제가 될 수 있다. 따라서 대안산업들 안에서 소비자들이 특정상품을 선택하게 하는 주요 요소에 포커스를 맞추고 그 밖의 다른 것들을 제거하면 새로운 시장공간인 블루오션을 창출할 수 있다.

창의적 실버 비즈니스를 위해서는 기존 상품의 연장이 아닌 전혀 새로운 콘셉트로 '다른 그 무엇(Something New)'을 제공해주어야 한다. 실버소비자들의 관심을 얻기 위해서는 차별화된 독자적인 브랜드를 창출해내야 한다. 새로운 가치를 제안하는 등 무언가 '새로운 것'이 필요하다는 것이다. 소비자를 대상으로 한 콘셉트는 항상 '새로운 문화(New Culture)'이며, 나아가 일상생활의 동반자인 'Life Partner'의 개념으로까지 확대되어야 한다.

대안산업을 관찰하려는 실버서비스 관련 기업들이 자문해야 할 질문은 다음과 같다. 첫째, 우리 회사가 속한 실버상품의 대안 산업은 무엇인가? 둘째, 왜 소비자는 구매에 앞서 대안상품 전체를 보는가? 이러한 질문을 통해 실버상품 구매자들이 특정 상품과 서비스를 선택하게 하는 주요한 요소들에 포커스를 맞추고 그 밖의 다른 것들을 제거한다면 새로운 시장공간인 블루오션을 열어갈 수 있을 것이다.

(2) 경쟁집단 전략을 분석하고 차별화하라

블루오션이 대안산업 전체를 관찰한 결과로 창출되듯이 경쟁 집단을 관찰함으로써 블루오션을 발견할 수 있다. 실버세대를 대상으로 한 상품 및 서비스를 제공하는 기업들과 차별화된 전략을 추구해야 새로운 가치 창출이 가능하다. 실버고객들이 한 상품에서 다른 상품으로 이동하는 요인이 무엇인지, 더 싼 상품이나 혹은 더 비싼 상품을 사도록 결정짓는 요소들은 무엇인지 찾아야 한다.

일반적으로 기업들은 경쟁집단 안에서 경쟁하는 데 여념이 없지만 실제로 엄청난 이익을 안겨줄 새 시장창출 기회는 경쟁집단 밖을 둘러볼 때 찾을 수 있다. 경쟁 실버상품(서비스) 간의 장점을 결합할 때 새로운 시장이 열린다는 것이다.

동일 산업계의 경쟁집단을 관찰하려는 실버서비스 기업들이 자문해야 할 질문은 다음과 같다.

첫째, 우리 기업이 속한 실버상품의 경쟁 그룹은 어떤 것이 있는가? 둘째, 왜 소비자들은 더 비싼 상품그룹으로 상향구매를 하는가? 혹은 왜 소비자들은 더 싼 상품으로 하향구매를 하는가?

이러한 질문들에 대한 해답을 구하는 것이 바로 경쟁집단 관찰을 통한 블루오션 전략을 여는 길이다.

(3) 타깃을 명확히 정의하라

기업들에게는 '누가 타깃 구매자인가'라는 점을 명확히 하고, 비고객을 고객으로 전환하기 위한 통찰력이 필요하다. 다양한 정보(빅데이터 등)를 활용해 실버세대의 행태, 감성을 이해해야만 한다. 실버세대는 연령대, 소득수준, 그리고 교육수준 등에 따라 다양한 욕구와 특성을 갖는 단위들의 총합이다. 실버세대를 그 속성에 따라 세분화된 타깃그룹으로 고려해야 한다는 것이다.

실버상품(서비스) 이용 및 구매 결정에 직간접적으로 관여하는 구매자 체인도 고려해야 한다. 제품이나 서비스 가격을 지불하는 구매자는 실제 사용자와 다를 수 있으며 어떤 경우에는 중요한 영향력자가 있다. 이 세 집단이 일치할 수도 있으나 그렇지 않은 경우도 많다. 이럴 경우, 대체적으로 이들은 가치에 대한 정의를 다르게 내린다. 어떤 구매자 집단을 목표로 할 것인지에 대한 도전은 새로운 블루오션의 발견으로 연결된다. 기업은 기존에 간과했던 구매자 그룹에 포커스를 맞추는 방향으로 가치곡선을 재설계(비고객의 고객화)함으로써 새로운 통찰력을 얻을 수 있다.

선별적이면서 혜택을 제공해주고 지속적인 양방향 서비스가 가능한 것에 대한 고객들의 기대 수준이 갈수록 높아질 것이기 때문에 항상 고객들이 필요한 바를 찾아서 해결해주려는 적극적인 자세가 필요하다. 그러기 위해서는 무엇보다 이러한 네트워크 기술이 소비자들의 삶 속에서 어떤 역할을 하는지 정확하게 이해하고 통찰하는 것이 중요하다.

실버시장의 확대됨에 따라 시니어 계층의 세분화가 선행되어야 한다. 0~20세를 하나의 집단으로 인식하지 않고 영유아기, 청소년기, 청년기로 세분화하여 구분하지만, 65세 이상은 하나의 고령층 시장으로 보는 경향이 있다. 하지만 시니어시장을 세분화하지 않는 것은 문제가 있다. 연령과 신체적, 사회적 능력 등에 따라서 매우 다른 니즈들이 존재함에 따라서 이들의 다양성을 이해하고 전략적 접근을 하는 것이 필요하다.

요컨대 각 세분화된 집단별로 니즈들이 매우 다르게 나타남에 따라, 타깃층에 맞는 전략 구성이 필요하다. 시니어들은 세대별로 문화적, 신체적 차이가 매우 상이하다. 예를 들어 간병 및 의료도 신체능력이 좋은 50대와 신체적 능력을 많이 상실한 70대 이상들이 요구하는 수준이 매우 다르기 때문에 각 계층에 맞는 세부적 비즈니스 모델을 설정해야 함은 자명한 사실이다. 시니어 세분화에 따른 블루오션 전략을 제언하면 다음과 같다.

Senior Friendly: 보이지 않는 배려

o 대다수의 성공한 시니어 비즈니스는 '노인전용'을 내세운 제품, 서비스가 아닌 눈에 보이지 않는 시니어를 위한 배려가 있는 '시니어 친화적' 설계를 추구

- 시니어의 구매력을 자극하기 위해서는 시니어들이 겪게 되는 신체적 변화 또는 그들의 생활환경을 고려한 제품 및 서비스 개발이 필요
- 시니어 고객들은 스스로 '노인', '고령자'로 분류되는 것에 부담을 느끼며, 트렌드에 뒤처지지 않기를 원함
- 시니어들의 이러한 니즈를 파악하고 '노인전용'을 전면에 내세우기보다는 그들의 불편을 최소화하지만 트렌드를 반영하는 것이 필요

well aging: 건강하게 늙는 것

o 건강과 뷰티에 대한 시니어들의 관심과 니즈는 점차 확대됨에 따라 식품, 건강관리, 뷰티 관련 산업이 지속적으로 확대될 것

- 시니어들은 자신의 건강관리에 예민하게 되며, 투자도 게을리하지 않기 때문에 그들의 니즈에 맞춰 시니어 맞춤형 건강관리 서비스 등이 필요
- 또한 스스로 건강을 체크할 수 있고, 체력관리도 할 수 있는 웨어러블 헬스 디바이스 등이 등장하고 있으며, 그 수도 빠르

게 확대되고 있음

- 건강하게 늙기 위해서 식품도 중요해짐에 따라 소화가 잘 되는 영양식이나, 당뇨나 고혈압 등에 좋지 않은 성분들을 고려한 건강식에 대한 관심도 확대되고 있음

Fun: 나만을 위한 가치 소비

o 적극적으로 여가활동을 향유하고자 하는 시니어들이 확산됨에 따라, 시니어들이 즐길 수 있는 엔터테인먼트 비즈니스에 대한 수요도 확대

- 은퇴 후 제2의 인생을 꿈꾸고 있는 시니어들은 보다 활발한 사회활동과 더불어 다양한 여가활동을 즐기고자 함
- 이러한 시니어 계층을 위해 스포츠, 문화 상품 개발이 필요하며, 다양한 콘텐츠를 갖춘 외식 공간, 카페 및 복합문화공간 등이 필요

Total Management: 생활관리에서 사후관리까지

o 은퇴 후에도 삶의 질을 유지할 수 있도록 자산관리와 더불어 라이프플랜, 사후관리까지의 토털 매니지먼트 서비스가 필요

- 50대 이전까지 소득을 통해 자금을 확보한 시니어들은 이에 대한 자산관리가 필요함
- 은퇴 이후에도 삶의 질이 유지되거나 더 향상될 수 있도록 은퇴 후 의식주 전반에 걸친 생활을 관리해줄 수 있는 서비스에 대한 니즈도 확대됨
- 시니어들은 기동성이 상대적으로 떨어지기 때문에 접근성이

높거나 택배 배달 서비스가 구비된 유통망 안에서 편리하게 소비하는 것을 선호

어떤 구매자 집단을 목표로 할 것인지에 대한 도전은 기업에게 새로운 블루오션의 발견으로 연결된다. 기업은 기존에 간과했던 구매자 그룹에 포커스를 맞추는 방향으로 가치곡선을 재설계함으로써 새로운 통찰력을 얻을 수 있다. 이에 구매자 집단을 재정의하려는 실버서비스 기업들이 자문해야 할 질문은 다음과 같다. 첫째, 우리 기업이 속한 실버상품의 구매자 체인은 누구인가? 둘째, 어떤 구매자 집단에게 초점을 두는가? 셋째, 만약 구매자 그룹을 전환시키면 어떤 방법으로 새로운 가치를 열 수 있는가? 이러한 질문의 해결과정을 통해서 구매자 집단의 재정 전략을 수립한다면 신규 고객군을 선점할 수 있을 것이다.

(4) 보완적 상품(서비스)을 연계 기획하라

극소수의 제품과 서비스만이 외부의 영향 없이 진공상태에서 이용될 뿐, 대부분의 상품 가치는 다른 제품과 서비스의 영향을 받게 된다. 그러나 많은 산업에서 경쟁자들은 해당 업계가 제공하는 제품과 서비스 범위 내로 집중하는 경향이 있다. 아직 개척되지 않은 가치는 흔히 보완적 제품이나 서비스에 숨겨져 있다. 중요한 것은 실버상품이나 서비스를 선택-이용할 때 고객들이 찾는 토털 솔루션을 규명하는 것이다. 간단한 규명방법론은 상품 사용 전, 사용 중, 그리고 사용 후에 어떤 일이 생기는지 생각해보는 것이다. 그리고 이를 보완적 제품이나 서비스를 통해 제거해나가는 것이 전략의 핵심이

라고 할 수 있다.

보완적인 상품과 서비스에 대한 아이디어만으로도 성공적인 비즈니스 기회가 가능할 수 있다. 보완적 제품과 서비스를 창출하기 위해서는 소비자의 상품과 서비스 이용에 대한 불편함과 요구사항에 대한 적극적인 커뮤니케이션 과정이 반드시 필요하다. 따라서 실버상품(서비스) 소비와 관련한 모든 과정에 걸쳐 실버고객을 둘러쌈으로써 창조적인 비즈니스를 개척해야 한다. 실버고객의 만족을 직접 찾아가서 보고 듣는 것이다. 보완적 제품과 서비스 상품을 관찰하여 블루오션을 창출하려는 실버서비스 기업들이 자문해야 할 질문은 다음과 같다.

첫째, 우리가 생산한 실버상품 및 서비스가 사용되고 있는 현장 상황은 어떤가? 둘째, 그것을 사용하기 전, 사용하는 동안, 사용한 후에는 어떤 일들이 일어나는가? 셋째, 그 문제점들을 규명할 수 있는가? 넷째, 보완적 제품이나 서비스 제공을 통해 어떻게 이들 문제점을 제거할 수 있는가? 이러한 질문에 대한 해답을 구하는 과정이 바로 블루오션을 창출하는 과정으로 진화할 것이다.

(5) 기능적 요소와 감성적 요소 간 균형을 유지하라

지금까지 대부분의 기업들은 기술 개발에만 치중하다보니 실버소비자의 욕구를 제대로 이해하지 못하는 경우가 많았다. 만일 실버소비자의 욕구를 간과한다면 아무리 기능이 좋은 제품이라 하더라도 시장은 형성되지 않을 것이다. 따라서 기술과 소비자의 간격을 메워주는 디자인 전략이 반드시 필요하다. 감성에 호소하는 기업들은 기능적 향상 없이 가격을 올리고 많은 부수적인 것을 제공한다. 그러나 이런 부수적인 요소들을 없애거나 줄이면 고객들이 반기는 간단하면서도 훨씬 가격이 싸고, 비용이 더 적게 드는 비즈니스 모델을 창출할 수 있다. 반대로 기능에 호소하는 기업들은 일상 제품들에 비해 감성을 조금 추가함으로써 신선함을 주입할 수 있고 그렇게 함으로써 새로운 수요를 촉진할 수 있다.

감성에 호소하는 기업은 기능적 향상 없이 가격을 올리고 부수적인 많은 것을 제공한다. 그러나 오히려 이런 부수적인 요소들을 없애거나 줄이면 고객들이 반기는 간단하면서도 훨씬 가격이 싸고, 비용이 더 적게 드는 비즈니스 모델을 창출할 수 있다. 그리고 최근 고객의 구매성향은 단순히 제품의 특징이나 제품이 주는 이익을 구매하기보다는 제품에 담긴 이야기나 자신만의 감성을 자극하여 마음을 움직일 수 있는 감성중심의 제품이나 서비스에 관심을 가지고 구매반응을 일으키고 있다. 사람들은 점점 더 이성보다는 감성에 민감하게 반응할 것이며, 빠른 속도로 변하고 첨단화, 다양화하는 사회속에서 감성전략은 점점 더 중요한 경쟁력이 될 것이다. 감성지향 전략에 바로 블루오션 전략의 길이 있다.

이에 블루오션을 창출하려는 실버서비스 기업들이 자문해야 할 질문은 다음과 같다. 첫째, 우리가 속한 실버상품은 기능적 요소와 감성적 요소 가운데 어떤 것에서 경쟁하는가? 둘째, 만약 감성적 요소로 경쟁한다면 그것이 기능적이 되도록 하기 위해 어떤 요소를 없앨 수 있는가? 현대사회에서 기업 발전의 핵심적인 동력은 정보와 첨단기술에서 이야기와 감성, 문화로 옮겨가고 있다. 상품 자체보다는 그 안에 담겨 있는 꿈과 감성을 파는 시대가 도래하고 있는 것이다. 앞으로 꿈과 감성을 잘 판매하는 실버 비즈니스 기업들은 이러한 질문들에 대해서 명쾌한 해답을 내릴 것이며 그 결과물로써 블루오션을 창출해낼 수 있을 것이다.

(6) 실버 비즈니스 트렌드를 창조하라

시간의 흐름에 따라 모든 산업군은 사업에 영향을 미치는 외부 트렌드에 노출된다. 실버 비즈니스 역시도 트렌드를 제대로 된 관점으로 분석해야만 한다. 실버 비즈니스에 대한 통찰력은 트렌드를 자체적으로 설계하는 것만으로는 얻을 수 없다. 창조적 기획은 트렌드가 실버고객의 가치를 어떻게 변화시키고 비즈니스 모델에 어떤 영향을 미치는가를 판단하는 비즈니스 식견으로부터 나온다. 시간의 흐름을 고찰함으로써 미래를 적극적으로 설계하고 새로운 블루오션의 부름에 응할 수 있다. 치열한 경쟁 상황에서는 현재 나타나는 외부 트렌드 도입에 포커스를 맞출 수밖에 없다. 하지만 창조적 기획은 그 자체로 외부 트렌드 형성에 영향을 끼친다. 그리고 기업과 트렌드와의 적합성이 있어야 창조적 비즈니스가 가능하다.

이에 시간의 흐름을 고찰하여 블루오션을 창출하려는 실버서비스 기업들이 자문해야 할 질문은 다음과 같다. 첫째, 어떤 트렌드가 우리가 종사하는 실버산업에 영향을 끼칠 가능성이 높고, 바뀌지 않을 것이며 또한 명확한 궤도에서 진행되고 있는가? 둘째, 이러한 경향이 실버산업에 어떠한 영향을 미칠 것인가? 셋째, 이러한 점들을 고려할 때 유례없는 고객 효용성을 창조해낼 것인가?

앞으로 실버서비스 기업들은 디지털경제의 생태계를 충분히 고려하고 시장경제의 가능성을 지지하며, 산업의 전후방효과를 성찰하는 지혜로운 혜안이 필요하다. 급변하는 세상에서 변화의 흐름을 잘 파악하고 미래를 준비하는 자가 성공할 수 있다. 실버산업에서 성공하기 위해서도 사회문화가 변화하는 방향을 잘 읽어야 하며 트렌드와 전망에 맞는 패러다임을 제대로 파악해야만 한다.

향후 시니어 비즈니스 블루오션으로의 항해를 위해서는 실버산업의 영역을 새롭게 포지셔닝할 필요가 있다. 무분별한 따라하기식의 벤치마킹에서 벗어나 차별화되고 독창적인 가치를 구성하는 새로운 비즈니스 모델을 구축해야 하는 것이다. 이를 통해 실버산업의 블루오션을 개척하고 그 실행전략을 도출해야 할 필요가 있다.

지금 실버산업은 새로운 환경 앞에 서 있다. 소위 블루오션이 펼쳐지고 있다는 진단이다. 실버산업의 지속적인 성장을 유지하기 위해서는 블루오션 전략의 도입을 통해 고객가치를 기반으로 하는 새로운 시장창출에 집중해야 한다. 실버상품을 만들어내는 것이 능사는 아니다. (새로운) 가치를 창조해내는 것이 중요하다. 블루오션의 창출은 정적인 성취과정이 아니라, 역동적인 프로세스이다. 항상 트렌드를 예의주시하고 소비자를 관찰해야 한다. 작은 변화에도 민감하게 반응하여 기민하게 대응하는 '잠수함의 토끼'가 되어야 할 것이다.

무엇보다도 일상생활에 실용적으로 적용되는 생활밀착형, 실용적 실버상품(서비스)이어야 한다. 나름의 의미(가치)를 포함한 것이어야 한다. 실생활에 부가가치를 더하는 스마트 실버서비스(생활밀착형)여야 한다. 이용자의 상황(콘텍스트)을 기반으로 원하는 것을 정확히 선별하여, 쉽고 빠르고 편리하게 제공하는 똑똑한 실버서비스인 것이다.

결국 블루오션이 되기 위해 실버상품(서비스)은 개인 그리고 일상에 의미를 제공하는 가치 있는 것이어야 한다. 새롭거나 혹은 잊고 있었던 것을 깨닫게 해주는 그런 것이어야 한다. 삶에 자양분을 제공해주고 새로운 삶의 방식을 지지하는 것이어야 한다는 것이다. 현재 그리고 앞으로 블루오션이 될 실버상품 콘셉트는 이처럼 익숙하면서도 새로운 의미를 던져주는 창조적 기획으로 가능할 것이다. 발상의 전환이 그 어느 때보다 필요한 시점이다.

2. 미래 전략 분야

그동안 IT 등 새로운 기술에 대한 시니어들의 인식은 '부적응, 어려움, 무관심' 등의 이미지가 지배적이었다. 실제로 최근 생활필수품이 된 스마트폰의 이용률(68.8%)도 타 연령대에 비해 가장 낮으며, 이용기능도 통화, 메신저, 인터넷 검색 수준에 한정되어 있다(인터넷이용실태조사). 모바일인터넷 이용률로 보면 전체이용자 평균인 85.9%에 비해 60대 73%, 70대 23.5%로 현저히 낮은 수준이다.

하지만 그렇다고 시니어세대가 미래기술에 대한 관심이 전혀 없다는 것은 아니다. 2017년 2월 발표된 일본의 인터넷연결사업자인 BIGGLOBE의 '미래 30년 테크놀로지' 고객조사 결과, 시니어층이 가장 기대하는 기술이 'AI'며, 타 연령층에 비해 가장 높은 답변을 보였다. 이는 기술에 대한 무관심이 아니라 시니어들이 다른 세대와는 기술에 대한 관심영역이 다름을 보여준다. 조사결과, AI에 대한 관심을 표한 이유로는 '의료진단, 진로상담, 각종 생활서비스 지원' 등 생활의 구체적 필요와 연관된 분야이기 때문이라고 답했다. 구체적으로 일본의 70대가 기대하는 미래기술은 ① AI ② 자율주행차 ③ 재생에너지 ④ 자동번역 ⑤ 가정용로봇 순이다(형준희, 2018).

최근 시니어들은 은퇴 후 삶의 불확실성으로 인해 미래 기술에 대한 기대감을 갖고 있다. 연금개혁, 정년연장, 시니어를 위한 일자리 창출 및 창업지원 등 다양한 정책이 제시되고 있으나 불확실성에 대한 궁극적 해결책은 될 수 없는 상황이다. 평균 수명과 함께 길어진 노후생활에서 불안감을 해소하고, 삶의 질을 높이기 위해서는 기술이 유일한 대안임을 인지하기 시작한 것이다. '로봇에 의한 활동과 이동 지원', '의료와 간병' 등 자신의 가까운 장래에 활용이 가능해진 기술에 대해 고령층의 기대가 높아지고 있는 것이다.

이에 최근에는 제론테크놀로지(Geron technology·노년학과 공학의 합성어)라는 용어가 활발하게 쓰이고 있다. 1988년 유럽에서 나온 제론테크놀로지는 쉽게 말해 노인과 관련된 기술을 말한다. 제론테크놀로지의 1차 목표는 나이에 따른 변화를 지연하거나 방지하는 것이다. 또 2차 목표는 일반적 기능 보완, 즉 일상생활을 할 때 어려움을 해소하는 것이고, 3차 목표는 시니어 케어이다. 이미 미국, 일본, 독일 등의 국가에서는 제론테크놀로지가 활발하게 연구되고 있다. 향후 4차 산업혁명시대에 접어들면서 제론테크놀로지는 기존의 보조공학 등과 더불어 헬스케어, 사물인터넷, 로봇기술, 스마트 시티 등 새로운 개념들과 결합하여 그 범위가 더욱 확장될 것으로 기대된다.

일찍이 고령사회에 들어선 일본은 생산인구 감소, 사회보장비용 증가 등의 과제해결을 위해 기술 활용을 모색하고 있다. 2016년 일본 내각부가 발표한 '일본재흥전략(日本再興戰略)'에서는 건강, 개호, 의료분야에서 ICT의 적극적 활용을 목표로 제시하고 있는데, 기대하는 분야는 IoT, 로봇 등이며, 특히 시니어의 생활을 지원하는 IoT 서비스들은 이미 상당수 상용화 단계에 이르고 있다. 추진내용은 로봇, 센서 등을 활용한 간병부담 경감, IoT 등을 활용한 개별건강서비스, 의료분야의 ICT화 등이다.

한편, 문재인 정부의 4차 산업혁명 대응계획에서는 특히 복지 분야에 노인장애인 지원로봇 개발, 노인치매 진단 및 안전기술 확보 등의 내용을 포함하고 있다. 고령화 시대의 과제인 생산인구 감소, 국가생산성 하락을 막을 수 있는 가장 확률 높은 방법은 기술혁신을 통한 생산성 제고이기 때문이다. 인공지능, 빅데이터, IoT 등 다양한 기술은 제조, 공공분야뿐만 아니라 민간실버산업으로의 수평확대가 가능하다(형준희, 2018). 특히 생산인구 감소뿐만 아니라 증가한 시니어 인구를 케어하기 위해서는 ICT기술을 활용한 간병인의 부족문제 해결 등 삶의 질적 개선을 가져올 수 있을 것이다.

시니어에게 자립 편의를 제공하는 가정용 IoT 서비스

최근 혼자 주거하는 1인 시니어의 증가에 따라 자립 편의를 제공하는 IoT 서비스도 늘고 있다. 일상생활의 쾌적한 환경 유지를 위한 지능형 홈서비스뿐만 아니라 육체적인 건강 체크, 방범 및 긴급 상황에의 대처 등 집안 내 발생하는 다양한 수요에 대응하는 것이 목표이다. 간병, 간호, 치료 등 고령자 케어분야에 다양한 IoT, 즉 사물인터넷 기술이 적용된다면 사전조치가 가능하고, 안전을 유지하여 본인과 가족의 스트레스 및 비용을 감소하는 데 기여할 것으로 기대된다. 실제로 센서를 기반으로 신체의 리듬과 실내에서 시니어의 움직임을 감지하고 체크하는 IoT 기술이 상용화되고 있다. 이스라엘의 에코케어테크놀로지스는 시니어 거주를 모니터링하여 이상 및 응급상황 발

ECHO
Elderly Care Home Observer

Always on & Non-Intrusive
Personal Emergency Response System

(출처: http://www.echocare-tech.com)

<에코케어테크놀로지스의 홈모니터링 솔루션>

생 시에 연결된 의료진이나 가족에게 즉시통보 가능한 솔루션을 개발했다. 에코케어시스템 센서를 공간별로 설치해 공간에서 자세 움직임, 호흡상태를 정기적으로 분석하여 실시간으로 제공한다.

일본에서는 독거노인이 혼자 숨을 거두는 경우를 예방하기 위한 '고독사(孤獨死) 방지서비스'가 등장했다. 일본의 아파이아 시스템에서 개발한 이 서비스는 방에 설치한 센서가 하루의 움직임을 감지하고 24시간 아무것도 발견되지 않을 경우 가족의 PC나 스마트폰에 이상 징후 메일을 보내는 시스템으로 되어 있다. 전기유닛을 가정용 전류 차단기 및 가전제품에 부착하여 전기사용을 확인하여 데이터를 측정하고, 측정한 데이터에서 생활리듬을 검출하여, 인터넷을 통해 생활리듬 보호감시 넷 서버에 보존하고, 생활리듬을 인터넷사이트에 표시하며, 이를 사용자 메일에 전송한다.

VR을 활용한 시니어세대 Fun & Therapy 사례

시니어들에게 있어 가장 중요한 문제 중 하나는 정서적 고립과 외로움을 해결하는 것이며, 이에 향후 가상현실 즉, VR(Virtual Reality)의 진보가 일정 역할을 수행할 것으로 기대된다. 최근 일본, 미국 등에서는 여행, 치료, 경험 재생 등의 측면에서 노년층들에게 체험과 치료의 목적으로 다양한 시도가 활발하게 이루어지고 있다. 가족과 자주 접하기 어려운 시니어 및 치매환자들에게 있어 가상적 접촉과 의사소통은 심리적, 정서적 치료효과가 있다는 연구결과가 발표되고 있다.

시니어들의 심리, 정서치료를 위한 가상현실의 활용은 실제로 미군에서 사용하고 있는 외상치료솔루션을 확대하여 치료나 수술이 많은 고령층에 이미 적용 중이다. 'Applied VR'은 검증된 의료콘텐츠라이브러리를 보유하여 수술 전/중/후 임상, 재활 시에 일반 및 고령, 유아 환자의 고통 및 두려움을 감소시키는 VR서비스를 제공하고 있다.

또한, 고립된 시니어의 마음을 자극하고 외로움을 해소해주거나 육체적 한계를 극복하고 여가생활을 즐기도록 도와주는 서비스가 증가하고 있다. 미국 MIT 대학의 스타트업 'Rendever'는 결혼, 졸업 등 가족행사를 녹화하여 가상현실화하고, 추억을 잃어버리기 쉬운 노인들에게 'Relive(추억 및 경험 재생), Reconnect(유명여행지로 연결), Reinspire(치료)' 관점에서 콘텐츠를 제공하여 시니어의 외로움을 해소하는 데 기여하고 있다.

<Applied VR사의 환자 VR체험 모습(좌), Mogura사의 FIRST AIRLINES 서비스(우)>

일본VR 콘텐츠전문제조사 'Mogura사'는 VR을 활용해 해외여행 체험서비스 'FIRST AIRLINES'를 제공한다. 가이드 안내, 현지 기내식 경험 등을 일체형으로 제공하여 노인들의 여가생활에 기여하고 있다.

기억을 생생히 되살리는 VR 치매치료 프로젝트 'The Wayback Project'

1953년 6월 2일, 영국 엘리자베스 2세 여왕의 대관식이 다시 눈앞에 펼쳐진다면, 아마 그 시절을 살았던 사람들은 그 장면을 생생히 기억할 것이다. 그리고 그 시절 내가 어떤 모습이었는지, 그리고 어떻게 생활했는지도 떠올릴 수 있다. 바로 이러한 기억을 VR 기술을 통해 재연해 치매 치료에 도움을 주고자 하는 프로젝트가 영국에서 시작되었다.

'더 웨이백 프로젝트(The Wayback Project)'로, 그 첫 번째 작품이 바로 '엘리자베스 2세 여왕의 대관식 편'이다. 1970~1980대를 살았던 영국인이라면 모두 그날을 인상 깊게 기억할 것이다. 치매를 않고 있는 환자들은 먼저 스마트폰 더 웨이백 애플리케이션을 다운 로드받아 영상을 재생한다. 그리고 맞춤형 3D고글을 착용하면 눈앞에 그날의 모습이 생생히 재현된다.

이처럼 더 웨이백 프로젝트는 유명하고 긍정적인 순간들을 재현해 VR기술을 통해 마치 그 현장으로 되돌아간 듯한 경험을 제공한다. VR기기를 통해 과거로 돌아간 치매환자들은 잊었던 기억들을 다시 떠올리게 되면서 치매치료에 도움을 받는 것이다.

크라우드 펀딩으로 3만 5,000파운드를 조성해 시작된 프로젝트로, 엘리자베스 2세 여왕의 대관식에 이어, '1966년 런던 월드컵', '1989년 베를린 장벽 붕괴' 등 전 세계 역사의 주요 순간을 VR로 재현해 더 많은 치매환자들이 잃어버린 기억을 되찾을 수 있도록 한다는 계획이다.

(출처: http://www.thewaybackvr.com)

<더 웨이벡 이용방법 >

시니어 건강을 보조하는 AI(Artificial Intelligence)의 활약

AI, 즉 인공지능은 최근 시니어의 정신적, 육체적 취약점을 보완하고 돌보는 라이프파트너로 포지셔닝되고 있다. 고령층 치매환자 비율이 점차 증가하고 있는데, AI는 '치매' 완화를 위한 트레이닝 서비스, 센싱된 정보를 기반으로 신체상태를 분석하여 대처하는 서비스에 적용되고 있다. 실제로 미국의 헬스기업인 케어엔젤(careangel)은 매일 아침, 점심, 저녁 3번 전화를 걸어 다양한 질문으로 상태를 이해하고 상태에 따라 자녀 및 병원에 응급알람을 보내는 서비스를 운영하고 있다.

현재 AI의 잠재성이 가장 쉽게 다가갈 수 있는 일상생활에서의 시니어들의 파트너 역할은 바로 VAPA(voice-activated personal assistants)이다. 이동이 제한되거나 시력이 나쁘거나 신체적으로 약한 계층, 주로 고령자들을 위한 오락, 정보제공, 알림, 제어 등의 기능을 대화방식의 인터페이스를 통해 실현 가능하다. 과도한 비용을 지불하지 않고 쉽게 근접할 수 있는 디바이스로서 VAPA는 고령층의 일상에 파고들어 갈 수 있을 것으로 기대된다. 아마존(Amazon)의 인공지능스피커인 알렉사(Alexa), 애플(Apple)의 시리(Siri) 또는 구글(Google)의 나우(Now)는 물론 국내의 KT 기가지니, SKT 누구, 카카오i 등이 대표적인 VAPA 서비스이다.

자율주행차 시대, 고령자들의 기동성 높여줄 것으로 기대

인공지능기술, AI의 발전으로 자율주행차 시대가 얼마 남지 않았다는 예측이다. 자율주행차 시대가 도래하면 가장 큰 수혜자는 실버세대가 될 전망이다. 나이가 들면 시력이 저하되고 반응 속도가 느려져 자가 운전에 상당한 어려움을 겪는다. 하지만 병원을 다니거나, 여가생활을 즐기기 위해서는 고령자에게는 교통수단이 꼭 필요한 상황이다. 이들을 위해 미국 자율주행 택시 전문회사 보야지(Voyage)가 2017년 10월부터 미국 캘리포니아 주 새너제이라는 마을에서 자율주행 택시 운행을 시작했다. 이 마을은 인구 400명으로 대부분 은퇴자들이 거주한다. 현재 이 마을에서 운행되는 자율주행 택시는 총 3대로 시속 15마일(약 시속 24km)로 지역의 식당, 도서관, 커뮤니티 센터 등을 오가고 있다. 점차 택시의 수를 확대해나갈 계획이다.

독일에서는 자동차 부품 회사 콘티넨털(Continental)의 로봇택시 '큐브(CUbE)'가 프랑크푸르트의 도심을 주행하고 있다. 스위스 투자은행 UBS의 '로봇택시(Robotaxis)' 보고서에 따르면, 자율주행 기술이 발전하면서 앞으로 수년 안에 운전자 없이 다니는 로봇택시

(출처: https://www.continental-corporation.com/en)

<자율주행 택시 CUbE>

가 현실화할 것으로 전망하고 있다. 이 로봇택시를 정기적으로 이용하면 자가용을 소유하는 것보다 비용이 절반 수준으로 낮아질 것으로 전망되어 고령자들의 기동성을 높여줄 것으로 기대된다.

실버세대와 조우한 로봇슈트, '아우라 파워슈트'

스위스 출신의 세계적 산업디자이너인 이브 베하(Yves Behar)는 퓨즈프로젝트(Fuse project)를 통해 로봇회사인 슈퍼플렉스(SuperFlex) 사와 공동으로 아우라 파워슈트를 디자인했다. 이브베하는 신기술과 신소재를 활용한 미래지향적이면서도 심플한 디자인으로 유명한 디자이너이다. 이것은 인간 근육 움직임의 원리를 웨어러블 디바이스에 적용하여 노인들의 근력을 보완하고 증강시키기 위해 개발된 것이다. 특히, 노인들이 걷고, 일어서서 계단을 오르는 데 도움을 준다. 이 파워슈트는 가볍고 유연한 원단으로 만들어졌으며, 육각 포드(pod)에 설치된 전기모터를 이용하여 전기·물리적 자극을 통해 노인들이 순수한 근력으로만 수행하기 어려운 근육의 움직임을 재현

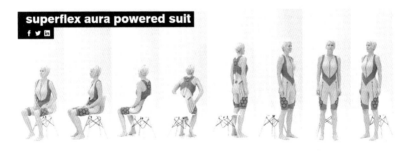

(출처: https://fuseproject.com/work/superflex/aura-powered-suit/?focus=overview)

<아우라 파워슈트>

할 수 있다. 몸과 엉덩이 다리 등에 부착하는 아우라 파워는 인공지능을 통하여 신체의 자연스러운 움직임에 근력을 추가하여 착용자가 일어서기, 앉기, 서 있을 때 도움을 준다. 현재는 노인층을 타깃으로 한 프로토타입이 개발된 상태이지만 추후 노인층뿐만 아니라 운동선수, 장애인까지도 편리하게 사용할 수 있게 추가 개발을 기획하고 있다.

CES 2018 최고혁신상을 수상한 '휠 모델(Whil Model) Ci'

세계최대 가전·IT 박람회인 '2018 CES(Consumer Electronics Show)'가 1월 9일부터 4일간 미국 라스베이거스에서도 개최되었다. 그동안 젊은 층을 타깃으로 삼았던 최첨단 기술들이 시니어 전용 혁신 제품에도 눈을 돌리고 있다. 그중 최고혁신상을 수상한 전동휠체어 '휠 모델(Whil Model) Ci'도 시니어를 위한 제품이다. 이 전동휠체어는 시속 8km로 달릴 수 있으며, 한 번의 충전으로 16km까지

(출처: http://whill.us/model-ci)

<휠 모델 Ci 전동휠체어를 탑승한 시니어의 모습>

사용가능하다. 자체 무게는 52kg으로 기존에 판매되던 전동휠체어보다 훨씬 가볍게 디자인했다. 무엇보다 이 제품은 여러 롤러를 이용한 '옴니 휠' 형태의 앞바퀴를 사용하여 5.08cm의 높이의 장애물을 넘어갈 수 있어 비포장도로도 달릴 수 있는 기동성을 가지고 있다. 블루투스 또는 3G로 휴대폰과 연결하여 조정이 가능하며, 손잡이에 있는 조이스틱도 고령자들 또한 쉽게 조작할 수 있도록 설계되어 있다. 가격은 4,000달러(약 430만 원) 정도로 판매되고 있다. 이 전동휠체어는 고령화시대에 기동성이 떨어지는 고령자들에게 적합한 제품으로 CES에서 많은 주목을 받았다.

시니어의 동반자로 부상하는 Smart Helper, 인공지능로봇

제조, 의약, 소매업 분야를 중심으로 휴머노이드 로봇의 수요가 지속적으로 증가하고 있으며, 고령화 지원 목적의 시장에서도 높은 성장세를 보이고 있다. 실제로 수요가 가장 높은 분야는 개인지원, 간병, 교육 및 오락 등이다. 시니어 대상 로봇서비스 분야는 간병 절벽에 부딪히는 2020년 이후 간호, 승차, 보행지원, 운동, 교감 등 다양한 분야로 확대될 것으로 예상된다.

현존하는 최고수준의 인공지능로봇인 소프트뱅크사의 페퍼(pepper)는 유료양로원을 중심으로 간호프로그램을 운영하며, 날씨나 일상정보 제공은 물론 체조나 레크리에이션을 진행하기도 한다. 또한, 2017년 본스타트업비즈니스 콘테스트에서 '웰빙을 위한 이노베이션상'을 수상한 유니보(Unibo)는 주인과의 대화를 통해 기호를 학습하고 건강정보를 체크한다.

인공지능(AI)과 결합된 소셜 로봇 페퍼(Pepper)

2014년 소프트뱅크에서 개발한 세계 최초의 감정 인식 로봇 '페퍼(Pepper)'는 인간과 상당한 수준의 대화를 나눌 수 있다. 출시 당시 페퍼는 1,600달러의 고가임에도 불구하고, 1,000대가 완판될 정도로 매우 큰 인기를 누렸다. 약 121cm의 키에, 무게 28kg 정도의 크기이다. 양팔과 손가락도 지니고 있어 허리 위쪽으로는 자연스러운 움직임이 가능하다. 또한 터치센서, 적외선 센서, 초음파 센서 등을 통해 주변 상황과 거리 등을 인식하고 눈 안쪽에 내장된 카메라로 사람의 얼굴이나 표정까지 인식할 수 있다.

특히 페퍼는 사람의 감정에 따라 적절하게 반응하는 감정인식이 가능한데, 기쁨이나 슬픔 등의 감정을 수치화하고 사람의 감정을 학습하도록 설계되어 있어, 사람의 말과 표정에 따라 다양한 응답을 구사한다. 이 로봇이 고령자들에게 더욱 주목받는 이유는 노인들의 뇌 트레이닝을 지원하고 있기 때문이다. 가슴에 부착된 디스플레이에 숫자를 보여주며 문제를 내면 노인들이 화면을 터치해 정답을 맞히는 방식으로 치매환자들의 뇌 트레이닝에 활용된다. 페퍼와 같은 소셜 로봇은 사람과 커뮤니케이션할 수 있는 능력을 갖추고 정서적으로 상호작용이 가능해 혼자 사는 노인들의 외로움을 달래주고 감정을 치료해줄 것으로 기대된다.

실제 일본의 한 노인 복지시설에서는 페퍼를 입소자들의 운동과 두뇌활동에 활용하고 있다. 페퍼가 입소자의 이름을 불러주고 함께 체조를 한다. 페퍼에서 나오는 음악과 함께 팔을 움직이는 동작을 따라 하는 것이다. '가위바위보' 놀이를 하며 두뇌를 자극하기도 한

(출처: 소프트뱅크 홈페이지 https://www.softbank.jp)

<노인들과 시간을 보내는 소셜 로봇 페퍼>

다. 페퍼는 입소자 개개인의 치매 진행정도나 일상생활 자립도 등의 정보에 맞춰 게임이나 체조를 바꿔 제공한다. 네트워크를 통해 복지 업무 지원 소프트웨어에도 접속할 수 있다. 로봇이 복지사와 간호사의 역할을 두루 수행하는 것이다.

고령화시대에 접어들면서 노인들에게 다양한 도움을 줄 수 있는 의료로봇의 중요성이 점차 증가하고 있으며 의료 및 재활·근력보조, 치매예방 등의 개인치료뿐만 아니라 요양치료사/관리사 등의 요양의료 분야의 인력난 해소에도 도움이 될 것으로 기대되고 있다.

개인 대상의 실버케어 로봇은 청소, 서빙 등 집안일을 보조하거나 개인의 신체 및 심리상태를 파악하여 고령자 본인을 포함하여 고령자 가족과 간병인을 지원한다. 여생을 자택에서 혼자 자립해서 생활하기 원하는 노인층이 증가하면서 안정적 생활, 심리적 불안감 해소,

위험상태의 인지 및 가족 안부 확인 등을 위한 실버케어 로봇에 대한 요구가 증가하고 있다.

① 전문서비스용 로봇

인구 고령화로 인해 의료로봇의 중요성이 점차 증가하고 있으며, 의료 및 재활·근력 보조, 치매예방 등 개인 치료뿐만 아니라 요양치료사/관리사 등의 요양의료 분야 인력난 해소에도 도움을 준다. 카메라, 마이크, 스피커 등을 장착하여 원격진료를 할 수 있는 보건의료용인 텔레프레전스 로봇(Tele-presence)이 의료센터에도 활용되기 시작했으며, 학계에서는 재가요양에 활용하기 위한 연구 진행 중이다. 로봇을 통해 약의 투약상태, 낙상사고 등을 실시간으로 모니터링할 수 있으며 보조로봇을 통하여 간병인의 부담을 줄이고 직장생활, 가정생활 어디서든 누구나 로봇을 통한 간병이 가능하다.

(출처: 일본이화학연구소 http://www.riken.jp/en/pr/press/2015/20150223_2/)

<노약자 간호로봇 로베어>

실제로 일본의 이화학연구소가 개발한 간병로봇 로베어(Robear)는 고령환자를 돌보는 간호종사자들의 부담을 덜어주는 역할을 수행하고 있다. 로베어는 침대 생활이 잦은 고령 환자를 휠체어나 욕실 등 다른 곳으로 옮기는 편의를 제공한다. 특수 고무로 만들어진 팔이 마치 사람처럼 대상을 부드럽게 껴안아 올려주는데, 이는 팔에 세 가지 종류의 센서를 장착해 힘 조절이 가능한 덕분이다. 또 환자가 팔을 들어 올리는 재활 운동을 돕는 역할을 한다.

치매의 초기 단계인 경도 인지장애가 있는 환자의 기억력, 주의력, 인지력을 향상시키는 인지치료게임(Brain Fitness Program)을 통해 치매를 예방하거나, 근력보조 로봇을 통해 일상생활을 가능하게 해준다.

② 개인서비스용 케어로봇

개인대상의 실버 케어로봇은 청소, 서빙 등 집안일을 보조하거나 개인의 신체 및 심리 상태를 파악하여 고령자 본인을 포함하여 고령자 가족, 간병인 등을 모두 도와주는 것이 목적이다. 케어로봇은 고령자 및 장애인이 실내외 목적지로 움직이게 하는 이동보조로봇, 신체건강을 관리하는 신체지원로봇, 정서안정을 위한 정서지원로봇 등으로 분류된다. 고령층의 심리안정을 돕는 로봇은 애완동물 형태의 로봇에서부터 양방향 커뮤니케이션이 가능한 엔터테인먼트로봇, 건강상태를 체크하는 케어로봇 등을 모두 포함한다.

하지만 높은 가격으로 인한 상용화 지연, 사회적 공감대 형성, 로봇 경량화, 다양한 신체조건에 맞는 설계, 개개인의 신체 상태에 따른 세밀한 인터페이스 등의 문제는 지속적으로 해결해야 할 과제이다.

고령자용 소변흡입로봇 '휴머니'

　일본 정부는 고령화에 대한 대책으로 간호·보조(실버) 로봇의 개발, 보급 및 확대를 적극 추진하고 있다. 실버로봇이 고령화 대책으로 부상하는 것은 고령자가 급증하는 반면, 고령자를 보조할 간호·보조 인력의 부족은 갈수록 심화되고 있기 때문이다. 주무부처인 경제산업성은 2035년까지 실버로봇 시장규모를 현재의 10배에 해당하는 9조 7,000억 엔으로 끌어올린다는 계획을 추진하고 있다. 최근들어 실버로봇이나 관련기기가 차세대 가전제품으로 부상할 것으로 전망되고 있고, 이에 따라 중앙정부의 지원으로 관련 로봇개발에 나서는 기업들과 기관들이 전국적으로 늘어나고 있다. 이러한 가운데 고령자용 소변흡입기능을 탑재한 로봇이 등장하여 주목을 받고 있다. 유니참휴먼케어(Unicham Human Care)가 만든 소변흡인로봇인

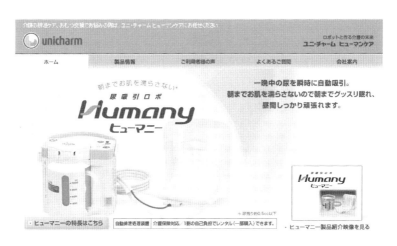

(유니참케어 홈페이지 http://http://www.humany.jp)

<노약자용 소변흡입로봇 '휴머니'>

'휴머니(Humany)'이다. 휴머니에 장착된 전자기저귀는 고령자가 소변을 볼 수 있도록 기저귀 안에 플라스틱 흡입관을 설치해 사용하는 것으로 배뇨 후 소변은 침대 밑의 진공탱크로 흡입될 수 있도록 되어 있다. 기저귀가 소변을 감지하면 진공기기는 패드가 실제로 다시 뽀송뽀송하게 건조해질 때까지 진공 흡입작업을 시작하게 된다. 일반 성인용 기저귀에 비해 이 로봇형 소변흡인기인 휴머니의 패드는 가볍고 수백그램의 소변도 받아 건조시켜준다. 휴머니에 장착된 기저귀의 사용 후 무게는 일반 성인용 기저귀의 10분의 1에 불과하다. 고령화된 일본 사회를 염두에 두고 만들어진 이 소변흡입로봇은 기저귀를 자주 갈아야 하는 불편을 없애는 것은 물론, 소변 때문에 화장실을 드나들 필요성을 없앴다. 간병인의 활동도 크게 줄어들게 되었다는 다양한 장점을 갖는다.

2부

실버콘텐츠, 감성서비스 & 스마트 비즈니스

1장 액티브 스마트 실버와 콘텐츠 비즈니스의 기회

1. 뉴실버, 액티브 스마트 실버의 부상

2017년 우리나라는 65세 이상 노인 인구가 전체 인구의 14%를 차지하면서 고령사회에 진입했다. 통계청의 장래인구추계에 따르면, 노인 인구의 규모는 2025년이 되면 1,000만 명을 넘어 노인이 전체 인구의 20%가 넘는 초고령사회가 되고, 2030년대 중반부터는 노인 인구가 전체 인구의 30%가 넘어 10명 중 3명은 노인이 되는 사회가 될 것으로 전망된다. 또한, 한국인의 기대수명은 2017년 만 82.6세로 남자는 79.5세, 여자는 85.6세이다. 65세를 기준으로 남자는 평균 약 14년, 여자는 약 20년을 노년기로 보내야 하고, 평균 퇴직 연령인 57세를 기점으로 하면 남자는 약 22년, 여자는 약 28년을 노년기로 보내야 한다. 또한, 2030년에는 기대수명이 85.2세, 2060년 89.5세로 늘어날 것으로 전망되고 있어 앞으로 노년기는 점점 길어진다고 봐야 할 것이다.

이와 같은 노인 인구 증가 전망에서 나타나는 특징적인 부분들을 살펴보면 다음과 같다.

첫째, 사회구성원 중 노인 인구의 수가 절대적으로 증가하므로 노인이 소수 계층이 아니라 보편적 정책 내상 집단이 된다는 것이다. 2017년에 우리나라 노인 인구(726만 명)는 24세 미만의 아동·청소년 인구(1,336만 명)의 절반 정도이나, 2040년에는 노인 인구가 지금보다 1,000명가량 증가한 1,712만 명으로 24세 미만 아동·청소년 인구(972만 명)보다 1.8배 많아져 역전되는 것으로 전망되고 있다.

둘째, 건강상태 개선, 기대수명 연장 등으로 65~80세까지의 고령전기(前期) 노인 인구의 증가는 물론 80세 이상의 고령후기(後期) 노인의 인구도 증가하는데(2015년 131만 명에서 2040년에는 518만 명으로 약 4배 증가 전망) 전기노인과 후기노인은 여러 가지 면에서 다른 특성을 갖기 때문에 65세 이상 모든 노인을 동일시하는 정책보다 전기노인과 후기노인으로 양분시킨 특성별 전략이 요구된다고 하겠다.

셋째, 이전 세대보다 학력, 건강, 문화, 경제 수준 등이 향상된 베이비붐 세대가 노년기에 진입하는 2020년 이후의 노인세대는 현세대 노인 집단과 확연히 다른 특성을 가질 것으로 예상된다.

즉, 머지않은 미래 노인의 교육수준, 경제수준 등의 상승은 노인의 여가 소비와 욕구 다양화로 이어지고, 경제적 약자이기만 했던 이전과 달리 건강 유지, 학력 상승, 소득 상승 등을 바탕으로 자기실현이나 사회참여 욕구를 표출하는 고령자가 증가할 것이다.

뉴시니어의 등장

한국의 전후 베이비붐 세대가 고령화 시대의 새로운 소비계층인 '뉴시니어(New Senior)'로 부상하고 있는데, 이들 베이비붐 세대는 여유 있는 자산을 기반으로 적극적인 소비활동을 한다는 점에서 종전 실버세대와는 구별된다. 신세대 고령 인구라 할 수 있는 뉴시니어는 삶의 과정 동안 문화적, 경제적으로 급속한 발전을 목도한 세대라는 점에서 기존의 노년과는 구분된다. 이들은 해외 대중문화가 유입되고 한국의 대중문화가 질과 다양성 측면에서 급격히 진화하였던 1960~1970년대에 유·청년 시절을 보냈다. 젊음과 창의성, 그리고 문화적 감수성을 중요시한다. 청·장년기에는 눈부신 경제발전의 주역으로 활약하여 특유의 성취감과 자긍심을 갖고 있다. 최근 은퇴시기를 맞으며 여유를 되찾은 뉴시니어는 젊은 시절의 감성을 되찾고 싶어 하는 한편, 은퇴와 자녀의 독립 등으로 인해 불안감도 또한 느끼고 있다.

이러한 특성에 기반하여 뉴시니어의 소비 동기를 ① 젊음, ② 향수(鄕愁), ③ 자아라는 3가지 키워드로 요약할 수 있다. 실제 연령보다 젊어지려는 '다운에이징(down-aging)'이 주요 소비 트렌드로 부상하면서 기존 시니어용 상품보다 10세 이상 젊은 감각으로 공략한 상품이 어필하고 있으며, 공연·연극·영화·방송 분야에서는 뉴시니어가 주요 관객층으로 부상하였다. 향수를 자극하는 1960~1970년대 문화 아이콘과 전통적 가치로 무장한 콘텐츠가 증가하고 있다. 뉴시니어를 대상으로 한 문화강좌와 온라인시니어 커뮤니티 같은 자아실현형 서비스도 늘어나고 있다(안신현, 2011). 중년과 노년 사이의 과도기인 50대 뉴시니어는 그 자체로 하나의 시장이며, 기존 고령 인구에 대한 통념을 깨는 세대교체의 선두 주자이다. 뉴시니어를 주력 시장으로 인식하고, 뉴시니어의 니즈를 대변하는 키워드인 '젊음·향수·자아'를 이해해야 한다. 이를 토대로 시장 변화에 대응하고, 실버산업의 미래에 대해 고민해야 한다.

이렇게 2010년 베이비붐 세대의 본격적인 은퇴와 함께 적극적이고 능동적인 삶을 추구하는 액티브 시니어의 부상으로 실버소비자 특성이 과거와는 다르게 변화하고 있다. 액티브 시니어는 미래 실버시장의 트렌드를 이끌어 정보, 여가, 금융 시장 중심으로 실버산업의 성장을 주도할 것으로 예상된다. 액티브 시니어는 독립적이고 적극적인 성향으로, 경제력을 바탕으로 여가생활 등 의미 있는 가치 소비로 노년기 정체성과 삶의 목적을 추구한다. 과거의 실버세대는 변화를 원치 않고, 한정된 취미생활을 하며 의존적인 삶을 사는 세대인 반면 액티브 시니어 등으로 대변되는 뉴실버세대는 적극적으로 변화를 추구하고, 다양한 취미생활을 즐기며 독립적으로 자신의 삶을 개척하는 세대이다.

뉴실버세대는 전쟁 후 출산율이 높을 때 태어난 1차 베이비부머 세대와 2차 베이비부머 세대로서 2020년 이후에는 뉴실버세대로 이동하여 종래 성장동력원에서 소비 중심층으로 변경될 전망이다. 1차 베이비부머 세대와 2차 베이비부머 세대가 다양한 차이점이 있겠지만 1차 베이비 부머 세대에 비해 2차 베이비부머 세대는 1990년대의 컴퓨터 및 인터넷 문화, 2000년대의 모바일 문화, 2010년 이후의 스마트폰 및 SNS 문화 등을 실제 적극적으로 활용하면서 성장해온 세대라는 점에서 스마트 실버세대로 명명할 수 있다. 건강, 경제적인 안정, 사회적 관계 지속, 재미있는 여가에 대한 니즈가 높아 액티브 시니어 시장 확대를 위해 Care와 Connectivity 가치를 제공하는 것이 중요하다. 세계적으로 노인복지정책이 Health Care 중심에서 Active Aging으로 변화 중인데, 우리나라는 여전히 케어서비스 대상자 관리 중심의 고비용·저효율의 구조에 머무르고 있는 상황이다.

액티브 시니어와 '충족되지 않은 니즈'

뉴 시니어로 대변되는 베이비붐 세대를 포함하여 새롭게 부상하고 있는 '액티브 시니어' 개념을 이해할 필요가 있다. 시니어 계층도 규모가 늘어나면서 새로운 분류가 필요하다. 베이비붐 세대를 동일 집단화해서는 안 된다는 의미이다.

액티브 시니어(Active Senior)는 '건강하고 활동적인'을 의미하는 액티브(Active)와 '연장자'를 의미하는 시니어(Senior)가 합쳐진 신조어이다. 액티브 시니어는 기존 시니어 계층과 다른 '뉴 시니어'로서 시니어 비즈니스의 핵심 소비주체 역할을 할 것으로 기대된다. 사고방식·체력·라이프스타일 등 다양한 측면에서 젊고 활동적인 경향을 보이며, 청춘을 가능한 오랫동안 즐기고자 하는 뉴 시니어의 니즈에 맞춰 젊은 세대를 대상으로 한 제품·서비스도 일부 포함된 보다 폭넓은 사업영역으로 변화시킨다.

<시니어의 특징 변화>

구분	기존 시니어	뉴 시니어
세대 특성	수동적, 보수적, 동질적	적극적, 다양성, 미래 지향적
경제력	의존적·경제력 보유층 적음	독립적이며 경제력 보유층이 두터움
노년의식	인생의 황혼기	새로운 인생의 시작
가치관	본인을 노년층으로 인식	실제 나이보다 5~10년 젊다고 생각
소비관	검소	합리적인 소비생활
취미활동	취미 없음, 동일 세대 간 교류	다양한 취미, 다른 세대 간 교류
레저관	일 중심, 여가활용에 미숙	여가에 가치를 두며 생활

여행	단체여행 선호, 효도여행 중심	여유 있는 부부여행, 자유여행
노후 준비	자녀세대에 의존	스스로 노후 준비
보유 자산	자녀에게 상속	자신의 노후 준비를 위해 사용

　세계적으로 급속한 인구고령화 현상과 개인의 노화에 따른 변화에 대한 대응, 그리고 베이비붐 세대로 대표되는 새로운 수요로 인해서 고령화 시대에 맞는 새로운 시장의 출현이 예측되고 있다. 새롭게 부상하고 있고 뉴 시니어로 대변되는 새로운 고령자의 욕구는 아직까지 그들의 소비행태에 맞지 않는 '충족되지 않은 니즈(unmet needs)'이다. 현재의 고령화는 저출산과 생활수준의 향상으로 모두가 예상한 결과지만, 이렇게 오랫동안 살 수 있는 환경으로 변한 것은 아직 한 번도 경험하지 못한 사회현상이다. 따라서 고령자 계층이 하나의 소비권력으로 전체 소비의 중심이 되어 본 역사가 없기 때문에 고령자 계층의 니즈를 정확하게 파악하고 있지 못하는 현상이 발생하고 있으며, 어떠한 상품과 서비스가 새롭게 부상하고 있는 집단에 맞는지도 명료하지 않은 측면이 있는 것이 사실이다. 이로 인해 고령자 계층과 인구 집단의 변화로 인해 발생하는 현상을 어떻게 이해하느냐에 따라 새로운 시니어 비즈니스로서의 블루오션의 규모가 결정될 것으로 예상된다.

　액티브 시니어는 기존의 고령층처럼 돌봄 부양의 수동적인 대상이 아니라 소비를 주도하고 문화를 창조한다. 이들은 노인으로 분류되기를 거부하고 '근사함'을 중시하는 경향이 커 G·G(Grand Generation), Successful Aging 등의 용어로도 정의된다.

　액티브 시니어들은 자녀 세대에 의존해 노후생활을 준비해오던 기존 시니어와는 다르게 점차 취미와 소비를 즐기는 독립적 소비주체로 변화하고 있다. 고소득기반의 경제적으로 안정된 소비여력을 갖추고 있고 자신을 위해 소비한다는 점에서 특징을 갖는다. 건강하고 아름답게 늙기 위한 '웰에이징(well-aging)'을 추구한다.

시니어 비즈니스는 또한, '마이크로 시장의 연합체'라고 할 수 있다. 시니어의 특성과 세부 타깃 그룹에 따라 다양한 수요가 있음에도 지금까지 시니어 계층을 하나의 단일한 집단으로 보는 인식이 강하게 작용하였다. 하지만 시니어 계층은 학력·직업·소득수준·가족관계·건강수준 등이 상이한 무수히 많은 작은 집단으로 세분화(segmentation)할 수 있는 집합체이다. 그만큼 시니어 계층을 제대로 이해하고 맞춤형 상품과 서비스를 제공하기 어렵다는 의미일 수 있다. 따라서 시니어에 대한 이해와 니즈를 정확하게 파악하지 못한다면 시니어 비즈니스 시장에서 기대한 성과를 얻기는 쉽지 않을 것이다.

그렇다면 노령화사회에 뉴실버세대나 액티브 시니어가 증가하고 있는 요즘, 이들의 문화를 반영하는 핵심가치는 소비와 주체성, 혹은 독립성으로 요약할 수 있다. 특히 노인 관련 음악, 연극, 영화 등 실버콘텐츠 분야 소비가 늘고 있는 건 여가 문화와 라이프스타일과 관련이 있을 것이다.

'액티브 시니어'의 가장 큰 특징은 먼저 소비다. 이들은 넉넉한 자산과 소득을 바탕으로 이전 노년층과 달리 자신에 대한 투자를 아끼지 않는다. 50대 이상 이들 구매층은 1970~1980년대 고도의 성장기를 거치며 부동산과 금융으로 축적한 경제력을 바탕으로 이미 소비시장의 주요 고객층으로 부상했다. 이에 따라 이들을 잡기 위한 각 업계의 마케팅 전략이 다양화되고 있다. 이들은 사회적 활동 경험도 풍부하고, 교육, 지식수준도 높고, 신체적으로도 건강하다.

또한 문화 소비층으로서 등장한 액티브 시니어들은 영화, 연극, 뮤지컬, 음반, 게임 등을 두루 소비하고 향유한다. 이들은 세련된 라이프스타일을 추구하고, 스포츠 등 야외활동도 젊은 세대만큼 활발하게 즐긴다. 고령화사회의 도래와 함께 여가기회 확대, 문화소비 증가가 같이 이루어져, 두터워지고 있는 노인층이 이들의 주체가 되고 있다.

생일에 찍은 사진을 트위터 친구들과 공유하는 이른바 노인세대의 등장, 이들을 '실버 서퍼(silver surfer, 인터넷을 즐기는 노인)'라고 부르고 IT기업들에게는 새로운 성장동력이 되고 있다. 실제로 미국, 영국, 일본 등의 스타트업(신생 벤처기업)이 60세 이상 돈 많은 베이비부머를 겨냥해 다양한 애플리케이션, 전용기기 등을 앞다퉈 개발하고 있는 상황이다. 이는 기존 청소년층과 같은 충성고객뿐만 아니라 노인층이 게임 및 IT 소비의 주요한 고객으로 떠오르고 있다는 의미이다.

행복하고 건강한 노인, 100세 시대의 표상

과거 노화는 '생물학적인 나이 듦' 정도로 이해되어 왔으나, 최근 새로운 노년세대들이 등장하면서 노화에 대한 새로운 시각이 등장하고 있다. 즉, 삶에 대한 적극적 참여를 통해 구현되는 '성공적 노화(successful aging)'에 대한 관심이 증가하고 있다.

1980년대 이후 미국을 중심으로 성공적 노화에 대한 연구가 이루어지고 서구 국가들에서는 성공적 노화모델이 개발되었으며, 2000년대 이후 국내에서도 관심이 증가하고 있다. 일반적으로 성공적 노화는 노년 인구의 건강상태, 사회관계망, 심리적 특성, 신체적이고 인지적인 기능, 생산적 활동 등 5가지 영역에서 평가된다. 따라서 성공적 노화란 질병과 장애를 피하고, 높은 수준의 인지적이고 신체적인 기능을 유지하며 활기찬 인간관계 및 생산적 활동을 통해 삶에 대한 적극적 참여(active engagement with life)를 유지하는 것으로 정의할 수 있다.

우리나라의 노인 빈곤율이 50% 가까이에서 회복되지 못하고 있는 상황에서 가난한 노인의 증가나 독거노인의 증가, 치매 등으로 인한 돌봄 비용의 증가와 같은 사회문제가 매우 심각해질 가능성이 높다. 이와 관련하여 노인이 맺고 있는 사회적인 관계가 많을수록 신체기능(ADL 및 IALD)과 인지기능(MMSE-KC), 정서적 기능(우울증상), 사망위험 감소에 긍정적 영향을 준다는 분석결과가 제시되고 있다. 또한, 노인의 여가 등에 대한 학습활동이 치매예방이나 자녀와의 관계 및 정신건강에 긍정적 효과를 준다는 연구결과들에 근거해 볼 때, 노인의 사회참여 및 여가활동 활성화가 고령사회에서의 사회문제 해결과 비용절감 등을 위해서는 효과적인 방안이 될 수 있음을 시사한다.

인간은 생물학적 존재이지만 심리적, 사회적 존재이므로 노화과정을 적어도 세 가지 측면에서 종합적으로 이해하는 것이 바람직하지만 시간의 경과와 생물학적 노화에 치중하여 노화과정을 이해하는 경향이 일반적이다.

시간의 경과에 따른 생물학적 노화도 개인 간, 그리고 같은 개인이라도 신체 기관과 기능에 따라 차이가 있고, 심리적 및 사회적 측면의 노화는 생물학적 기능이나 능력의 저하와 일치하지 않는 경우가 낮다. 그리고 생물학적 노화에 대한 연구가 충분하지 않을 뿐더러 심리적 및 사회적 노화에 대한 연구도 상당히 미진하기 때문에 연령 증가에 따른 생물학적, 심리적 및 사회적 기능 저하는 많은 경우 사실과 다른 편견에 의해 부정적으로 이해되고 판단되는 것이다(최성재, 2012).

고령화사회를 이해하고 판단하는 데 있어 노화와 노인에 대한 부정적 편견, 사회적 부담과 관련된 과장된 주장과 미래사회에 대한 불안이 작용하여 고령화사회를 부정적으로 부각시키고 있다. 향후 인류사회가 고령화사회로 나아가는 것은 불가피하기 때문에 고령화사회를 부정적으로 바라보고 고령화사회를 두려워하는 것은 별로 바람직하지 못한 태도이다. 고령화사회에 대한 부정적 시각은 노화 과정과 노인의 능력에 대한 편견, 비과학적 상식과 편향된 가치관을 전제로 하고 있기 때문이다. 전 생애 과정을 통한 인간 성장과 발달 가능성, 의학과 과학발전에 의한 건강한 장수 현상의 보편화, 생산기술 발전가능성을 생각하면 고령화사회로의 발전은 당연한 결과이며 인류사회 발전의 위대한 승리라 할 수 있다.

이와 관련하여, 생애과정 관점(life course perspective)은 노화는 생애 주기에서 역동적인 과정이라는 관점에서 인생주기를 통한 노인의 다양한 역할과 역할의 변화를 긍정적으로 설명하고 있다. 시간의 경과에 따라 생물학적인 존재인 인간은 궁극적으로는 노화로 사망하지만 인류사회 발전으로 개인의 노화 과정은 크게 지연될 수도 있고, 기능적으로 불가역적 퇴화만 하는 것이 아니라 유지, 회복 또는 향상될 수도 있다는 것이 과학적 연구를 통해서 서서히 검증되고 있다. 고령화사회는 80세의 평균수명을 넘어 100세까지 생존이 가능하고 고령에도 능력 발휘가 가능한 사회가 될 수 있다. 그러므로 우리는 인생 60~70년을 전제로 한 전통적 사회제도의 틀에서 완전히 벗어난 새로운 사회의 틀을 만들어가야 할 것이고 그러한 새로운 사회는 충분히 가능한 인류사회의 새로운 도전이 될 수 있을 것이다.

노인이라는 존재와 노년의 의미에 대해서 프랑스의 여류작가이며 철학자인 시몬 드 보부아르(Simone de Beauvoir)는 그녀의 책『노년』에서 이렇게 적고 있다; "부끄러운 비밀, 금기시된 주제를 넘어 당당히 사유해야 할 사회적 화두로 자리 잡았다. 노년에는 스스로 싸우고, 권리를 지키며, 누구든 의지하려 하지 않고 마지막 숨을 가두기까지 스스로를 통제하려 할 때만 존중받을 것이다."

나이 듦의 의미와 그 위대함은 노인의 독립적인 주체의식과 같이 가는 것이다. 새로운 실버세대는 안티에이징과 웰빙을 넘어 웰에이징을 추구한다. 외면적 변화(검버섯, 주름살 등)와 각종 퇴행성 질환에 대한 공포에서 비롯된 노화기피증을 극복하고, 육체와 정신의 젊음을 유지하며, 좀 더 건강하고 오래 살아가는 방법들을 알고 싶어 하는 경향이 강하다는 것이다.

'인생 2막', '인생 2모작'은 100세 시대에 있어서 필수요소가 될 것이다. 그 새로운 시대가 도래했음에도 불구하고, 과거와 같이 노인들을 손 내밀고 악쓰고 떼쓰는 만년 복지대상자로 전락하거나 전락시키는 구조는, 당사자에겐 사회적 재난이자 재정적으로는 국가적 불행이다.

'노인이 행복해야 국가가 성숙한다. 노인이 건강해야 국가가 안정된다.' 이것이 바로 100세 시대의 표어이다. 노후는 마땅히 존엄하고 거룩해야 하는 것이다.

2. 휴먼-힐링-행복 콘텐츠 시대

"돈은 없지만 떠나고 싶어 멀리로 / 난 돈은
없지만도 풀고 싶어 피로
열 일 해서 번 나의 pay / 전부 다 내 배에
티끌 모아 티끌 탕진잼 다 지불해 / 내버려둬
과소비 해버려도
내일 아침 내가 미친놈처럼 / 내 적금을 깨버려도
WOO 내일은 없어 / 내 미랜 벌써 저당 잡혔어
WOO 내 돈을 더 써
걱정만 하기엔 우린 꽤 젊어 / 오늘만은 고민보단
Go해버려"

　자타공인 한국대표 아이돌 그룹으로 부상한 '방탄소년단'의 곡
'고민보다 GO'에서는 '욜로'라는 단어가 32번이나 등장할 정도로
욜로 열풍을 대변한다.

소소한 행복을 추구하는 경험 소비가 대세

　최근 웰빙(well-being), 욜로(YOLO), 워라밸(Work and life balance)
등의 라이프스타일을 정의하는 키워드가 일상에 자리 잡고 있다. 개
인의 소소한 행복에 대한 '경험 소비'가 대세다. 현대인들은 소소하
지만 당장 행복감을 줄 수 있는 곳에 돈과 경험을 소비하는 것을 중
요하게 생각한다. 오늘보다 내일이 나아질 것이라는 무조건적인 희
망보다는 소소하지만 지금, 현재에 행복감을 줄 수 있는 경험을 즐
기는 현상이라 하겠다.

　'욜로'는 'You Only Live Once'의 줄임말로, 한 번뿐인 인생에서
지금의 행복을 가장 중시하려는 소비성향을 뜻한다. '가심(心)비'라
는 용어도 등장했는데, 현재의 행복에 집중하는 젊은이들의 생활 패

턴을 보여주는 현상이다. '가성비(가격 대비 성능)'에 마음 '심(心)' 자를 더해 심리적 안정과 만족감을 중시하는 소비 형태로, 가격과 성능 역시 중요하지만 "마음의 위안"이라는 가치에 주목하며 행복은 그리 멀리 있지 않으며 거창하지 않다는 것을 보여준다.

또한, 일과 삶의 균형을 의미하는 '워라밸(Work and Life Balance)'이라는 용어는 돈보다 삶의 질이 중시되고 있음을 보여준다. 혼족(나홀로족)이 하나의 트렌드로 자리하면서 이들이 즐기는 퇴근 후 문화도 다양해지고 있다. 혼밥, 혼술은 물론 혼영(혼자 영화보기), 홈트족(집에서 운동하는 사람들), 혼뷰티족(집에서 직접 피부 관리하는 사람들)까지 다양한 혼족 문화가 확산되고 있다. 이들이 퇴근 후 곧장 집으로 향하는 주된 이유는 인간관계에 회의를 느끼는 '관태기(관계와 권태의 합성어)'로 인해 정신적 휴식이 필요해서이다. 직장상사에 치이고 후배에 쫓기며 정신없이 직장생활을 보낸 이들에게 혼자만의 시간은 다음날 출근을 위한 원동력이 된다. 그렇다고 혼자만의 시간을 즐긴다고 세상으로부터 고립되는 것은 아니다. 혼족들은 혼자 보내는 일상을 SNS에 올리고 지인들과 소통하며 외로움을 달랜다. 혼자만의 시간을 즐기지만 혼자인 모습을 공유하는 것이다.

남의 시선이나 사회통념을 의식하지 않고 '평범하더라도 행복한 내 삶'을 살고자 하는 노멀크러시(Normal Crush) 경향도 나타나고 있다. 저성장 기조 속에서 불안정한 삶을 영위하는 시대에 화려함은 촌스러운 것으로, 작고 소박한 것은 세련되고 멋진 것으로 인식된다. 일상복을 최전선으로 내놓은 놈코어(Normal+Hardcore·평범함을 추구하는 패션을 지칭) 트렌드는 파자마패션으로까지 이어졌고, 덴

마크 선통문화인 휘게 열풍에서 출발한 인테리어 및 라이프스타일 트렌드는 '휴식을 즐기는 소박한 행복'이란 콘셉트면 나라를 가리지 않고 유행의 바통을 이어받았다.

평범함에의 매료는 소비하는 콘텐츠에도 변화를 불러일으켰다. 인위적인 연출이나 장치를 최소화해 화려하게만 보였던 스타들의 있는 그대로의 모습을 시청자들에게 전달하는 프로그램이 주로 노멀크러시족의 공감을 이끌어냈다. '넌 할 수 있어'라는 부담스러운 위로보다 '나도 너와 다르지 않아'라고 말해주는 듯한 일상적인 콘텐츠를 접할 때 비로소 평범한 '나'에 안도하며 편안함을 경험하기 때문이다.

이러한 중심에는 바로 '나'가 있다. 소비를 통해 자존감을 세울 수도 있다. 이들은 자존감을 위해 '추억 소비'의 경향을 보인다. 과거의 좋은 추억과 경험을 떠올리며 그 당시의 따스했던 인간적인 유대감을 소비를 통해 떠올린다.

이러한 '작고 소소한 행복'에는 '잠'과도 관련이 있다. 낮에는 졸려 연이여 커피 등의 카페인을 섭취하면서도 밤이 되면 잠을 제대로 자지 못하는 현대인들의 고충이 담겨 있다. 최근 홈쇼핑 광고에서 가장 부각되고 있는 상품이 바로 '수면'과 관련된 상품이다. 거창한 것이 아니라 작은 행복을 원하는 이들은 자기 스스로를 치유하는 '힐링'도 '패스트 힐링'을 추구한다. 서울 여의도 등 오피스가 한복판에 등장한 수면방과 같은 서비스가 대표적이다. 빡빡한 일상 속에서 잠시라도 쉴 수 있는 공간을 원하는 이들의 취향을 저격해 만든 서비스 상품인 셈이다.

거창하고 화려한 것보다는 소박하고 작은 부분에서 편안함과 행

복함을 느낀다는 사람들이 늘고 있다. 과거 기성세대들이 자신의 월급보다 더 비싼 수백만 원짜리 명품을 36개월 할부로 사며 남에게 과시하고자 하는 소비패턴을 보였던 것과는 달리 20～30대들은 몇천 원짜리 샤프와 캐릭터가 그려져 있는 컵을 구매하며 스트레스를 푸는 소비패턴을 보이고 있다. 이들은 소박하지만 확실한, 작은 행복을 미래가 아닌 현재 순간에 느끼려 한다. 이른바 '홈 루덴스족(ludens)'이다. 집을 모든 생활의 중심으로 생각하는 홈 루덴스족은 집에서 바캉스를 즐긴다. 이들은 집에서 모든 것을 다 해결하려고 한다. 이들에게 집은 헬스장이고 휴가지이다. 그렇다고 집에만 머물면서 자신만의 세계에 빠져 있는 '은둔형 외톨이(히키코모리, 引き籠もり)'와는 다르다. 집에서 자신의 주변으로 활동범위가 확대된다. 주변의 맛집을 탐방하고 소문난 플레이스에 방문하는 패턴을 보인다. 이러한 패턴은 1인 경제를 의미하는 '솔로 이코노미(Solo Economy)'와도 연결된다. 혼자서 영화관 가기, 혼자 밥 먹기, 혼자 술 마시기, 혼자 고기 구워먹기 등 혼자서 할 수 있는 종류의 일들의 난이도가 높아질수록 사람들은 페이스북, 인스타그램이나 트위터와 같은 사회관계망서비스 안에서 서로 응원하고 격려하기도 한다.

이러한 시대적 소비 트렌드는 '관계'와 관련이 있다. 촘촘하게 연결되어 있는 '초연결 시대'에 사람들은 더 많이 서로의 생활을 알고 싶어 하고 관계를 맺고 싶어 하지만 역설적이게도 이를 못 견뎌하고 있다. 이른바 '관계 피로도' 때문이다. 회사에서의 일이 메신저나 메일로 이어지기 때문에 퇴근을 해도 제대로 쉴 수가 없다. 회사뿐만 아니라 가족들과의 관계도 피로하다고 호소하는 이들이 늘고 있다. 이들은 사람들과 맺는 관계의 스트레스를 반려동물을 통해 극복하고자 한다. 그러다 보니 '펫코노미'가 폭발적으로 성장하고 있다. 강아지, 고양이는 물론 화초 키우는 것도 '반려식물'이라고 불릴 정도이다. 이미 미국에서는 강아지를 위한 마사지숍, 강아지용으로 만들어진 커피 '퍼프치노, 퍼프라테'를 판매하는 카페가 있다.

최근에는 실질소득 정체 및 가구의 소형화로 경제적이고 개인 효용(Utility) 극대화에 높은 가치를 부여하는 소위 'STEEP' 소비현상이 확대되고 있다. 첫째, 물품을 소유하는 소비에서 공유형(Sharing) 소비로의 현상이 확대되고 있다. 둘째, 건강을 고려하는 웰빙형(Toward the health) 소비행태가 심화되고 있다. 셋째, 고품질, 나만의 기능성 상품을 선호하는 실속형(cost-Effective) 소비현상이 확산되고 있다. 넷째, 경험하는 소비활동을 통해 가치를 느끼는 경험형(Experience) 소비가 심화되고 있다. 다섯째, 미래보다 현재 소비에 더 큰 가치를 두는 현재형(Present) 소비가 확대되고 있다.

1인 가구 숫자가 꾸준히 늘면서 이러한 경향들은 더욱 강해지고 있다. 1인 가구는 한국에서뿐만 아니라 전 세계적으로 부상하고 있는 가구 형태다. 통계청 자료를 보면, 한국의 1인 가구 비율은 1980년 4.8%에서 2010년에는 23.9%로 급증했다. 2025년이 되면 33.1%로 증가해 한국사회의 지배적 가구 형태가 될 것이다. 이런 가운데 '1인 가구'를 인식하는 방식은 양극단으로 나뉜다. 1인 가구는 빈곤 또는 노령인구와 연결되어 복지 지출 증가 문제로 귀결되거나, 새로운 소비시장과 연결되어 마케팅 대상으로 부각된다.

아날로그 감성의 부활

모든 것이 빠르고 스마트한 디지털 시대에 살고 있지만 디지털이 주는 편리함을 뒤로 하고 다시금 레트로(RETRO·복고) 열풍과 함께 최근 아날로그가 핫한 트렌드로 떠오르고 있는 것은 주목해야 할 현상이다. 2004년 이후 영영 종적을 감출 듯했던 LP 제작사가 다시 부활하고, 핫플레이스에 모인 젊은이들이 턴테이블에 자신이 고른 LP를 올려보기 위해 줄을 서서 기다린다. 학생들은 자신의 스마트폰 안에 수천 장의 사진이 있음에도 불구하고 단 네 컷을 찍는 흑백 스티커 사진기계를 찾아 명동 거리로 나선다.

수동, 느림이라는 가치를 담고 있는 이른바 '느림의 미학'인 아날로그는 엄청난 속도의 질주 속에 살아가는 사람들에게 정신적인 여유와 휴식을 선사한다. 아날로그가 장년층에는 어릴 적 추억으로, 청년층에게는 신선한 매력으로 하나의 문화코드가 되고 있음이다.

인공지능(AI)으로 대표되는 4차 산업혁명 시대가 열리고 있지만 다시 '아날로그'가 화제이다. 문화, 산업 등 각 분야에서 '아날로그'의 가치가 재조명되는 것이다. 빠르게 변하는 세상의 속도에 지친 사람들이 힐링의 수단으로, 자유로운 사고를 이끌어내는 방법으로, 직접 대면을 통한 끈끈한 관계 유지의 틀로 아날로그로의 회귀를 선택하고 있다. 서점, 캘리그래피, 6mm 캠코더, LP판, 필름카메라……. '과거의 방식', '과거의 디자인', '느리고 낡은 제품과 콘텐츠'들이 대중들에게 많은 사랑을 받고 있다. 쉴 새 없이 발전하는 기술의 속도감에 지친 현대인들이 오히려 '적당한 불편함'을 선택하며 만족감을 느끼는 아이러니한 모습을 보이고 있는 것이다.

기술문명이 수는 편리함보다는 현존하는 것, 직접 만질 수 있는 것들을 추구하면서 나만의 체험, 소유물을 얻고자 하는 사람들이 늘어나고 있다. 아날로그와 디지털이 공존하는 음악, 카메라, 책 등의 영역에서 아날로그 기기와 콘텐츠가 사랑받고 있다.

캐나다의 저널리스트 데이비드 색스의 저서 『아날로그의 반격 (The Revenge of Analog)』에서는 '레코드판의 부활'에 대해 '스마트폰을 탈출한 미래 세대의 음악'이라고 설명하고 있다. 저자는 2015년 영국의 보고서를 인용해 LP의 주된 소비층이 18~24세였고 구매자의 절반 이상이 25세 미만이라는 수치에 주목한다. 역설적으로 모든 음악이 디지털화되었기 때문에 아날로그 음악의 산물인 LP가 비로소 부활할 수 있었다는 게 그의 주장이다. 디지털의 일반화, 일방화의 오류는 추억의 저편에서 잠자고 있던 LP를 불러냈고, 이를 소생시킨 혁명의 주체는 역설적이게도 LP를 경험하지 못한 새로운 세대였다는 설명이다. 뭔가를 조작해야 하고 까다로운 예의를 갖춰야만 소리를 내어주는 이 불편한 LP는 그렇게 미래의 음악 소비자들에게 '쿨'하고 '핫'한 대상이 됨으로써, 미래 세대의 음악이 될 것이라는 귀결이었다. 이는 레코드판이 주는 경험에는 계량화할 수 없는 풍성함이 있고, 효율성이 떨어진다는 바로 그 이유 때문에 더 재미있는 경험을 주기 때문이라는 것이다. 그는 이어 "기존의 비즈니스 세계가 디지털에 초점을 맞추고 있기 때문에, 아날로그 기술을 새롭고 참신한 방법으로 활용하는 기업이나 개인이 돋보이고 성공할 가능성이 높아졌다"고 설명한다.

최근 디지털 혁신의 중심지인 실리콘밸리에서 일일이 실로 꿰맨 두꺼운 미색 속지, 둥글게 처리된 모서리, 두툼한 두께, 검정색 하드

(출처: http://www.moleskine.com/au/)

<아날로그 감성을 대표하는 몰스킨 수첩>

커버, 신축성 있는 고정밴드로 상징되는 '몰스킨(Moleskin) 수첩'이 유행하고, 사진관에 가서 인화하는 번거로움이 있는 필름 카메라와 오프라인 서점이 다시 각광받고 있다. 이러한 아날로그시대의 제품의 새로운 인기비결로 많은 사람들이 '경험'의 가치를 꼽는다. 디지털과 함께 살아가는 것이 익숙한 시대, 0과 1로 이뤄진 가상의 것들이 많아질수록 우리가 손으로 만지고 느낄 수 있는 것들이 주는 기쁨이 특별하게 다가온다는 것이다. 실제로 모든 것이 디지털, 자동화를 향하는 세상에서 반대로 아날로그 기술은 새로움과 참신함으로 새 시장을 만들어내고 있다.

최근 가장 인기 있는 카메라 앱 중 하나는, 필름 카메라처럼 사흘이 지나야 찍은 사진을 확인할 수 있게 한 '구닥Gudak)'이다. 디지털 사진의 가장 큰 강점인 '즉시 확인'과 '보정'이라는 콘셉트를 과감히 버렸다. 그런데 바로 그 점 때문에 시간을 들여 기다려야 하는 불편함이 주는 설렘 때문에 이 앱이 오히려 인기를 누리고 있다. 기성세대에겐 아날로그가 지난 시절로의 '향수' 같은 의미로 쓰이는데 모바일 세대에겐 아니다. 오히려 아날로그는 경험하지 못했던 새로움이다. 기꺼이 몸을 움직여 찾는 불편함과 그에 따라 오는 재미가 가져오는 특별한 즐거움이 아날로그에 숨어 있다. 불편함이 주는 새로움이라는 오묘한 조화 속에, 모바일 세대가 열광하는 그 무엇이 숨어 있는 것이다.

'신선함', '감각의 부활', '실물의 소장 가치' 등은 아날로그의 가치를 말할 때 자주 언급되는 이야기들이다. 이 같은 아날로그의 특징에 주목하고 마케팅에 활용하는 기업들도 많다. 아날로그 마케팅의 매력은 타깃의 '확장성'이다. 기업에게 있어서 디지털마케팅 대상연령은 대개 20~40대 초반이다. 문제는 이들이 당장 수익으로 이어지는 타깃은 아니라는 점이다. 실제 구매력은 40~50대가 갖고 있기 때문이다. 그러나 그렇다고 해서 미래의 고객을 무시할 수는 없다. 기업들은 바로 이 지점에서 아날로그를 떠올린다. 아날로그를 키워드로 하면 마케팅 타깃이 20대부터 50대까지 확장될 수 있다는 것이다. 기업 입장에서는 적은 비용으로 마케팅 효과를 극대화할 수 있다. 모바일, 디지털 세상이 가속화될수록 '아날로그 감성'에 주목해야 하는 이유다. 이에 백 투더 컬처(Back To The Culture), 즉 아날로그 노스탤지어가 새로운 트렌드의 핵심어가 되고 있다. 오히려 디지털이 극단화되다 보면 반발 심리로 감성적인 것을 찾는 방어시스템을 갖는 게 인간의 본성이며, 이에 따라 아날로그로의 회귀가 새로운 트렌드로 떠오르는 것이다.

디지털 시대에 아날로그가 주목받는 가장 큰 이유는 인간성 회복, 즉 휴머니티(Humanity)에 대한 그리움에서 찾아진다. 느림의 철학, 추억 비즈니스, 슬로우 푸드 등은 이와 유사한 맥락에서 해석된다.

3. 실버콘텐츠 개념 및 특징

콘텐츠 개념에 대한 이해

실버콘텐츠를 정의하기 전에 앞서 '콘텐츠(Contents)'에 대한 이해가 필요하다. 콘텐츠의 사전적인 의미는 두 가지가 있다. 첫째는 '내용, 알맹이, 목록' 등을 의미하며, 둘째는 '만족시키다, 기쁘게 하다' 등의 의미로 사용된다. 따라서 콘텐츠의 본래 의미는 "(구체적인) 알맹이이자 내용인 동시에 이를 통해 만족을 줄 수 있는 것"이라는 의미로 유추 해석할 수 있다.

사전적 정의로 보면, 라틴어 'contentum'에서 유래된 단어로 '담겨 있는 것(thing contained) 또는 내용물'(Oxford English Dictionary, 2007)을 의미한다. 가장 널리 인용되는 개념으로서 콘텐츠는 논문, 서적, 문서의 내용이나 그 목차를 의미하는 과거의 개념을 넘어서 영화, 방송, 뉴스 등 미디어의 내용이나 게임, CD-ROM 타이틀 등 컴퓨터 관련 저작물의 내용을 지칭하는 용어로 사용되고 있다. 따라서 콘텐츠산업의 범위에는 출판, 정보서비스, 영상물, 게임 및 소프트웨어 등을 모두 포함하는 것으로 볼 수 있다. 결국 콘텐츠라는 것은 미디어를 통해 전달되는 내용물 및 메시지 등 인간의 창의적 산물로 경제적, 문화적 가치를 가지는 것을 의미한다. 상품화되어 생산, 유통, 소비 등 일련의 과정을 통해 부가가치를 창출하는 것이다.

콘텐츠는 다분히 문화적, 또는 심미적 즐거움(pleasure)의 성격을 지니며, 기호 혹은 코드의 체계(system of codes)로 구성되어 있다. 콘텐츠 상품의 가장 중요한 특징 중의 하나는 바로 문화적인 산물이나는 점이다. 문화적인 생산물인 콘텐츠를 생산·유통·소비하는 산업인 콘텐츠산업은 창조(Creative)산업이며, 창조산업은 곧 이야기(Story)산업이다. 스토리는 재미와 감동지향의 원천 상품이다. 따라서 콘텐츠 비즈니스는 스토리를 창안하여 상품화하고 스토리 소비자를 창출하는 것이라 하겠다.

콘텐츠 상품의 가장 중요한 특성은 문화적인 산물이라는 점이다. 일반적으로 콘텐츠 상품은 표준화되기 어렵다는 속성, 공공재적 특성, 정보재적·의미적인 속성을 갖는다. 콘텐츠 상품의 의미적 속성은 콘텐츠 상품을 여타의 재화와 구별하는 가장 큰 특징이다. 콘텐츠 상품이 제공하는 효용은 다분히 문화적, 또는 심미적 즐거움의 성격을 갖고, 기호 혹은 코드의 체계(system of codes)로 구성되어 있다. 따라서 콘텐츠 상품의 가치는 의미를 발생시키는 기호의 논리에 직접적인 영향을 받고, 이 점이 콘텐츠 상품을 여타의 재화와 구별 짓는 가장 두드러진 특징이다(김원제·송해룡, 2015).

실버콘텐츠 개념 정의

적극적이고 능동적인 삶을 추구하는 액티브 시니어의 부상으로 스마트 실버계층이 부상하고 있다. 이러한 액티브 시니어들의 심리적 불안, 정서적 불안, 사회적 소외감 등을 해소하고, 정신적 건강과 삶의 활력을 북돋우기 위해서는 사회적 서비스가 요구되는데, 소위 실버힐링 콘텐츠가 그것이다. 실버힐링 콘텐츠는 실버세대의 정신과 육체를 건강하게 유지하고, 웰에이징(well-aging)을 실현할 수 있도록 도와주는 유무형의 뉴에이징(new-aging) 콘텐츠를 의미한다. 실버세대의 정서적 불안감과 사회적 소외감 등을 해소하고, 정신적 건강과 삶의 활력을 북돋우기 위해서는 노인들이 쉽게 이용할 수 있는 음악과 춤, 그리고 오락성이 가미된 종합적이며 기능적 콘텐츠가 필요하다. 기능적 콘텐츠를 통해서 활동적인 여가시간 활용, 가족 간의 세대 차이를 극복하고, 노인들의 정신적·육체적 건강까지 유지 가능하다.

실버콘텐츠는 고령화사회에서의 적응, 노년준비, 세대통합, 가족기능 변화, 지식정보화사회에로의 적응, 자산관리서비스 및 금융상품, 고령친화 제품 및 서비스 구입 등과 관련하여 향후 광범위하게 요구되며 생산될 것으로 전망된다. 특히, 노인들의 고독감 극복과 봉사의 즐거움 제공, 노인정보화 교육, 문화 및 생활정보, 취업 및 사회봉사정보 등과 관련하여 노인과 관련이 있는 공공 및 민간자원에 대한 콘텐츠 개발이 긴요하며 필요한 실정이다.

힐링콘텐츠 콘셉트

앞으로 실버콘텐츠는 그 지향점을 힐링콘텐츠 콘셉트에 맞추어야 할 필요성이 제기된다. 감성, 행복, 평안을 추구하는 콘텐츠 속성을 의미한다. 현재의 청장년과 유사한 콘텐츠 감성을 지닌 스마트 실버세대를 대상으로 한 콘텐츠 콘셉트이어야 하기 때문이다.

실제로 대한민국은 요즘 책, TV, 영화, 여행, 공연, 외식, 식품, 아파트까지 '힐링(Healing)' 열풍이다. 힐링 이전에는 '웰빙(well-being)'이 있었다. 웰빙은 2000년대 초반 물질만능주의와 과다경쟁사회에 지친 현대인의 새로운 삶의 방식으로 대두되었다. 웰빙을 추구하는 웰빙족은 부(富)의 축적보다 심신의 건강과 행복을 추구한다. 이러한 웰빙의 개념에서 한걸음 더 나아가 마음의 위안과 치유까지 확대된 개념이 바로 힐링의 콘셉트이다.

그렇다면 이러한 개념들이 최근 우리 사회에 중요한 화두로 자리잡은 까닭은 무엇일까? 그만큼 대한민국이 '아프다'는 뜻일 것이다. OECD 회원국 중 자살률 1위가 대한민국이고, 그에 비례해 행복지수도 24위에 머무르고 있다. 이런 아픔의 상처를 치유하고 또 다시 내일을 살아갈 힘을 얻기 위해 오늘도 우리는 적극적으로 '행복'을 찾고 있는지 모르겠다. 이에 아픔을 치유하며 행복을 추구하는 힐링 콘텐츠의 가치가 최근 빛나게 된 것이다.

힐링콘텐츠는 콘텐츠 안에서의 어떤 행위, 또는 결과에 대해 '치료'와 '정화(淨化)'라는 개념이 키워드로 '치료하여 맑게 바꾸어준다'라는 중심축의 개발 방향성을 가진 기능성 콘텐츠이다. 급속한 사회환경의 변화와 더불어 디지털 환경이 미래에 대한 대비 없이 발전되어 오고 있는 상황에서 인간의 정신과 육체에 무해한 정보 또는 내용물로 이루어져 있고 특히 소외계층과 사회소수 및 약자를 먼저 고려하며 치료하고 정화하는 기능이 있는 긍정적인 콘텐츠를 의미한다. 대부분의 사람들은 각자의 내면 안에 열등하고 어두운 부분들이 있다. 힐링콘텐츠에는 이러한 것들을 의식 밖으로 꺼내어서 치료하고 정화하는바, 인격의 재조절과 성격의 변화를 통해 정신과 육체에 건강한 상태를 가져오게 하는 기능적 측면이 있다. 또한 힐링콘텐츠는 사회적으로는 사회의 일반적 관념과 틀, 사회 규범, 생활 규범, 인간질서 규범 및 환경적인 요소 등을 치료하고 정화하는 역할도 수행한다.

한편, 스마트미디어 환경에서 힐링콘텐츠는 지속적으로 진화하고 있는데, 일상생활 속에서 정서적으로 어려움을 겪고 있는 일반인 및 장애인을 대상으로 정서적 균형과 심리적인 안정을 목적으로 하는 스마트 디바이스 기반의 콘텐츠로 자리매김하고 있다.

2장 유망 실버콘텐츠 분야

1. 방송

방송통신위원회의 방송매체이용행태조사결과(2017)에 따르면, 우리나라 60대 이상 국민의 85%는 하루도 거르지 않고 TV를 시청하고 있으며, 이 비율은 20대 이하의 약 2배에 달한다. 또한 60대는 77.4%, 70대는 93.4%가 TV가 일상생활에서 필수적인 매체라고 응답하였고, 지상파와 종합편성채널 시청을 선호하는 것으로 나타났다.

노인들이 TV를 좋아하는 것은 노년기의 신체적·경제적·사회적 환경과 관련이 깊다. 첫째, TV는 인쇄물이나 라디오와 달리 시청각을 동시에 사용하기 때문에 감각기관의 쇠퇴를 겪고 있는 노인들이 쉽게 다가갈 수 있다. 둘째, 연금 수입 등이 보장된다 하더라도 대다수 노인은 제한된 수입에 의존하기 때문에 저렴하거나 무료인 TV는 강한 경쟁력을 갖는다. 셋째, 노인들은 TV를 시청할 수 있는 충분한 여가시간이 있다. 넷째, 자발적으로 사회적 활동에서 은퇴한 노인들은 미디어 이용이 늘어나지 않지만, 은퇴를 원하지 않았는데 퇴직하게 된 노인들은 잃어버린 활동의 대체물로 미디어를 대한다. 그래서 은퇴한 노인과 독거노인들은 직업이 있거나 배우자가 있는 노인들보다 일일 TV시청 시간이 더 길다(홍명신, 2013). 결국 20대들이 인터넷 기반의 뉴미디어들을 통해 콘텐츠를 소비하고 있는 동안, TV 시청자들의 고령화가 진행 중인 것이다. 이에 따라 방송 프로그램도 시니어층을 대상으로 하는 프로그램이 많이 제작되고 있다.

2018년 인기와 화제를 모으고 있는 프로그램인 SBS <미운오리새끼>에도 시니어가 직접 등장한다. 결혼을 하지 않은 자식을 둔 스타들의 어머니가 주인공이다. 어머니들의 시원한 입담에 많은 시청자들이 공감하며, 이례적으로 스타가 아닌 이 프로그램에 출연 중인 어머니들에게 2017년 SBS연예대상이 돌아가기도 했다. KBS에서도 묵묵히 상위의 시청률을 유지하고 있는 프로그램은 모두 시니어들이 즐겨보는 장수 프로그램이다. KBS1의 <전국노래자랑>은 1980년부터 방송되어 40년 가까이 인기를 이어오고 있다. 1927년생으로 90세를 넘긴 진행자 '송해'가 없었더라면 이러한 인기는 불가능했을 것이다. 고령에도 그의 열정적이고 건강한 진행은 고령의 시청자들에게는 빼놓을 수 없는 재미와 감동을 선사하고 있다. KBS1 <6시내고향>과 <가요무대>도 시니어 시청자들의 꾸준한 사랑을 받고 있는 인기 프로그램이다. <6시내고향>은 고향에 대한 향수와 더불어 생활 정보들을 담고 있다. <가요무대>는 10대 시청자들을 위한 가요 프로그램들 속에서 시니어들이 듣고 싶고 보고 싶은 가수들이 출현해 고령 시청자층의 니즈를 충족시키고 있다. 토요일 오전에 방송되는 <시니어토크쇼 황금연못>은 토크를 통해서 시니어들의 개성과 진솔함을 엿볼 수 있는 프로그램으로 세대 간의 갈등을 해소하기 위해 기획되어 10% 안팎의 비교적 높은 시청률을 보이고 있다.

지상파뿐만 아니라, 종합편성 채널과 케이블 채널의 인기 프로그램들도 시니어 시청자들을 확보한 프로그램들이 인기다. tvN <꽃보다 할배>를 기점으로 '시니어 예능'이 본격적으로 등장하고 있으며, 젊은이의 전유물로 알려진 힙합대결을 주제로 한 JTBC <힙합의 민족>에서는 여성 시니어들이 힙합초보인 멘티로 등장하여 소위 '할미넴(할머니와 미국의 힙합가수 에미넴의 합성)'이라는 신조어가 등장했다. 그 밖에도 종편채널인 MBN의 <나는 자연인이다>도 자연으로 돌아가고 싶어 하는 현대인들의 욕구를 대리 충족해주며 시니어들의 사랑을 받고 있다. 이러한 시니어 예능들은 시니어와 젊은층 간 교감을 만들어내려는 시도가 두드러진다. 이들 프로그램은 예능적 요소를 활용해 독거노인, 노인빈곤 등 노인에 대한 부정적인 편견을 깨고, 시니어세대에 대한 긍정적인 이미지를 더한다. 방송에서 감초 역할만 했던 시니어 배우들이 주변인 아닌 중심으로 편입되고 있다. 예능이나 드라마에서 항상 조연으로 치부되던 중년, 노년 세대들이 주인공으로 활약이 두드러진다. 시니어들의 여행, 패션 등에 대한 관심이 높아지고 있음을 반영한다. 하지만 흥행요인을 갖춘 프로그램들은 시니어들을 위한 프로그램이 아닌, 시니어들을 활용한 젊은 세대를 위한 콘텐츠들이 많은 게 현실이다. 시니어들이 진정 즐길 수 있는 콘텐츠가 필요한 상황이다.

TV와 함께 라디오도 시니어들에게는 친근한 매체이다. 노화로 인한 질병이나 장애로 인해 거동이 자유롭지 못한 노인들의 경우에도 쉽게 다가갈 수 있기 때문이다. 국내 라디오의 경우 시니어 대상 프로그램들은 주로 새벽 4시에서 6시에 방송되고 있다. 새벽잠이 없는 시니어들의 특성을 반영한 것이라 할 수 있지만, 보편적인 생활을 고려해봤을 때 편성 시간이 아쉬운 부분이다. 현재 KBS1 라디오의

<행복한 시니어>는 새벽 4시부터 5시에 편성되어 있다. SBS러브 FM <유영미의 마음은 언제나 청춘>은 새벽 5시부터 6시 사이에 방송된다. 그 밖에 낮 시간대에 방송되는 MBC표준FM <지금은 라디오시대>, <싱글벙글쇼> 등이 중장년층의 청취율이 높게 나타나고 있다. 하지만 현재 노인 라디오 프로그램의 대상 청취자 연령을 60대 이상으로 간주하는 경향이 높다. 청취 대상을 50대까지 연령층을 내려 더욱 다양한 프로그램을 시도해볼 필요가 있다.

시니어 예능의 시작, 포맷수출로도 이어진 TV예능 <꽃보다 할배>

TV에서 시니어 예능의 본격적인 시작을 알린 것은 tvN의 <꽃보다 할배> 시리즈이다. 그동안 드라마를 통해 왕, 재벌회장, 가부장적 아버지 등으로 주로 출연했던 원로 배우인 이순재, 신구, 박근형, 백일섭이 예능에 출연한다는 것만으로도 화제를 모았다. 출연 당시 그들의 평균 연령 76세로 젊은 층을 대상으로 하는 예능에서는 좀처럼 만나기 힘든 배우들이었다. 이들의 가이드를 자처하는 배우도 이서진이라는 중년배우이다. <꽃보다 할배>(이하 꽃할배) 시리즈는 스페인을 시작으로 그리스 대만까지 배낭 여행기를 그린 예능 프로그램으로 브라운관에서 시니어들의 활동 폭을 넓혔다. 또한 꽃할배는 그동안 실버세대가 지닌 상대하기 어렵고 '꼰대' 이미지에서 벗어나 '즐겁고 활동적인 노인층' 이미지를 보여줌으로써 실버세대뿐만 아닌 젊은 층의 시청자들에게 인기를 끈 것이 특징이다. 이 프로그램의 포맷은 예능 프로그램으로는 이례적으로 미국, 일본, 대만, 홍콩 등 12개국에 판매되었다. 그중 미국 지상파 방송 NBC에서 방영된 '미국

판 꽃보다 할배 (Better Late Than Never) 시즌1'의 첫 방송은 전 채널 동 시간대 1위를 차지했으며, 시즌 2도 높은 시청률을 기록했다.

무엇보다 <꽃보다 할배> 시리즈는 실버세대가 즐길 만한 다양한 문화 공연 및 레저산업이 활기를 띠게 되는 계기를 마련했다는 평이다. 당시 젊은 층이 즐겨 찾는 '이지캐주얼' 의류를 구매한 60대 이상 고객 매출도 동반 상승하는 등 실버산업의 새로운 트렌드를 이끌기도 했다.

'끝나지 않았다. 여전히 살아 있다'는 캐치프레이즈를 내건 시니어 인생찬가 <디어 마이 프렌즈>

"끝나지 않았다. 여전히 살아 있다"고 외치는 '황혼 청춘'들의 인생 찬가를 그린 드라마 <디어 마이 프렌즈>는 2016년 5월부터 7월까지 tvN 방영된 작품으로 제작 전부터 많은 화제를 모았다. 인간에 대한 따뜻한 시선을 담은 작품으로 유명한 스타작가인 노희경의 작품으로 각자 다른 작품에서 할머니, 할아버지 역할로 활약하고 있는 배우들이 한 작품에서 만나 이목을 끌었다. 배우 고현정과 더불어 극을 이끌어갈 주인공으로 김혜자, 나문희, 주현, 김영옥, 신구, 윤여정, 고두심, 박원숙까지 당시 출연 배우들의 평균 나이는 73세로 그야말로 시니어들이 극을 꽉 채우게 된 것이다. 이들 출연진은 일명 '시니어벤져스(시니어+어벤져스)'로 불리며 작품에 대한 기대감을 높였다. 이 드라마는 그동안 우리가 애써 외면해왔던 시니어들의 삶을 조연이 아닌 주인공으로서 전면적으로 내세운 작품이다. 드라마에서 노인들의 이야기를 판타지로 담아내기보다는 일상에서 흔히 볼 수 있는 '꼰대들'의 모습 그대로를 표현한다. 이들의 삶을 37세 작가 고현정의 시선으로 풀어낸 것이다. <디어 마이 프렌즈>는 출연진의 연기력뿐만 아니라, 시니어들의 다양한 삶을 조명하며, 노인·여성·장애인 등 사회적 약자를 깊이 들여다보고 세대 간 갈등과 화해를 보여줬다는 점에서 긍정적인 평가를 받았다.

실버전용 채널을 표방하는 '실버아이TV'

시니어를 대상으로 하는 TV채널들도 최근 생겨나 시니어세대들에게 관심을 받고 있다. 실버아이TV는 노년층과 제2의 인생의 시작을 준비하기 위한 정보, 교양, 오락 채널로 케이블 및 IPTV를 통해 시청할 수 있다. 채널 실버아이TV에서는 노인교양(특강, 시니어포럼, TV노인대학 등), 노인정보(정책, 재취업, 의료, 금융), 노인오락(전통가요문화, 건강체육, 여가 등) 등의 콘텐츠를 제공하고 있다. 자체 제작 비율은 80%로 간판 교양 프로그램 <7080 시니어 특강>은 VOD 판매량이 높은 편이다. <7080 시니어 특강>에서는 소통, 건강, 자기계발, 인생 역경 등 다양한 분야의 전문가들이 출연하여 중년층이 공감할 수 있는 정보를 제공하고 있다. 이 채널은 노인 전문채널이지만 정보, 교양 프로그램 외에도 예능 프로그램 제작에 힘을 쏟고 있다. 특히, 실버세대 성생활 관련 고민을 유쾌하게 풀어낸 <박세민의 성인토크쇼 49금>은 부부관계, 불륜과 외도, 갱년기 트러블 등 중장년층의 성생활을 다루고 있는데, 신경정신과 전문의와 성교육 전문가가 출연해 고민 해결에 직접적으로 도움을 제공하고 있다. 이 외에도 중장년층의 니즈와 그들이 열광하는 문화코드를 반영하여 <가요넘버원>, <스타쇼리듬댄스>, <홍순아의 신중년 멋쟁이>, <쫄지마! 新중년> 등의 교양, 오락 프로그램도 방영한다.

50~60대 일반인 시니어들의 꿈을 찾는 여정, <불량 시니어클럽>

교육방송인 EBS에서 먹고사느라 꿈을 잊고 살아온 50~60대 시니어들이 뒤늦게나마 자신의 인생을 찾아나서는 모습을 조명한 교양 프로그램을 방영해 화제를 모았다. 출연자들의 첫 번째 도전은 트로트 댄스 그룹이다. 50~72세까지 전국에서 지원자가 몰려들었고, 200대 1의 경쟁률을 뚫고 17명이 오디션에 참가해 최종 5명이 선발되었다. 아버지의 반대로 가수의 꿈을 접어야 했던 코미디언 고(故) 배삼룡 씨의 아들, 작곡가 박춘석의 마지막 애제자, 복서 출신 시니어 등이 선발자의 면면이다. 이들을 훈련시키기 위해 '사랑을 위하여'를 부른 가수인 김종환과 바다새 출신 가수 김성기, '사랑은 나비인가 봐'를 작곡한 박성훈, '나는 행복한 사람'의 작사·작곡가 오동식, '사랑은 아무나 하나'의 작사가 이건우가 한자리에 모여 이들의 데뷔를 지원하였다. 이 프로그램은 고령화사회에 접어든 한국에서 '액티브 시니어', '뉴 시니어'로 불리는 50~60대의 젊은 노인들이 예전 세대와 달리 뒷방 늙은이를 거부하면서 자신의 삶을 능동적으로 개척하는 모습을 감동 있고, 흥미롭게 그렸다는 평가를 받았다.

중장년층의 입소문을 타며 시청률 효자 된 KTV의 고전 프로젝트

이선에노 **KBS**에서 방영했던 예능 <남자의 자격>에서 일반인 시니어들이 오디션을 통해 대한민국 대표 시니어 합창단으로 거듭나는 '청춘합창단'이 방영된 바 있지만, 이렇게 일반인 시니어들의 꿈을 위한 도전을 주제로 한 방송 프로그램들은 인생 2모작을 꿈꾸는 액티브 시니어들의 도전정신과 맞물려 향후 인기 있는 시니어 대상 프로그램 포맷이 될 가능성이 높다고 하겠다.

중장년층의 입소문을 타며 시청률 효자 된 KTV의 고전프로젝트

밤 9시 <서울의 달>→9시45분 <전원일기>→10시30분 <상도>→ 11시 <순풍산부인과> 등 1980년, 1990년대 드라마 편성표를 2018년 현재 KTV(한국정책방송원)에서 볼 수 있다.

매일 밤 9시부터 TV에서는 80~90년대가 펼쳐진다. KTV가 과거 드라마를 원본 그대로 다시 내보내는 이른바 '고전 프로젝트'의 일환이다. <상도>(2001년), <서울의 달>(1994년), <전원일기>(1980년), <순풍산부인과>(1998년)까지 멀게는 30년도 더 된 드라마들이 다 시 방영되며 입소문을 타고 있다. 주요 시청층인 장노년층이 좋아할 만한 프로젝트를 고민하다가 옛날 드라마를 선택한 것인데, 채널 시청률이 갑절 이상 뛰는 등 기대 이상으로 반응이 좋다.

고전 프로젝트의 시작은 단막극이었다. 1980년에 방영한 <TV 문학관>과 1983년 방영한 <베스트셀러극장>을 2010년 차례로 선보이면서 시청자들의 반응을 살폈다. 채널을 돌리다가 뜬금없이 찾아온 '샴푸의 요정'(베스트셀러극장)에 관심을 가지게 된 시청자들이 하나둘 챙겨보기 시작했고, 2015년 10월 5일부터 <여명의 눈동자>를 주 1~2회 편성한 것을 시작으로, <세 친구>, <사랑이 뭐길래>, <한 지붕 세 가족>, <아들과 딸>, <허준>, <대장금> 등의 드라마 장편을 내보내며 고전 프로젝트를 본격적으로 가동하였다. 국민 드라마라고 불리던 <전원일기>를 월요일부터 금요일까지 매일 내보내기 시작한 2016년 2월 시청자들의 반응이 폭등했다.

화질도 안 좋고, 봤던 이야기를 다시 방영하는 것에 대한 회의감도 있었지만, 오히려 시청자들은 세대를 가리지 않고 빠져들고 있다. 옛 드라마를 보며 희망을 갖고 살았던 젊은 날을 추억하는 것이다. 아이돌 위주로 어른들이 마땅히 볼 드라마가 없는 것도 장노년층을 옛 드라마에 빠져들게 하는 중요한 원인이 되었다. 물론 채널 자체의 인지도를 높이려는 전략이지만, KTV의 고전 프로젝트는 의외로 요즘 드라마에 시사하는 바가 크다. 말초신경을 자극해 시청률 높이는 데 혈안인 막장드라마와 달리 보고 나면 편안하고 행복해지는 드라마 본연의 임무에 충실하고 있다. 내용이 대부분 소시민의 소소한 일상을 그린다. 이렇게 오래된 고전 콘텐츠 중에서 시니어들의 관심과 향수를 불러일으킬 수 있는 드라마 등을 선별하여 방영하는 것도 훌륭한 시니어 콘텐츠전략이 될 수 있음을 KTV의 사례를 통해서 확인할 수 있다.

느림의 미학을 다루는 프로그램, <슬로우 TV>와 <나는 자연인이다> 사례

노르웨이의 <슬로우 TV>와 MBN의 <나는 자연인이다>. 이 두 개의 프로그램은 실버콘텐츠의 지향점을 강력하게 보여주는 사례들이다.

2009년, 노르웨이의 한 방송사에서 동서횡단 520㎞ 구간(베르겐~오슬로)의 철도여행을 7시간 4분 무삭제 방송했다. 4대의 카메라로 기차 정면에 고정하거나 옆면에 달아 철길 주변 경관을 찍도록 설치하고 기차가 출발했다. 기차가 지나는 자연경관이 나오고 160개 터널을 지나 중간중간 준비해놓은 아카이브 영상(철도 역사 관련 자료화면)을 넣고 음악도 추가했다. 평소 시청률이 낮은 NRK(노르웨이 공영방송)가 금요일 프라임타임에 편성했다. 노르웨이 전체인구 500만 명 중 120만 명이 시청하고, 수천 명이 소셜미디어 통해 프로그램에 대해 이야기하기 시작했다. "76년 평생 최고 프로그램이었다. 마지막 역에 기차가 들어설 때 나도 모르게 짐 챙기려고 일어서다 커튼봉에 부딪혔다. 그제서야 내가 거실에서 TV를 보고 있다는 사실을 깨달았다"는 SNS사연이 화제다.

프로그램을 본 시청자들이 트위터로 의견을 주기 시작했다. 기차여행보다 훨씬 긴 시간이 소요되는 노르웨이 해안을 따라 운행하는 유람선을 찍자는 것이다. 배경음악이나 그래픽에 대한 의견 등 다양한 아이디어가 시청자들로부터 획득했다. 1년 동안의 기획을 거쳐 '슬로우TV'팀 23명은 유람선에 탑승했다. 연안선 여행을 생방송으로 기획했다. 유람선 출발을 앞두고 인파가 몰려들어 국기를 흔들며

환호를 보내고, 등대에 올라보는 사람, 보트 타고 따라오며 피켓 퍼포먼스하는 사람 등 다양한 사람들의 모습이 방송화면에 담겼다. 134시간 42분 생방송으로 기네스북에 최장 다큐멘터리로 기록되었다. 방송된 2011년 6월 36%라는 최고 시청률을 기록하고 320만 명이 시청했다. 이후 연어낚시(18시간), 새 관찰(14시간), 뜨개질(9시간), 벽난로나 숲 속에서 장작불을 때는 모습(8시간) 등을 계속해서 기획하며 현재 1년에 두 차례 정도 방영하고 있다.

<슬립(Sleep)>은 1963년에 만들어진 앤디 워홀의 첫 영화로, 시인인 존 조르노가 잠자는 모습을 5시간 동안 방영한다. <이트(Eat)>에서는 누군가 계속해서 먹고 있는 장면을 보여주고, <엠파이어(Empire)>에서는 엠파이어 빌딩의 8시간을 그대로 보여주기도 한다. 반복되는 일상의 한 장면을 그대로 담은 그의 영화는 극도의 지루함과 예술성 사이에서 아슬아슬한 줄타기를 하는데, 슬로우 TV는 워홀의 60년대 영화가 가진 양식을 TV 속으로 가져온 것이라 하겠다.

<슬로우 TV>의 사례가 시사하는 바는 첫째, 제작자의 앵글과 관점에서 편집된 영상을 수동적으로 시청하던 행태에 싫증을 느끼기 시작했다는 점이다. 이제 사람들은 남의 시선으로 세상을 내다보는 것이 아니라 자신의 눈으로 세상을 해석하는 방식으로 소통하고 참여하길 희망한다. 둘째, 가끔은 느려지고 싶은 욕구가 있다는 사실이다. 몸이 세상의 변화속도를 따라가지 못할 때 사람들은 지치고 병이 생기는 법이다. 잠시 멈춰서면 보이는 것들이 생기고 효율성의 굴레를 벗어던질 때 창의적인 발상도 가능하다.

방송은 어떤 특정 장면을 선택하지 않고, 모든 순간은 선택되거나

버려시시 않는다. 느린 속노('느림')가 주는 기나긴 시간 속에서, 우리에게는 생각의 틈이 주어진다. 시청자들은 화면 내에서 각기 다른 것을 보게 된다. 누군가의 해석과 해설 없이 스스로 그 안에서 재미를 찾아내고, 함께 호흡하게 된다.

노르웨이 NRK2 <슬로우 TV 2009: Bergensbanen> / nrk.no

노르웨이 NRK2
<슬로우 TV 2013: a journey from Oslo to Kirkenes> / nrk.no

국내에도 <나는 자연인이다>라는 느림의 미학을 담은 아날로그형 예능 프로그램이 있다. MBN에서 방영하는 교양 프로그램으로 자연인과 대화하는 내용을 담았다. 2012년 8월 첫 방송을 시작한 방송은 MBN 대표 장수 교양 프로그램으로 자리매김했다. 프로그램의 주인공은 제목대로 '자연인'이다. 깊은 산골이나 진입이 어려운 섬에서 전기, 수도 시설도 없이 자연 속 삶을 영위하는 사람들이다. 민가와 동떨어진 외딴 집에서 나홀로 5~20년여 살고 있는 주인공은 대부분 50~70대 남성들이다. 드물게 40, 80대도 있고, 아주 드물게 여성 혹은 모자·부부 자연인도 있다.

방송은커녕 일반인들도 잘 만나지 않는 그야말로 혼자 살고 있는 분들의 삶을 그저 관찰하는 프로그램인데도 시청률이 7%가 넘는다. 수요일 밤 본방 외에 시도 때도 없이 하는 재방송 덕도 있겠으나 산속에서 자급자족하고 사는 자연인들을 보고 있자면, 어느새 그 삶을 동경하게 된다. 저마다의 사연을 간직한 자연인들은 자연과 동화되어 욕심 없이 하루하루를 살아간다. 산에서의 삶은 대개 비슷하다. 아침 일찍 일어나 운동을 하거나 동물들을 돌보고, 산에 올라 먹을거리를 찾는다. 자연을 벗 삼아 노래하고 자신만의 메뉴로 자연식 밥상을 차린다. 오후에는 장작을 패 땔감을 준비하고 집안 이곳저곳을 보수한다. 산이라는 결코 평범하지 않은 삶을 선택한 사람들은 자연 속에서의 삶을 통해 여유와 자존감 그리고 행복을 찾는다. 힐링의 목적으로 산을 찾는 경우도 있다. 방송은 평범한 우리 이웃의 이야기를 전하는 동시에 자연인 각각의 삶의 다양한 사연을 풀어낸다.

산 속 깊은 외딴 곳, 방송에 출연하는 자연인들은 대부분 50대 이상의 남성이다. 방송에서는 그다지 특별한 것을 담지 않는다. 개그맨

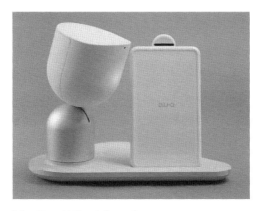

(https://www.intuitionrobotics.com)

<토크형 로봇 엘리큐>

이 이들을 찾아가 며칠을 함께 지내며 일상에 스며드는 내용이다. 버
라이어티한 삶에 재미를 느끼고 추구하는 젊은이들의 감성과는 다소
동떨어져 보이는 방송이, 젊은 층도 찾아보게 된 이유는 '짤'에 있다.

'아재' 취향저격 방송이 젊은 층도 찾아보는 방송이 되었다. 온라
인 커뮤니티에는 <나는 자연인이다>의 레전드 편을 모아놓은 게시
글을 심심찮게 볼 수 있다. 10~20대 젊은 층의 유저들이 방영됐던
짤을 재생산시키고 이로 인해 게시글이 확산되면서, 아빠들(아재들)
의 소위 '최애(最愛) 프로그램'에도 소소한 재미가 있다는 것을 알게
된 것이다. 시청자들이 이 프로그램을 꾸준히 찾는 이유 중 하나는
대리만족감에 있다. 실제 자연인들이 떠나왔던 삶에서 우리는 여전
히 살기 때문에 그들의 삶을 통해 자연을 느끼고 힐링하게 되는 것
이다. 나는 당장 자연인과 같은 삶을 살 순 없지만, 방송에서 보이는
자연친화적인 삶을 통해 시청자들은 함께 휴식하게 된다. 한 시간
남짓한 방송을 통해 시청자들은 나와는 다른 선택을 한 사람들의 일

상을 엿본다. 산을 선택한 사람들의 삶을 통해 우리는 앞만 보고 달려온 삶들에 대해 회고하고, 주변을 둘러보는 마음을 가진다. 조금은 천천히 그리고 느리게 살아도 우리는 여전히 무리 없이 삶을 살아갈 수 있다고. 그 이치가 많은 자연인들이 산을 통해 얻게 된 행복의 교훈으로 다가오고 있다.

<나는 자연인이다>는 바로 그들이 떠나왔던 자리에 서서 도시의 삶을 살아가는 시청자들에게 소박하지만 강력한 행복감을 선사한다. 그것을 직접 실천하기는 어려워도 그걸 슬쩍 보며 단 한 시간만이라도 도시의 각박한 삶에서 벗어나고픈 그 욕망을 건드리고 있는 것이다. 실제로 이 프로그램을 보고 있다 보면 도시의 그 많은 룰들이 너무나 인위적이고 가짜 같다는 느낌을 갖게 된다. 오히려 자연인의 삶이 본질에 가깝다는 걸 깨닫게 되는 것이다.

현대인들은 다양한 콘텐츠들을 이용하면서 심신의 아픔을 치유하거나 행복을 구한다. 대한민국에 노래방이 넘쳐나는 이유는 일상의 행복을 구하고자 하는 아픈 영혼들이 그만큼 많다는 것일 것이다. 국민이 행복해야 국가도 행복할 수 있다. 개인 스스로 치유(행복)를 위해 노력하는 것도 중요하지만 국가의 사회적 치유(행복)에 대한 노력도 필요하다. 행복을 찾는 사람들이 더 쉽고 다양한 콘텐츠를 제공받을 수 있도록 행복콘텐츠에 대한 고민이 범사회적으로 지속되어야 할 것이다.

2. 영화

그동안 국내의 시니어를 대상 혹은 주제로 한 시니어영화는 노인의 성적인 문제를 다룸으로써 관객의 말초적인 감성을 자극하거나, 손자 또는 동물과의 사랑을 다룬 것들이 주류를 이루었다. <죽어도 좋아>(2002)에서 시작된 실버세대와 '성' 관련 영화는 <은교>(2012)와 <야관문>(2013), <죽지 않아>(2013) 등이 있다. 손자나 동물과의 사랑 얘기는 <집으로>(2002), <워낭소리>(2008) 등이 대표적이다. 그만큼 시니어영화에 대한 영화계 전반의 상상력의 빈곤함이 느껴진다. 그러나 최근에는 이러한 주제의 편협함과 안일한 상상력 빈곤에서 탈피하여 실버세대들이 영화를 이끌어 가고, 실버세대들의 이야기를 담아내려는 진정한 의미의 시니어영화들이 제작되고 있는 추세이다.

충무로, 내공과 연륜의 시니어 배우 전성시대

영화계에서도 시니어의 바람은 거세다. 늘 감초 역할만 했던 시니어 배우들이 주변인 아닌 주인공으로 한 영화들이 점차 늘고 있다. 그중에서도 70대의 배우 윤여정의 활약이 돋보인다. 그녀는 2016년 <계춘할망>, <죽여주는 여자> 등 두 편의 영화 주연을 맡아 열연했으며, 최근에는 예능 프로그램인 <윤식당>을 통해 대중적인 인기를 이어가고 있다.

2017년 <아이캔스피크>는 많은 사람들의 예상을 깨고, 3백만이 넘는 관객을 동원하며 흥행 돌풍을 일으켰다. 이 작품의 주연으로 열연했던 나문희는 2017년 청룡영화제에서 일흔이 훌쩍 넘은 나이에 여우주연상을 수상했다. 연기를 시작한 지 56년 만에 여우주연상을 수상한 나문희는 "나의 친구 할머니들을 대신해 상을 받았다"라고 밝혀, 시니어들에게 감동을 전하기도 했다.

충무로에 '노풍(老風)'이 계속되고 있다. 젊은 배우들의 전유물로 여겨졌던 스릴러 영화 <반드시 잡는다>는 배우 백윤식이 주연으로 활약하였고, 시니어 무비를 표방한 <비밥바룰라>에서는 신구, 박인환, 임현식, 윤덕용이 출연해 욜로(You Only Live Once의 줄임말, 인생은 단 한 번뿐) 라이프를 대변한다. 충무로에서 시니어 배우들은 그동안 쌓은 탄탄한 연기력을 바탕으로 전성시대를 이어가고 있다.

요즘 드라마나 영화에서 특정 계층을 묘사하는 캐릭터를 제외하면 할아버지를 보기 힘들어졌다. 자식과 손자를 돌보는 할머니는 있지만 할아버지는 없다. 그런 가운데 이 시대 할아버지가 주인공인 영화가 바로 <비밥바룰라>이다. 영화는 암 선고를 받은 영환(박인환, 72)이 오랜 친구 순호(신구, 81)·현식(임현식, 72)·덕기(윤덕용, 75)와 함께 가슴속에 담아둔 일을 하나씩 실행해나가는 과정을 그린다. 자극적인 작품이 범람하는 극장가에서 <비밥바룰라>가 가지는 의미는 크다. 가장 특별한 것은 그동안 중심에서 밀려났던 노인들이 주인공이라는 점이다. 더불어 편하게 볼 수 있는 따뜻한 작품으로 가족관객의 선택 폭을 넓혀준다. 2018년 3월 집계누적 관객 수도 45,000여 명이 넘어서 노인영화의 성공가능성도 어느 정도 보여주었다.

실버세대의 진정한 고민을 담은 시니어 무비제작과 흥행

2014년 11월 개봉된 독립 다큐멘터리 영화 <님아 그 강을 건너지

마오>는 76년을 함께한 노부부의 사랑과 죽음에 대한 이야기로 480만 관객을 불러 모았다. 100세 가까운 나이에 10대의 감성으로 커플룩을 입고 서로를 사랑하는 두 주인공의 일상과 헤어짐은 관객들의 눈물을 쏟아내기 충분했다. 아무도 예상치 못했던 이 영화는 입소문을 타고 그야말로 흥행 돌풍을 일으켰다. 개봉 초기 153개에 불과했던 상영관은 한 달 만에 800개 가까이 늘었다. 더욱 놀라운 것은 관객 중 20대의 비율이 높았는데, 젊은 관객들에게는 노인들의 사랑이 아름다운 동화처럼 다가갔다는 분석과 동시에 어쩔 수 없이 고령화 사회를 살아가야 하는 현대 한국인들의 세대 간 공감대를 불러일으킨 점이 흥행요인으로 분석된다.

(출처: 네이버 영화)

〈 시니어 배우가 주인공인 영화들〉

한편, 노인들을 비롯한 사회적 약자에 대한 우리 사회의 복지문제를 다룬 작품도 있다. 2016년 칸영화제 황금종려상을 수상한 <나, 다니엘 브레이크>라는 영화이다. 이 영화의 주인공인 다니엘 블레이크는 심장병을 앓고 있는 목수이다. 그는 병이 악화되어 일을 그만두게 되자, 질병수당을 받기 위해 관공서를 찾았지만 '심장 빼고 모두 건강하다'는 이유로 심사에 탈락한다. 관공서에서는 그에게 항고하거나, 재취업 교육을 받은 뒤 실업급여를 신청하라고 하지만, 컴퓨터를 사용할 줄 모르는 노인에겐 장황한 절차가 복잡하고 힘들기만 하다. 결국 그는 아무런 복지혜택을 받지 못한 채 죽음을 맞이한다. 이 작품은 다니엘의 삶을 통해 인간의 존엄성이 특히 노인과 같은 취약 계층이 관료주의와 사람들의 무관심, 편견 속에 쉽게 무너질 수 있음을 보여준다. 이 작품에서는 이러한 인간다운 삶은 그저 나이가 들었다는 것만으로 외면 받을 수 없는 가치임을 상기시킨다.

다니엘의 장례식장에서 친구 케이티가 낭독한 다니엘의 글

나는 의뢰인도, 고객도 사용자도 아닙니다.
나는 게으름뱅이도 사기꾼도 거지도 도둑도 아닙니다. 나는 보험번호 숫자도 화면 속 점도 아닙니다. 난 묵묵히 책임을 다해 떳떳하게 살았습니다.
난 굽실대지 않았고, 이웃이 어려우면 그들을 도왔습니다. 자선을 구걸하거나 기대지도 않았습니다.
나, 다니엘 블레이크는 개가 아니라 인간입니다. 이에 나는 내 권리를 요구합니다. 인간적 존중을 요구합니다.

나, 다니엘 블레이크는 한 사람의 시민 그 이상도 그 이하도 아닙니다."

노인을 위한 영화축제, 서울노인영화제(SISFF)

서울노인영화제(SISFF, http://sisff.seoulnoin.or.kr)는 국내 유일의 노인영화제로 2008년 제1회를 시작으로 2017년 10회를 맞이했다. 소외의 대상인 노인을 문화의 주체로 끌어들임으로써 노년과 문화, 복지를 새로운 시각에서 바라보도록 이끌어주는 영화제로써 높은 평가를 받고 있다. 이 영화제는 노인 감독에게는 삶과 세상에 대한 연륜을 소통하며 풍요로운 노년과 자아통합의 장이 되도록 하며, 청년감독에게는 노인에 대한 고민과 공감의 계기를 통해 인식 전환의 기회를 제공하는 것을 목적으로 하고 있다. 매년 평균 약 3천여 명이 참여하고 있으며, 가장 최근 2017년 제10회 서울노인영화제는 CGV피카디리극장과 대한극장, 서울극장 등 역사와 전통의 종로극장에서 노인을 주제로 한 영화 70여 편이 상영되었다.

서울노인영화제는 단편경쟁영화제로 경쟁부문과 비경쟁부분으로 구성된다. 경쟁부분은 노인감독 부문과 청년감독 부문으로 극영화, 다큐멘터리, 애니메이션 등 장르 구분 없이 출품 가능하다. 노인감독 부문은 만 60세 이상 노인이 연출한 단편영화로, 노인세대의 다양한 시각과 정서를 표현한 영화들이면 주제 관계없이 출품 가능하다. 또한, 청년감독 부문은 만 60세 미만 젊은 세대가 연출한 단편영화로, 노인에 대한 시선과 감성, 노인문화, 세대통합을 담은 작품의 출품이 가능하다. 한편, 비경쟁부문은 노인세대에 대한 심도 깊은 이해를 바탕으로 우리 시대의 새로운 노인상을 제시하며, 노인문화에 관한 공감과 문제의식을 촉발할 수 있는 국내외 장·단편 영화로 초청하고 있다. 2018년에는 주최 측에서 캐나다 밴쿠버 상영 등 해외 진출 가능성을 발표하였으며, 2019년에는 밴쿠버와 함께 영화제를 개최하겠다는 목표도 잡았다. 앞으로 세계적인 노인영화제로 발돋움할 수 있는 발판을 마련하고 있는 것이다.

어르신들에게 전하는 2,000원의 행복, 실버영화관

2009년, 멀티플렉스에 밀려 폐관 위기에 놓인 종로 허리우드극장을 재정비해 사회적 기업으로 '실버영화관(http://www.bravosilver.org)'이 문을 열었다. 실버영화관에서는 1940~1960년대 흥행했던 고전 명작을 비롯하여 1년에 약 90편 가량의 영화를 상영한다. 2016년 5월에는 누적관객 100만 명을 돌파하기도 했다. 55세 이상 관람객들은 단돈 2,000원에 영화티켓을 구매할 수 있다. 입소문이 나며 지속

(출처: http://bravosilver.org)

<실버영화관 상영시간표>

적으로 관객이 늘면서 하루 평균 800~1,000명, 연평균 20만 명이 찾는 '종로의 명물'로 재탄생했다. 실버영화관은 단순히 실버세대의 향수를 자극하는 영화를 상영하는 것을 넘어서 실버세대를 배려해 자막 크기를 1.5배 키우고, 입구에 손잡이를 설치해 좌석 안내를 돕고 있는 등 실버세대에게 맞춤형 서비스를 제공하고 있다. 종로 일대는 노인전용 극장 덕분에 인근 상권이 활력을 되찾았고 노인전용 카페 등 실버세대를 위한 문화공간도 덩달아 확대되고 있는 추세이다.

실버영화관이 말하는 '어르신'은 '55세 이상'으로, 통상적인 정년퇴직 나이를 기준으로 정한 것이다. 수십 년 동안 겪었던 치열한 경쟁에서 한 발짝 물러서게 된 이들은 여가생활을 즐기기 위해 실버영화관을 찾는다. 뿐만 아니라, 실버영화관은 어르신들의 새로운 시작을 돕기도 한다. 실버영화관 직원과 자원봉사자 대부분은 취업 기회가 적은 65세 이상 고령자로 구성되어 있다. 자원봉사자의 건강과 성실도를 반영해 정직원으로 채용하기도 한다. 영화관 옆에 위치한 자매회사인 DJ카페 '추억 더하기' 역시 어르신들의 활기찬 일터로 운영되고 있다.

서울 종로구 일대에서만 운영되던 일명 '노인전용영화관'이 전국을 돌며 영화의 매력을 선사한 영진위의 영화나눔버스인 '시네놀이'를 기반으로 전국적으로 확대되고 있다. 종로구에 이어 경기, 인천, 대구 등지에 60세 이상 고령자를 대상으로 한 전용영화관이 들어서 경로당과 복지관에 국한됐던 노인문화공간의 저변이 점차 확대되고 있다.

가장 후발주자인 충남 천안 동남구에 자리 잡은 '천안낭만극장'은 170석 규모로 하루에 2~3회씩 고전영화를 상영하고 있다. 만 55세 이상은 단돈 2,000원(55세 미만은 7,000원)만 내면 된다. 특히 잡음을 제거하는 흡음판을 설치하는 등 일반극장에 버금가는 최신식 시설을 갖춰 영화관람의 질을 높였다. 상영을 기다리는 동안 차를 마시며 대화를 나눌 수 있는 넓은 휴게실을 갖춰 관람객의 호응을 얻었다. 꾸준히 찾는 관객들 덕분에 관객 수도 조금씩 늘고 있다. 40명 이상 단체 관객이 찾기도 하고 주말에는 빈자리가 없을 정도이다.

이러한 실버영화관의 성공은 서울시가 노인전용거리를 만들기로 결심하는 데 큰 몫을 했다. 또한 여기에 그치지 않고 서울시에서 위탁받아 서울 중구 문화일보홀 1층에 '청춘극장'을 운영하고 있고 경기 안산시 고잔동 '안산명화극장' 등 지점을 세우며 노인전용극장의 몸집을 불리고 있다. 극장 측은 '실버영화관', '낭만극장', '청춘극장', '안산명화극장'에서 각각 다른 영화를 상영해 노인들의 영화 선택폭을 넓혔다. 실제로 노인들은 각 영화관마다 월 단위로 미리 게시된 상영시간표를 확인해 요일마다 4곳의 극장을 오가며 영화를 관람하고 있다. 일반극장에서 한 편 볼 가격으로 5편을 볼 수 있어 극장별 시간표를 확인해 요일마다 순회를 하는 경우도 있다. 다양한 볼거리를 위해서 주말에는 영화 대신 노인이 즐길 수 있는 각종 쇼 공연을 올리는 등 차별화도 꾀하고 있다.

유동인구가 많지 않은 지역에선 상설운영 대신 주 1~2회씩 상영하는 수시운영을 통해 노인들의 볼 권리를 보장하고 있다. 대표적인 곳이 인천시가 운영 중인 '시니어키노'이다. 시니어키노는 부평구 노인종합문화회관(1관)과 부평민방위교육장(2관), 중구 한중문화관(3관), 계양구 문화회관(4관) 등 4곳에서 운영하면서 상영관별로 돌아가며 한 달에 1~2회 꼴로 영화를 상영한다.

또한 노인일자리를 통해 고용된 65세 이상 된 키노도우미 40명이 좌석 안내와 질서 유지 등의 업무를 맡아 노인전용영화관의 의미를 더했다. 키노도우미는 기초 연금수급자격을 갖춘 건강한 어르신들로 구성되어 있다. 일일 5시간, 월 6회(총 30시간) 근무하며, 월 20만 원의 활동비를 받는다. 또한 '시니어키노'는 관람료도 없애 연간 4만 명 이상 노인에게 다양한 볼거리를 제공하고 있다.

3. 음악

현재 대중음악의 주류는 소위 '아이돌'이 점령하고 있다. 실제로 음악을 즐겨듣는 주 소비계층인 10~20대들은 주로 아이돌의 음악을 CD나 디지털 음원으로 구매하는 것이 일상화되어 있다. 최근에는 스트리밍으로 듣는 것도 일반화되어 음악콘텐츠를 소유한다는 개념이 희미해지고 있다. 이렇게 아이돌 음악이 득세하고 있는 상황에서 시니어들은 연령과 취향에 따라 즐기는 음악콘텐츠가 다양한 데 비해 실제로 즐길 수 있는 음악콘텐츠는 매우 부족한 상황이다. 이에 과거의 추억을 상기시킬 수 있는 나훈아, 조용필, 세시봉 등의 공연이 시니어들에게 매우 높은 인기를 끌고 있다. 클래식, 국악 공연도 특정 마니아 관객층을 구성하고 있으며, 더 많은 관객을 위해 변화를 거듭하고 있다.

트로트 황제 나훈아의 귀환, 아이돌 못지않은 인기

70년대 전성기를 누렸던 트로트의 황제 나훈아가 돌아왔다. 11년 간의 공백을 깨고 2017년 11월 서울 공연을 시작으로 전국 주요 도시에서 콘서트를 개최했다. 그의 컴백 공연은 상상 이상의 인기를 누리고 있다. <나훈아 DREAM 콘서트>의 티켓은 오픈과 동시에 서울, 대구, 부산 공연 티켓 3만 1,500장이 모두 팔려나갈 정도로 엄청난 반향을 일으켰다. 예매자의 절반 이상인 51.5%가 30대였는데 부모를 위한 선물로 티켓을 예매하거나, 온라인 예매에 익숙지 않은 부모세대를 위해 자녀들이 대신 구매한 것으로 예측된다. 티켓을 구매하지 못한 자녀들은 '불효자'라는 말이 나올 정도로 구매 전쟁이 치열했다. 전석 티켓이 매진됨에 따라 중고거래 사이트에서 티켓을 판매 사기행각이 벌어지기도 했을 정도다.

나훈아는 70대의 나이가 무색하게 요즘 아이돌의 공연 전략을 벤치마킹하였다. 앨범 <드림어게인>을 발매함과 동시에 타이틀곡 <남자의 인생> 뮤직비디오를 동영상채널인 유튜브에 오픈했는데, 뮤직비디오 조회수는 발매 3개월 만에 150만 건이 돌파하는 기염을 토

〈나훈아 콘서트 티켓 전용 홈페이지 http://nahoonaticket.com/〉

했다. 마치 아이돌 가수와 같은 인기이다. CD도 보급형·화보형·USB 세 가지 형태로 구성해 취향에 따라 구매 가능하게 했다. 공연 티켓 예매 사이트도 별도로 마련해 뮤직비디오 시청과 앨범 구입을 온라인으로 할 수 있도록 한 것도 특징이다.

2018년 3월에 개최된 앙코르 콘서트에서는 6개월 동안 나전명인 7인의 손끝으로 전통과 현대기술을 융합하여 만든 가사집, LP, 포토북의 한정 1,000개를 제작, 현장 판매하여 완판하였다.

세대 간 공감 이끌어낸 <백세인생>

60세에 저세상에서 날 데리러 오거든 아직은 젊어서 못 간다고 전해라
70세에 저세상에서 날 데리러 오거든 할 일이 아직 남아 못 간다고 전해라
80세에 저세상에서 날 데리러 오거든 아직은 쓸 만해서 못 간다고 전해라
90세에 저세상에서 날 데리러 오거든 알아서 갈 테니 재촉 말라 전해라
100세에 저세상에서 날 데리러 오거든 좋은 날 좋은 시에 간다고 전해라

아리랑 아리랑 아라리요 우리 모두 건강하게 살아가요
- 백세인생(작사작곡 김종완, 노래 이애란)

가수 이애란은 백세시대를 노래한다. <백세인생>은 나이대별로 죽기 싫은 이유를 표현한다. 60세엔 아직 젊어서, 70세엔 할 일이 남아서, 80세엔 아직은 쓸 만해서, 90세엔 알아서 갈 테니, 100세엔 좋은 날 좋은 시에 가겠단 이유를 든다. 평균수명 100세의 장수시대를 맞아 삶과 죽음에 대한 달라진 욕망을 명료하게 드러낸다.

노래 <백세인생>의 인기는 '죽음을 거스를 수 없는 운명'으로 받아들이길 거부하는 대중의 의식 변화와 맞아떨어졌다. 최근 몇 년 새 '선택적 죽음', '존엄사' 등에 대한 담론이 확산하는 추세에 염라대왕에게 내 운명을 맡기는 게 아니라 내 삶과 죽음의 시효를 정하는 주인은 나임을 (저승사자에게) 당당하게 밝힌다. 트렌디한 노랫말이다.

젊은 세대는 패러디하기 딱 좋은 위트 있는 표현에 열광했다. '회식 참석하라는 부장에게 못 간다고 전해라', '전 여친에게 출세했다 전해라' 등등 피곤한 직접전달 방식 대신 메신저를 통해 자신의 의사를 전달하는 데서 오는 편리함, 부담스러운 상대에게 하고 싶은 말을 속 시원히 터뜨리는 카타르시스가 매력적이다.

단순한 멜로디와 반복적인 노랫말은 중독성이 강하다. 이애란의 돌풍은 2000년 혜성처럼 등장했던 트로트가수 '신바람' 이박사를 떠올리게 한다. 단순하면서도 전위적인 노래로 히트한 이박사와 달리 이애란은 다분히 전통 가요를 추구하지만 설 자리를 잃어가던 성인가요(어덜트 컨템포러리)를 확장시켰다는 점에선 동일하다. 이름도 낯선 트로트 가수 이애란이 인기를 얻은 배경에는 디지털 문명이 자리한다. 이애란은 '짤방'(내용과 아무런 상관없는 사진이나 동영상을 올리는 것)으로 인기를 끌었다. 네티즌은 이애란의 방송 영상과 사진을 이용해 짤방을 제작, 순식간에 배포했고 스마트폰 메신저 앱 '카카오톡'에선 이모티콘이 출시됐다. 유튜브 동영상은 수백만만 조회수를 기록했다. 전통가요 가수가 최첨단 플랫폼인 SNS 스타로 탄생한 역설적인 순간이다.

오전에는 모차르트와 데이트, 마티네 콘서트

마티네 콘서트가 클래식을 즐기는 실버세대 관객들에게 인기를 끌고 있다. 마티네(Matine)는 프랑스어로 '아침나절' 또는 '오전 중'을 의미하는 것으로 오전과 낮 시간 동안 개최되는 연주회를 '마티네 콘서트'라고 부른다. 공연이 오전이나 낮에 열리는 만큼 직장인보다는 상대적으로 여가 시간이 많은 주부와 실버세대를 중심으로 큰 호응을 얻고 있다. 마티네 공연은 저녁 시간대 열리는 공연보다 티켓이 저렴한 편이고 프로그램도 다소 가볍게 구성된다. 또한 여성 시니어 고객들에게 인기가 많은데 간단한 뷔페나 브런치 메뉴가 제공되는 공연도 있어 시니어 여성들이 친구들의 친목모임을 위해 공연을 선택하는 경우가 많다. 이에 각 공연계에서도 시니어들의 니즈에 맞춰 공연을 기획하고 있는데, 해설자로 시너어들에게 인기 있는 배우가 등장하기도 한다. 다소 클래식 공연이 낯선 시니어들에게도 공연과 해설도 함께 곁들여주어 좋은 반응을 이끌어내고 있다.

전통과 현대의 변주, 국악의 변신

현재 국내 대중음악은 소위, '아이돌'이 주류를 차지하고 있다. 음악을 주로 소비하는 계층이 10에서 20대들이기 때문이다. 국내 음악계에서 안타까운 점은 무엇보다 다양성을 잃었다는 것이다. 하지만 우리 민족에게는 국악(國樂)이 있다. 국악은 한국음악의 준말로, 예로부터 음악과 춤을 좋아하는 민족적 정서가 깃든 우리의 전통 음악이다. 국악에 대해 갖게 되는 선입견 중 하나는 특수한 계층의 사람

<미국 NPR 타이니데스크 콘서트에 출연한 민요 록 밴드 씽씽>

만이 즐기는 음악이라고 인식하는 것이다. 그러나 국악에는 우리 민족이 공통적으로 갖고 있는 사고체계와 언어, 사상 등이 고루 담겨있다. 곧 국악이라는 것은 전통 문화예술의 집대성이라고 할 수 있다. 최근 국악계에도 변화의 바람이 불었다. 실버세대뿐만 아니라 젊은 세대도 함께 즐길 수 있도록 국악이 지닌 내재적인 미학을 기반으로 하여 서구예술음악이나 대중음악을 흡수하거나, 월드뮤직과의 결합하는 등의 새로운 시도들이 목격되고 있다. 그중에서도 미국 공영 라디오방송국인 NPR가 그들의 유튜브 채널에 올린 민요 록 밴드 씽씽(Ssing Ssing)의 '타이니 데스크 콘서트' 영상이 화제가 되기도 했다. 록 연주에 맞춰 민요를 부르는 모습에 세계인들이 신선함을 느낀 것이다. 일반 대중과 소통하려는 국악계의 변화에 대중들도 긍정적으로 반응하고 있다.

귀르가슴 시대, 오디오콘텐츠의 새로운 부상

오디오북과 팟캐스트 시장이 급성장하고 있다. 스마트폰으로 어디서나 청취 가능하기 때문이다. 네이버 등 '전용 플랫폼'을 운영하면서 육아·요리 등 전문분야를 서비스한다. 최근 AI스피커와 맞물려 진화 중이다. 이른바 청각문화가 다시 부상하고 있다. 귀로 즐거움을 느낀다는 점에서 '귀르가슴'의 시대라 할 만하다. 비디오의 등장으로 금방이라도 숨이 넘어갈 듯했던 라디오는 스마트폰 시대의 팟캐스트로 새로 태어났다. 오디오북, ASMR(자율감각 쾌락반응), AI스피커같이 귀를 겨냥한 기기와 콘텐츠들도 주목받고 있다.

눈에 보이는 영상 매체, 동영상 콘텐츠가 넘쳐나다 보니 아날로그 감성의 '듣는' 콘텐츠가 주목받고 있는 추세이다. 2~3시간 분량으로 축약된 양, 종이책에 비해 50~60% 저렴한 가격도 오디오북의 장점이다. 1인 낭독이 대부분인 해외 오디오북에 비해 배경음악, 효과음, 전문 성우의 목소리로 특화시킨 국내 오디오북은 몰입도가 높아 인기다. 오디오북이나 팟캐스트는 환경의 구애를 덜 받는다는 점도 매력이다. 지난달 에디슨리서치에 따르면 미국 팟캐스트 청취자 2만 9,000명 중 69%가 자동차나 피트니스클럽, 대중교통 등에서 '움직이며' 듣는다고 답했다.

2017년 1월 미국 라스베이거스에서 열린 세계 최대 규모 전자제품 박람회 CES의 승자는 '알렉사'였다. 아마존에서 출시한 음성 인공지능 서비스인 알렉사는 2014년 에코라는 AI스피커 형태로 등장했고 이후 여러 기기에 탑재돼 사용자의 음성에 따라 기능을 수행한다. 리모컨은 필요 없다. 음성으로 에어컨을 켜달라면 켜주고, 요리

법을 알려주기도 하며 아이들 잠자리에서 동화를 들려주기도 한다.

'요즘 세대'는 궁금한 게 생기면 유튜브를 검색한다. 이제 1020세대는 키보드 검색보다 '음성 검색'을 더 많이 한다. 알렉사가 아이들의 숙제 도우미 역할을 하고 있다는 얘기도 들린다. 들어서 즐거울뿐 아니라, 지식까지 얻는 시대가 됐다.

트렌드를 지향하는 음악들 사이로 잠시 호흡을 가다듬는 음반들이 잇따라 발매되고 있다. 이른바 '루스(loose·느슨한) 음악'이 뜨고 있다. 이제 써먹을 만큼 써먹은 다양한 음악 소스에 염증, 또는 한계를 느낀 가수들이 새 음반을 통해 느림의 미학, 휴머니즘을 향한 아날로그적 감성, 덜 익은 감처럼 2% 부족한 아쉬운 사운드들을 투영하고 있다. 미국의 '어덜트 컨템포러리(성인음악)'에 견줄 만한 표현인 '루스 음악'은 진부하지 않은 사운드에 새로운 웰빙 감성을 덧댄 또 하나의 트렌드 음악인 셈이다.

대중들이 강하고 복잡한 요즘 음악에 대해 피곤함을 느끼기 때문에 루스 음악을 찾는다. 디지털 문화의 부상에 따른 후유증으로 서정적이면서 예술적인 음악에 대한 관심이 높아지고 있다.

어르신들의 주머니 속의 친구, 효도라디오의 인기

등산길, 그리고 가벼운 산책길에서 시니어들이 심심함을 달래기 위해서 음악을 듣는 광경을 자주 목격하게 된다. 바로 '효도라디오'라고 불리는 휴대용라디오로, 2012~2013년경부터 본격 발매되기 시작해 최근에는 시니어들의 필수품으로 각광받고 있다. SD카드나 USB포트를 통해 파일 재생이 탑재된 기기로 라디오 수신기라기보다는 FM방송 기능이 붙은 MP3플레이로도 볼 수 있다. 가격대도 2~6만 원대로 큰 부담 없이 장만할 수 있다.

효도라디오의 가장 큰 장점은 트로트 등 성인가요가 대략 2,000여 곡이 탑재되어 판매되고 있다는 것이다. 물론, 이로 인해 음원의 불법복제에 대한 논란도 생겨나고, 또한 음반 판매량의 감소라는 문제점이 생기고 있다. 그러나 최근에는 불법 효도라디오에 대한 단속이 강화되면서 공신력 있는 업체들에서 생산하여 저작권 문제 등이 해결된 효도라디오들이 주로 판매되고 있는 상황이다.

최근 지자체에서는 노인들의 치매예방을 위해서 효도라디오 보급 사업을 펼치고 있기도 하다. 실제로 전라북도 완주군에서는 2017년부터 60대 이상 노인들의 건강한 생활 영위는 물론, 우울증 극복에 도움을 주기 위해 효도라디오를 보급하고 있다. 효도라디오가 홀로 사는 독거노인이 겪을 수 있는 심리적인 불안, 우울감을 떨쳐내고 행복한 삶을 회복시키는 데 큰 도우미 역할을 할 수 있다는 평가이다. 사용편의성과 휴대성 등의 강점을 지닌 효도라디오가 시니어들에게 행복한 삶의 동반자로서 그리고 필수 가전제품으로 부상하고 있는 것이다.

노(老) 가객의 재치 있는 노랫말로 화제를 모은 '너 늙어봤냐 나 젊어봤단다'

<가는 세월>, <홀로 아리랑>과 같은 노래로 인기를 누렸던 가수 서유석의 노래 '너 늙어봤냐 나 젊어봤단다'가 동년배의 시니어들뿐만 아니라 젊은 세대들에게도 반향을 일으키고 있다. 이 노래는 단

순한 선율에 '너 늙어봤냐 나는 젊어봤단다/이제부터 이 순간부터 나는 새 출발이다'라고 대차게 쏘아붙이는 후렴구가 인상적이다. 정식으로 녹음되어 대중들에게 공개된 적 없는 노래인데도 유튜브 등을 중심으로 이 노래를 부르는 영상의 조회수가 수십만이 넘는 인기를 누리고 있다. 각종 공연에서 관객들에게만 들려주기 위해 이 노래를 만들었지만 SNS에 서유석이 이 노래를 부르는 영상이 올라오면서 서서히 사람들에게 알려지기 시작했고, 시니어 4명이 식당에 앉아서 이 노래를 부르는 영상이 유튜브에 올라오면서 폭발적인 호응을 얻기 시작했다. 이 곡의 인기는 무엇보다도 가사에 있다. '삼십 년을 일하다가 직장에서 튕겨 나와 길거리로 내몰렸다/사람들은 나를 보고 백수라 부르지/월요일엔 등산 가고 화요일에 기원 가고 수요일엔 당구장에서/주말엔 결혼식장 밤에는 초상집'이라는 앞 소절 가사는 듣다 보면 절로 웃음을 자아낸다. '마누라가 말리고 자식들이 말려도 나는 할 거야/컴퓨터를 배우고 인터넷을 할 거야/서양말도 배우고 중국말도 배우고 아랍말도 배워서/이 넓은 세상 구경 떠나볼 거야'라는 3절의 가사는 활기차고 주체적인 노년을 보내는 것에 대한 시니어들의 도전정신을 북돋는 부분이다. 늙음을 당당하고 통쾌하게 대변하는 이 곡은 건강하고 의욕 넘치는 신중년을 잘 대변하고 있다.

못 다한 노래에 대한 열정을 품은 팝페라 할배돌 '지오아재(G. O. Age)'

KBS의 <인간극장>에 출연하여 대중에게도 잘 알려진 중창단 '지오아제(G. O. Age, 이하 지오아재)'는 현역에서 은퇴한 5명의 멤버로 만들어졌다. 멤버 합계나이 341세, 평균나이 68.2세이다. 지오아재의 이름은 노익장을 뜻하는 영어 표현 '그린 올드 에이지(Green Old Age)'에서 영감을 얻었다. 노래에서만큼은 젊은이와 같은 열정과 노익장을 과시하는 서로를 보며 지은 이름이다. 혼성 듀엣 버블껌과 딸과 함께 <내 이름 예솔아!>로 활동했던 전직가수이자 리더 이규대 씨가 리더이고, 신문기자, 전직 사업가 등 멤버들의 면면도 다양하다.

<노익장을 과시하는 노인 팝페라 중창단 '지오아재'>

이들은 지금이 아니면 도전할 수 없다는 절박함과 곁에서 응원하고 지지하는 가족들의 격려로 주차관리실이라는 열악한 연습공간에서 꿈을 키웠고, <지금 여기>라는 음원도 내는 등 왕성한 활동을 하고 있다. 이들은 제작비가 여의치 않아 생전 처음 찍어보는 뮤직비디오 촬영을 위해 동대문 시장에서 한 벌에 7만 5천 원씩 하는 무대복을 스스로 사 입었다. 유튜브에 공개된 영상에서 백발이 성성한 멤버들은 철길, 공원, 놀이터 등지를 다니면서 성악 톤으로 하모니를 맞추고 몇몇 가사에선 마치 율동처럼 보이는 수화를 한다. 어설픈 듯 보이지만 유쾌한 정서가 녹아 있다.

4. 공연(연극)

　문화 공연계는 액티브 시니어 중에서도 특히, 문화생활에 아낌없이 투자하는 도회적이고 세련된 할머니인 '어번 그래니(urban granny)'에 주목하고 있다. 이들은 또래 지인들과 모여 브런치를 즐긴 뒤 영화나 공연을 함께 보며 멋진 하루를 보내는 것을 선호한다. 액티브 시니어들이 '문화계 큰손'으로 자리 잡으며, 공연계에서도 강력한 시니어 티켓 파워를 보여주고 있다.

존엄한 죽음을 이야기하는 웰다잉 연극단의 '아름다운 동행'

　사회복지법인 각당복지재단이 주최하고 서울시가 후원하는 제4회 웰다잉 연극 <아름다운 여행>이 2017년 9월부터 11월까지 진행되었다. 2018년 2월 4일 <호스피스·완화의료 및 임종과정에 있는 환자의 연명의료결정에 관한 법률> 시행을 앞두고 '사전연명의료의향서'의 중요성을 알리는 내용이다. 남자 주인공을 맡은 최명환 단장은 현직 웰다잉 강사로 실제 항암치료를 받고 있는 암투병환자이기도 하다. 이 연극의 단원들 17명의 평균 나이는 66세로 이들은 모두 본인 혹은 가족의 죽음을 앞두고 '죽음준비교육'을 받았다. '죽음준비'는 유언서 작성이나 사전연명의료의향서 쓰기 등 존엄한 죽음을 준비하는 사람들에게 실질적이고 구체적인 방법을 교육하기 위한 것으로 '준비된 죽음'은 불행하지 않다는 내용을 담고 있다. 웰다잉 연극단은 지난 2009년에 창단한 사회복지법인 각당복지재단에서 교육받은 강사들로 구성된 아마추어 연극단이다. 이 연극단은 창단 이후 전국 병원 로비, 마을회관 등을 순회하며 '찾아가는 연극'을 130회가 넘는 공연을 개최했다. 연극단은 노인들의 자살 문제, 시한부 인생의 존엄사 등 죽음과 관련된 사회적 이슈를 다룬 연극을 선보이며 죽음과 마주한 이들을 위로하고 있다.

'급식체' 쓰는 마당놀이, <심청이 온다>

'마당놀이'는 1981년 MBC 마당놀이 <허생전>부터 처음 사용된 명칭으로 30년간 250만이 넘는 관객을 동원했으며, 공연계의 한 장르로 자리 잡았다. 특히, 극단 미추는 판소리와 국악을 토대로 마당놀이 대표 스타 윤문식, 김성녀, 김종엽 트리오로 흥행몰이를 해왔다. 2010년 <마당놀이전>을 끝으로 제작이 중단되기도 했지만, 2014년 국립극장에서 마당놀이 <심청이 온다>로 다시 돌아왔다. 이 작품은 마당놀이 고유의 세태에 대한 해학과 풍자를 현재에 맞게 업데이트했다. SNS에서 허세 부리는 철없는 심봉사와 심봉사가 올린 글에 속아 부자인 줄 알고 결혼했다며 억울해하는 '봉사 전문 꽃뱀'

(출처: https://www.ntok.go.kr/kr)

<마당놀이 '심청이 온다'의 한 장면(좌)과 포스터(우)>

뺑덕어멈, 아르바이트를 하며 아버지를 부양했지만 인당수에 빠질 때 누구 하나 말리지 않았다고 세상에 일침을 날리는 심청이까지 현세태를 고스란히 담고 있다. 또한 기존의 마당놀이에 젊은 감각을 입힌 것도 이 작품을 재미를 더한다. 출연 배우들은 '오지고 지리고 (엄청나다, 대단하다)' 등 중고생들이 사용하는 일명 '급식체'를 사용한다. 또한 '공기 반 소리 반'으로 노래하고, 힙합 경연 프로그램인 <쇼미더머니>의 참가자처럼 속사포 랩을 쏟아낸다.

마당놀이는 관객들이 함께 참여한다는 점이 가장 큰 매력으로 꼽히는데, 공연 막바지에는 관객들과 함께 춤도 추고 인증샷도 남길 수 있는 시간도 마련하고 있어 많은 시니어들의 사랑을 받고 있다.

'치매'와 '가족애'를 다룬 연극, <사랑해요 당신>과 <장수상회>

2017년에는 치매라는 공통된 주제를 다룬 연극 두 편이 사랑받았다. 바로 <사랑해요 당신>과 <장수상회>라는 연극이다. <사랑해요 당신>은 배우 이순재·길용우, 정영숙·오미연 주연으로 무뚝뚝한 남편이 치매로 기억을 잃어가는 아내를 바라보면서 변화하는 과정을 그려낸 작품이다. 특히, 이 연극은 이낙연 국무총리가 관람 후 "치매는 우리 사회와 정부가 숙제라고 생각하고 다뤄야 한다"며 치매 문제에 대한 정부의 보장 강화의 필요성을 호소해 화제가 되기도 했다. <사랑해요 당신>이 치매에 대해 진지하게 접근했다면 <장수상회>는 치매를 앓는 노부부의 이야기를 위트 있게 담아냈다. 이 작품은 2015년 개봉했던 강제규의 동명 영화가 원작이다. 이 두 편의 연극은 고령화사회로 접어든 100세 시대, 치매가족이 겪게 되는 현

<연극 '사랑해요 당신'과 '장수상회'의 포스터>

실적인 문제들을 통해 가족의 소중함과 더불어 살아가는 가치를 이
야기하고 있어 실버세대의 공감을 얻어냈다.

웹툰에서 영화, 그리고 연극까지 사랑받은 <그대를 사랑합니다>의 인기

<순정만화>, <바보>로 유명세를 탄 인기 웹툰 작가 강풀이 2007
년 세 번째 순정만화 시리즈로 <그대를 사랑합니다>를 내놓았을 때
모두가 의아해했다. 젊은 층이 소비하는 웹툰에서 풋풋한 젊은이들
의 사랑 이야기가 아닌 노인들의 로맨스가 어째 좀 어색했던 것이
다. 이 작품은 무의탁 독거노인, 주차관리원, 우유배달원 등 외로운
인생의 황혼을 맞이한 네 명의 노인들이 서로 인연이 되어 사랑을
만들고, 우정을 쌓으며 살아가는 이야기를 담고 있다.

모두의 예상을 뒤엎고 연재 당시 방문자가 1,000만 명이 넘을 정도로 독자들의 반응은 뜨거웠다. 이후 작품은 2008년 연극으로 재탄생했다. 이 연극 역시 평균 98%의 객석 점유율을 기록하며 10만 명이 넘는 연극 관객이 찾았다. 이러한 반응에 힘입어 2010년에는 영화로 제작되었다. 이순재, 윤소정, 송재호, 김수미의 주연으로 164만 관객을 영화관으로 불러들였다. 특히, 젊은 관객뿐만 아니라, 장년층과 노년층 거기에 단체관람객까지 이어지며 흥행을 이어갔다.

2012에는 SBS 드라마로도 제작되어 OSMU(원소스멀티유즈)를 제대로 보여준 작품이 되었다. 이 작품은 젊은 세대에게 '그레이 로맨스', 그야말로 노인들의 사랑이 이토록 아름답고 풋풋할 수 있음을 보여준 작품이다. 이 작품이 이렇듯 많은 세대의 사랑을 받았던 것은 위트 있는 웃음 코드와 함께 깊은 감동으로 세대와 지역을 초월해 모두가 즐길 수 있기에 가능했다.

(출처: 다음웹툰, 네이버정보)

<'그대를 사랑합니다'의 웹툰(좌), 연극(중간), 영화(우)>

평범한 노인들이 직접 무대에 오르는 '노인연극'의 전성시대

관람하는 연극에서 평범한 시니어들이 직접 무대에 오르는 노인

연극들이 최근 복지관 등을 중심으로 막을 올리고 있다. '실버 예술제', '실버 페스티벌'이라는 이름으로 각 지역의 복지관을 중심으로 노인들이 직접 연출, 연기에 참여한 아마추어 연극들이 무대에 소개되고 있다. 실제로 실버극단을 통해 연극에 입문하게 된 노인들이 병원이나 양로원 같은 소외된 이웃들이 살고 있는 곳에서 공연을 펼쳐 이웃에게 희망과 행복함을 선사함과 동시에 자기 자신에 대한 자긍심과 더불어 봉사에 대한 애착을 갖게 된 예를 흔히 접할 수 있다. 노인들의 연극무대 데뷔가 제2의 전성기를 갖게 하는 것이다.

이렇게 노인연극이 주목을 받으면서, 전국규모의 축제도 생기고 있다. 실제로 늦깎이 연극인들을 위한 축제인 제2회 서울시니어연극제가 2017년 11월 1일부터 7일까지 종로노인종합복지관 종로마루홀에서 개최되어 많은 호응을 얻기도 하였다. 시니어연극제는 노인들의 문화예술능력 발현 및 문화콘텐츠를 개발하고 연극의 상징적

(출처: https://www.facebook.com/jongnonoin/)

<서울시니어연극제에서 공연하는 시니어들>

인 장소인 대학로에 노인연극인 축제의 장을 마련하기 위하여 지난 2015년부터 진행됐다. 제1회 서울시니어연극제는 서울 5개 노인연극단의 참여로 총 6회의 공연을 통해 520명의 관객에게 시니어들의 열정적인 무대를 선보였다.

끼와 열정이 넘치는 실버세대들의 문화축제 '실버문화 페스티벌'

문화체육관광부의 어르신 문화프로그램 사업의 대표행사인 '실버문화 페스티벌'이 2015, 2016, 2017년에 개최되었다. 이 축제는 문화, 예술과 더불어 주체적으로 삶을 살아가는 우리 주변 시니어들의 새로운 모습을 발견함과 동시에 고령사회를 맞이하여, 단지 세대에 국한된 축제가 아닌 사회구성원 모두가 함께 소통하고 화합하는 축제의 슬로건을 내걸고 있다. '샤이니스타를 찾아라', '가족 놀이마당', '실버문화 박람회'가 3가지의 대표 프로그램이다. '샤이니스타를 찾아라'는 전국의 어르신의 끼와 흥을 오디션을 통해 선발하는 오디션 프로그램이고 '가족놀이마당'은 실버세대와 가족이 함께 즐거운 시간을 보낼 수 있는 공연, 체험전시로 구성되어 있으며 '실버문화 박람회'는 실버문화를 느끼고 체험하며, 많은 정보를 얻어갈 수 있는 다양한 실버문화 관련 전시부스로 구성되어 있다. 또한 공모 프로그램으로 '행복한 노년의 삶'을 주제로 한 영화 10편으로 꾸민 '시니어 29초 영화전'이, 그리고 '노년의 일상과 삶'을 주제로 한 30편의 시화로 이루어진 '청춘만개 시화전' 등이 개최되어 시니어를 대상으로 하는 복합 문화예술 페스티벌로 그 위상이 점차 높아지고 있다.

5. 신문출판

신문의 열독률은 연령이 높아질수록 높게 나타난다. 한국언론진흥재단이 발표한 <2017 언론수용자의식조사>에 따르면, 연령대별 종이신문 열독률은 50대와 60대 이상이 각각 22.4%를 차지해 20대 (4.7%), 30대(11.0%), 40대(20.1%)와 비교하여 가장 높게 나타났다. 50대 이상의 독자들은 일간신문을 가장 정확한 매체로 여기며, 신문 읽는 것이 습관화되어 있다. 그래서 그들은 새로운 정보를 신문을 통해 얻는 경향이 높다.

2000년대 들어 노인 인구가 증가함에 따라 신문사들도 노인이나 베이비붐 세대가 원하는 정보를 모아 특집기사나 섹션을 마련하는 등 적극 대응하고 있다. '섹션 앙코르 새로운 인생', '멋진 인생, 새로운 인생', '비바! 노년시대'와 같은 제목으로 시니어들의 욕구를 충족시키고자 하는 것이다. 나아가 노인을 대상으로 하는 시니어신문들도 등장했다. 국내에서는 <시니어타임즈>, <백세시대>, <실버넷뉴스>, <시니어신문>, <효도실버신문> 등의 종이신문과 온라인신문들이 속속 창간되었다. 대부분의 노인신문은 각 지역의 구청이나 지역노인종합복지관 등의 후원으로 발행되고 있으며, 노인들이 직접 취재하고 기사를 작성하는 시니어기자단들이 활동하는 경우도 많다.

한편 노인들을 대상으로 하는 실버전용 잡지도 있다. 여행, 건강, 의학, 음식 등 시니어들의 관심 분야를 한데 모아 잡지를 창간한 경우다. 이러한 잡지들은 대부분 소식지의 형태를 많이 띠고 있는데, 각 노인복지회관에서 발행하는 소식지들이 해당된다. 최근에는 경제신문 이투데이에서 시니어 전용잡지 <브라보 마이 라이프>를 창간하기도 했다. 하지만 대부분의 실버신문이나 잡지 등이 창간 1~2년을 넘기지 못하고 폐간하는 경우가 많다. 지금의 실버계층이 매우 다양한 개성과 취미와 니즈를 가진 반면, 노인전용 신문과 잡지 등은 이를 충족하지 못하고 있기 때문이다.

출판계도 마찬가지이다. 실버출판에는 실버문제를 전반적으로 다룬 도서, 노년 소설, 노년 준비서, 노후생활 안내서, 자서전 및 회고록, 생활 실용서나 처세서 중 노년을 포함시킨 도서들이 이에 해당한다. 하지만 국내에서 출판되는 대부분의 실버도서들은 실버세대를 위한 도서라기보다는 전반적으로 실버세대를 대비하기 위한 준비서 등이 많은 상황이다. 따라서 소비층이 시니어들이라기보다는 시니어를 대비한 40대 이하의 독자들이 대부분이다. 진정 시니어들이 공감하고 정보를 얻을 수 있는 출판물이 아쉬운 상황이다.

한편, 시니어들을 위한 출판물은 내용도 중요하지만, 동시에 고령화에 따른 신체적 조건을 배려할 수 있도록 형태에도 변화가 필요하다. 즉, 실버세대를 고려하여 책의 판형을 키우거나, 글씨를 키우는 등의 출판업계의 변화가 요구되며, 장시간 책을 읽기 힘들거나 문해능력이 부족한 노인을 위해 오디오북에 대한 장려가 필요하다. 이를 위해 미국이나 영국 등에서는 나이가 들어 눈이 침침해진 베이비부머 세대를 위해 기존의 책의 판형을 키운 책들을 선보였다. 영국의 펭귄그룹을 비롯하여 사이먼&슈스터, 할리퀸, 랜덤하우스 등의 대형 서점들도 크기를 키운 서적들을 잇달아 내놓았다. 이들은 기존 베스트셀러들 중에 몇몇 책들을 크기를 키워 재출판한 것으로, 시니어 독자들을 배려한 것이다.

전 세계에 100세 노인 신드롬 일으킨 소설, 『창문 넘어 도망친 100세 노인』

『창문 넘어 도망친 100세 노인』은 전 세계에 노인 신드롬을 일으킨 작품이다. 이 작품은 스웨덴의 작가 요나스 요나손(Jonas Jonasson)의 처녀작으로, 1905년 스웨덴의 한 시골 마을에서 태어난 주인공이 살아온 백 년의 세월을 코믹하고도 유쾌하게 그린 장편소설이다. 이 소설은 인구 9백만의 나라 스웨덴에서 120만 부 이상 팔리는 기록을 세우며 일약 세계적 베스트셀러로 등극했다. 또한 이 소설을 원작으로 2013년 동명의 영화로 재탄생한 작품 또한 전 세계적으로 많은 사랑을 받았으며, 국내에서도 2014년 개봉했다. 작품 속 주인공 알란은 100세 생일파티를 앞둔 어느 날 지루한 양로원의 창문을 열고 도망치며 시작된다. 급변하는 현대사의 주요 장면마다 등장하는 주인공의 활약은 웃음과 함께 인생이란 무엇인지를 진지하게 생

각하게 만드는 작품이다. 주인공 알란이 100세의 나이에도 끊임없이 모험을 즐기며 주체적으로 자신의 삶을 살아가는 모습에서 독자들의 공감을 끌어냈다.

일본에서 베스트셀러에 오른 『103세가 돼서 알게 된 것-인생은 혼자라도 괜찮아』

최근 혼자 사는 1인 가구가 많아지고 있다. 이를 반영한 MBC의 <나 혼자 산다>라는 오락 프로그램이 많은 사랑을 받고 있으며, 서점가에서도 '1인 요리 만들기', '혼자 노는 법' 등 독신자들을 위한 도서들이 넘쳐난다. 독신자들이 가장 걱정하는 것 중에 하나가 혼자서 늙는 것에 대한 막연한 불안감이다. 특히 초고령화사회에 먼저 진입한 일본에서는 고령의 1인 가구 증가와 함께 관련 책들도 많이 출간되고 있는데, 그중 『103세가 돼서 알게 된 것-인생은 혼자라도 괜찮아』라는 책이 특히 화제를 모았다. 이 책의 저자는 실제 103세의 할머니로, 평생 독신으로 혼자 살며 서예가로 활동 중인 일본의 시노다 도코(篠田桃紅) 씨다. 그녀는 1913년 출생으로 졸업 직후 바로 결혼하는 것이 보통이었던 시절 과감히 부모로부터 독립해 서예교사가 됐다. 이 책에서는 '늙어가는 것', 그리고 '죽음'에 대해서 이렇게 말한다. "100살이 넘으니 매일 늙는 것이 손에 잡힐 것처럼 실감난다. 조금씩 무(無)에 가까워지고 있다는 생각이 든다"며, "죽음에 대해 아무리 생각해도 진리에 접근할 수 없기 때문에 일절 생각하지 않기로 마음먹었다"고도 했다. 이 책은 2015년 일본에서 50만 부 이상이 판매되며 베스트셀러에 올랐다. 초고령사회 일본에서 이

책이 사랑받을 수 있었던 것은 103세의 고령의 나이에도 현역에서 활동하고 있는 저자의 삶이 귀감이 됐기 때문이다. 더불어 그의 오래된 독신생활에서 비롯된 외로움을 이겨내고 인생을 살아가는 법과 즐기는 법을 배우고 싶어서일 것이다.

시니어출판 전문 브랜드 '어른의 시간'

국내 서점가를 보면 시니어를 주제로 한 책들이 서점 한켠을 차지하고 있다. 『브라보 시니어라이프』, 『The Big Shift』, 『2020 시니어 트렌드』, 『새로운 인생 액티브 시니어』 등 교양서, 자기계발서 등 다양한 분야별로 시니어를 주제로 한 도서가 판매 중이다. 비록 지금은 시니어보다 시니어를 대비하는 40대들이 주요 독자층이다. 하지만 출판계에서도 독자들의 고령화에 맞춰 시니어들을 위한 책들을 제작하려는 움직임을 보이고 있다.

2015년에는 국내 최초의 시니어 전문출판사 '어른의 시간'이 문을 열었다. 이 출판사는 2015년 3월 『아들이 부모를 간병한다는 것』을 시작으로 『은퇴자의 공부법』, 『태산보다 무거운 죽음 새털보다 가벼운 죽음』 등 시니어들을 위한 책을 전문으로 출판하고 있다. 이와 더불어 2015년 4월에는 출판사 '나무생각', '서해문집', '이마'와 함께 '평생현역학교'라는 블로그(http://blog.naver.com/senioreye)를 개설했다. 이 블로그에서는 출판사들이 출간한 장·노년 관련 신간을 소개하고 건강·취업·창업·재교육·금융투자·여행·노후 생활정보 등도 제공하고 있다. 출판계가 시니어에 더욱 주목하는 이유는 지금의 시니어세대의 젊은 시절에는 책이 문화와 지식습득의 가장 중요한 수단이었기 때문이다. 이들 세대의 고령화와 함께 시니어가 다시 출판시장의 주요 독자층으로 떠오르면서 시니어들의 관심과 공감을 얻을 수 있는 책들이 더욱 주목받는 것이다. 이러한 움직임에 따라 앞으로 시니어 출판시장도 더욱 성장할 것으로 기대된다.

5070 시니어 매거진 『브라보 마이 라이프』

경제신문 이투데이에서 신중년을 위한 시니어전문 매거진으로 2015년 1월 『브라보 마이 라이프』를 창간했다. 이 매거진은 멋과 품위를 추구하는 '4070' 세대를 타깃으로 하는 국내 첫 고품격 종합잡지이다. 잡지는 커버스토리, 피플, 스페셜 리포트, 컬쳐, 헬스, 트렌드로 구성된다. 커버스토리는 베이비붐 세대 연도별로 그 해에 태어난 사람들의 특징이나 신념과 가치, 역사적 원동력을 풀어내는 특집을 마련하고 있다. 그 외에도 중년들의 추억읽기, 여행기, 공연이나 그림 등 문화적 감성을 채울 수 있는 콘텐츠나 중년세대를 위한 명의들의 강좌 등의 내용으로 엮여 있다. 동년기자단을 선발하여 시니어들이 직접 잡지기자로 활동한다는 것도 특징이다. 2018년 현재 54명이 동년기자단으로 활동 중이며, 1944년생부터 1966년생까지 평균 나이 54세이다. 수필가, 사진작가, 대학 교수, CEO 등 다양한 분야의 전문가로 구성되어 있다. 인터넷 홈페이지(http://bravo.etoday.co.kr)를 통해서도 해당 잡지의 콘텐츠를 제공하고 있다.

대학생들이 출간한, 시니어를 위한 잡지 『리라이퍼』

세대 간 소통을 위해 기여하고 싶었던 두 명의 대학생들이 의기투합하여 만든 시니어 잡지 『리라이퍼』가 주목받고 있다. 리라이퍼는 '다시(Re) 삶을(Life) 살아가는 사람(-er)'이라는 뜻의 조어로, 제2의 삶을 준비하는 노인세대를 위한 무료 계간지다. 리라이퍼는 숙명여대 창업 지원 프로그램과 한국사회적기업진흥원에서 '사회적 기업가 육성사업'으로 선정되어 재정 지원을 받았다. 2014년 첫 발간된 이 계간지에는 예컨대, 10년 전부터 운동을 시작해 각종 대회에서 상을 휩쓴 75세 보디빌더의 이야기 등 인물 사연과 3대가 함께 떠나는 여름 여행지 소개, 변액 연금보험 설명서 등 시니어들이 꼭 필요로 하는 정보들이 담겨 있다. 이 잡지는 무엇보다도 시니어들의 눈높이에 맞는 정보제공이 핵심이며, 현재 25개 구청에 배치되어 시니어들이 쉽게 접근할 수 있다.

시니어가 직접 만드는 실버신문의 등장

실버세대의 증가와 함께 신문에서도 노인들을 위한 섹션이 생겨나는 등의 변화가 일어났다. 이후에는 시니어들을 위한 시니어전용 신문들도 속속 등장했다. 2004년 9월 대한노인회가 발간한 <노년시대신문>을 시작으로 <한국실버산업신문>, <대한노인신문>, <실버넷뉴스>, <OK실버뉴스>, <시니어타임즈> 등이 온·오프라인을 통해 발행되고 있다. 대부분의 신문은 시니어를 위한 정책, 교육, 문화, 복지, 건강 등의 뉴스를 다루고 있다.

무엇보다 이러한 시니어 신문에서는 머리가 희끗희끗한 실버세대들이 기자로 활동하는 경우가 많다. 그 사례로서 실버넷(http://www.silvernews.or.kr)은 시니어 기자들을 선발해 그동안 시니어들이 쌓아온 연륜과 지적능력을 다시 사회에 환원하고 정보를 받기만 하던 수동적인 노인에서 능동적인 정보제공자로서의 역할을 추구한다. 실버넷뉴스 기자의 평균 연령 68세로 55세부터 86세까지의 다양한 연령대로 구성되어 있다. 현재 기자들은 전국 각 지역에서 활동하고 있으며, 온라인으로 기사가 송고되기 때문에 해외에서 활동도 가능하다. 2009년부터는 영상뉴스를 신설해 보고 듣는 뉴스로 영역을 확장했다. 2010년에는 국제부까지 만들어 한국 실버신문의 온라인 영토를 글로벌 차원으로 넓히고 있다.

치매 예방하는 어르신 이야기책의 발간

보통 치매환자가 있는 집에는 반드시 퍼즐과 동화책이 있다. 퍼즐을 맞추고 동화책을 읽으면서 두뇌활동을 촉진해 치매 진행을 늦추기 위해서다. 그런데 노인을 위해 만든 이야기책이 처음으로 세상에 나왔다. 국내 출판사 '지성'사는 치매 진행을 늦추거나 예방하는 '어르신 이야기책'을 2018년 발간하였다. 책은 모두 40권으로 노인들이 읽기 쉽도록 큰 글씨로 제작했다. 노인을 위한 이야기책은 국내는 물론 세계에서도 유례가 없다. 어르신 이야기책은 노인들이 어린 시절 겪은 이야기를 위주로 엮었다. 권정생, 김주영, 박완서, 양귀자, 조지훈, 주요섭, 황순원 등 작가 15인의 작품이 실려 있다. 『산골 아이』, 『들국화 고갯길』, 『꼴찌에게 보내는 갈채』, 『아네모네의 마담』,

『유황불』등 이들 작가들의 작품은 주로 노인들이 자라던 60~70년 전을 배경으로 한다. 그림도 곁들여졌다. 미술치료사로 활동하는 김인희, 남인희 화백은 물론 동화책 작가 낙송재 화백이 그림을 담당하였다. 삽화 수준을 넘어 노인들이 시간여행을 할 수 있도록 세심히 배려했다. 치매 진행 단계별로 4단계로 나눠 난이도를 구별한 것도 특징이다. 만약 초기 단계라면 100쪽 안팎 긴 글을 읽으며 치매를 예방할 수 있다. 다소 치매가 진행돼 긴 글이 부담스러우면 50~70쪽 가량의 중간 글, 치매가 진행하기 시작하면 40~50쪽 분량 짧은 글을 읽을 수 있도록 했다. 치매가 이미 진행돼 글을 읽기 어려운 노인을 위한 그림책도 제작했다.

아울러 시간과 장소에 구애받지 않고 펼쳐볼 수 있도록 책의 크기를 고려하고, 읽기 쉽도록 적절한 활자 크기와 단락의 구분을 고민했다. 어르신들의 책 읽기 권리를 보장함으로써 품위 있고 건강한 노년을 함께 만들어나가기 위함이다. 이와 같은 작업이 활발해지면서 다양한 콘텐츠가 생산되면 치매 돌봄과 관련된 사회적 비용도 줄일 수 있을 것으로 기대되고 있다.

(출처: http://ch.yes24.com/Article/View/35624)

<치매예방을 위한 어르신 이야기책>

6. 취미/여가/사회활동

　나이 듦에 따라 여가 참여가 점차 감소하면서 적극적인 여가에서 소극적인 여가로, 옥외활동에서 옥내활동으로 전환되고, 여가활동에 있어 새로움을 추구하는 경향이 감소하는 등 여가행동의 변화가 나타나게 된다. 노년기 여가활동은 성공적 노화 수준과 관련이 있으며, 신체적 건강증진, 우울수준 완화, 자살생각 감소 등 노인의 삶에 긍정적인 영향을 미치는 것으로 보고된다. 특히, 젊은 시절 여가 경험이 부족한 우리나라 노인들은 노년기가 되어 우울함이나 답답함 등 부정적 상황을 극복하기 위해 여가활동의 필요성을 느끼게 되며, 여가활동을 통해 즐거움, 건강관리, 친목도모 등의 활력을 찾고, 삶의 성취감, 의미, 역할을 찾게 된다(이훈, 황희정, 2008).

　이렇듯 노년기의 여가활동은 노후의 삶의 만족이나 신체 및 정신적 건강에 지대한 영향을 미치고 있으나, 실제 노인들의 여가시간은 주로 TV 시청으로 대표되며, 집 주변이나 공원을 산책하는 등 소극적이고 개별적인 여가생활을 보내는 것으로 요약된다. 이러한 현상은 생애 누적적인 여가경험의 부족, 여가활동을 위한 경제적 제약, 노인을 위한 여가인프라 부족 등의 요인들이 복합적으로 작용한 결과라 할 수 있다. 이로 인해 우리나라 노인의 여가활동은 시간소비적이고 오락사교적인 여가활동, 즉 생산적이기보다는 소비적인 여가활동의 특성을 보이는 것으로 보고되고 있다(김예성, 하웅용, 2015).

　실제로 노인이 이용할 수 있는 여가시설은 공공의 지원을 받아 운영되는 경로당, 노인복지관, 주민센터, 청소년수련관, 지방문화원 등과 민간에서 영리를 목적으로 운영되는 피트니스 센터나 문화센터 등이 있다. 대부분의 여가시설은 연령이나 세대 구분 없이 이용 가능하지만, 여가 취약계층인 노인세대를 위한 노인여가복지시설이 노인복지법에 근거하여 운영되고 있다.

노인들이 가장 많이 이용하는 여가공간은 실외 생활권 공원 39.8%, 실내 문화·복지·교육공간 33.9%, 실내 오락시설 13.9% 등이었으며, 선호하는 여가공간은 실내 문화·복지·교육공간 30.9%, 실외 관광체험 시설 24.8%, 실외 생활권 공원 22.1% 등으로 현재 이용하는 여가공간과 선호공간 간의 차이가 큰 것으로 분석된다(박광희, 김대관, 2014).

문화체육관광부의 <2016 국민여가활동조사>에 따르면, 노인의 평일 여가시간은 50대 이하의 여가시간이 약 2.9시간인데 비해 60대는 3.6시간, 70대 이상은 4.7시간으로, 70대 이상은 평일에 50대 이하보다 약 2시간이 많은 여가시간을 보낸다. 여가시간에 대해 30대는 45.3%가 여가시간이 충분하다고 평가하고 있는 데 비해 60대는 68.7%, 70대 이상은 85%가 여가시간이 충분하다고 평가하고 있다.

노인의 여가 활용방법을 살펴보면, 대부분의 여가를 TV나 DVD 시청, 산책, 목욕 등 소극적인 휴식활동으로 보내고, 휴식활동 외에 취미, 문화, 체육, 사회활동 등 적극적 활동에 참여하는 비율은 15.6%(70대 이상)에 불과하다. 지속적이고 반복적인 여가활동 참여율도 50대 이하 성인 연령층은 약 50%인데 비해 60대는 41.3%, 70대 이상은 31.9%로 낮다. 이는 다른 연령층이 스포츠, 문화예술, 취미, 관광 등 적극적인 여가활동에 지속적·반복적 태도로 참여하고 있는 것과 대조된다. 즉, 우리나라 노년층은 다른 연령층에 비해 충분한 여가시간이 주어지지만 다양한 여가활동이나 사회참여는 이루어지지 못하고 있다. 여가생활에 만족하지 못한 이유에 대해 청장년층은 '시간 부족'과 '경제적 부담'이 대부분인 반면, 60대 이상의 경우 '경제적 부담' 이유가 가장 높고 '이전 경험 부족/할 줄 아는 것이 없어서', '시간 부족', '여가 정보 및 프로그램 부족', '여가를 함께 즐길 사람이 없어서' 등으로 다양한 이유를 제시하고 있다.

인류의 평균수명이 증가함에 따라 은퇴 이후의 삶이 길어지고 있다. 따라서 은퇴 이후 늘어난 여가시간을 어떻게 활용할 것인지는 고령층의 주 관심사항이다. 이에 따라 취미, 관광 등 고령층을 대상으로 한 여가산업이 성장하고 있다. 미국에서는 풍요로운 여가를 위하여 취미 및 여가에 많은 관심을 보이는 고령자를 의미하는 '적극적 노화(positive aging)', '창조적 노화(creative aging)' 등에 대한 논의가 진행되면서 은퇴 후 많은 여가시간을 활용하기 위한 '시니어 복합문화공간'이 많이 만들어졌고, 이를 이용하는 고령층의 비율도 증가하고 있다.

은퇴 이후 시니어들은 시간적 여유가 많고, 문화, 취미 등에 보다 적극적으로 참여하고자 한다. 건강관리뿐만 아니라, 즐길 수 있는 재밌는 요소를 지닌 취미활동을 하는 사례가 많아지고 있다. 아직 국내에서는 시니어가 즐길 수 있는 콘텐츠의 절대적 수가 부족하며, 다양성도 확보되지 못한 상태이다. 한편, 스마트폰을 능숙하게 다루고, SNS를 활용하는 시니어들이 많아짐에 따라, 자신의 취미활동을 SNS로 공유하고 온라인으로 정보를 교환하는 행위도 활발해지고 있다.

81세의 아이폰 앱 개발자 할머니

팔순이 넘은 나이로 애플 아이폰의 게임 앱을 개발한 일본의 할머니 프로그래머 와카미야 마사코 씨가 화제를 모으고 있다. 젊은 사람들도 어렵다는 앱 프로그래밍을 81세의 나이로 만든다는 것도 놀랍지만 더욱 믿기지 않는 것은 정년퇴직한 69세부터 독학으로 컴퓨터 사용법을 익혔다는 것이다. 와카미야 씨는 고졸 출신의 은행원으로 60세 때 정년퇴직하고, 앱 개발에 뛰어들었다. 80세가 넘어서 프로그래밍을 배웠고, 1년 만에 고령자용 스마트폰 게임 앱 '히나단'을 개발해 화제를 모았다. 히나단은 일본의 민속 전통 축제를 모티브로 한 게임으로 손동작이 느린 노인들이 쉽게 즐길 수 있도록 개발되었다. 이 게임은 2017년 게임 영어판이 나왔으며 2018년에는 중국어판이 나올 예정이다. 한국어판 출시도 예정되어 있다.

이후 그녀는 미국 애플사의 앱 개발자 회의에 초청받아 팀 쿡 최고

<81세 와카미야 마사코 씨와 그녀가 개발한 앱 '히나단'의 화면>

경영자(CEO)를 만났으며, 최근에는 미국 뉴욕 유엔본부에서 '고령사회와 디지털기술 활용'에 관한 주제로 연설하는 등 활동 무대를 전 세계로 넓히고 있다. 이 연설에서 와카미야 씨는 "디지털기술은 인간을 창조적으로 만들기 때문에 많은 고령자에게 도움이 된다"며 "고령자가 디지털기술을 익히면 인생을 더욱 즐길 수 있다"고 전하기도 했다.

그녀는 앱 개발자로서 유명할 뿐만 아니라 81세라는 나이가 무색할 만큼 왕성한 활동을 하고 있는데, 멜로우 클럽 사이트 부회장, 시니어 대상 IT 교육지원재단인 브로드밴드스쿨 이사, 노인층 대상 재택 컴퓨터 교실 운영, 아파트관리조합 이사까지 맡는 등 "너무 바빠서 건강을 챙길 틈이 없다"고 말할 정도이다.

손주를 위한 그림으로 인스타그램 스타가 된 할아버지

손주들에 대한 그리움을 그림으로 표현해 인스타그램에서 스타가 된 할아버지가 있다. 그는 팔로어 32만 명 이상을 보유한 이찬재(77) 할아버지이다. 그가 인스타그램에 올리는 그림들은 동화책 삽화를 보는 듯한 따뜻한 색감의 수채화이다. 이찬재 할아버지가 그림을 그리기 시작한 것은 2015년부터이다. 브라질 이민자인 할아버지는 딸 가족들이 한국으로 다시 돌아가면서 손주들과도 떨어져 살게 되면서 그리운 마음을 그림으로 그려 인스타에 업로드하게 된 것이다. 할아버지가 게재한 그림들은 가족들이 함께하던 순간의 추억들부터 할아버지의 평범한 일상과 풍경, 손주에게 하고 싶은 말에 이르기까지 680여 점에 이른다. 그림은 할아버지가 그리지만, 인스타그램의 글을 쓰는 것은 국문학을 전공한 아내의 몫이다. 그러면 뉴

욕에 사는 아들이 영어로, 한국의 딸이 포르투갈어로 번역하여 완성된다. 이러한 할아버지의 사연은 BBC 등 해외 언론을 통해서도 보도되면서 팔로어 수가 폭발적으로 늘어나기도 했다. 최근에는 브라질의 풍경뿐만 아니라, 재난 현장까지 더욱 다양한 이야기를 담아내며 더욱 많은 사람들과 공유하고 있다.

뒤늦은 예술투혼을 불태운 시니어 예술가들

인생의 황혼 무렵인 80, 90세에도 예술에 대한 투혼을 불태웠던 시니어 예술가들의 사례들이 깊은 감동을 주고 있다. 그 대표적인 예술가가 '미국의 샤갈'로 불리웠던 해리 리버만(Harry Lieberman, 1880~1983)이다. 폴란드 태생으로 26살 때 미국으로 건너가 29살부터 현금출납원으로 일하기 시작했으며 그 후 제조업을 꾸려가며

(출처: 이찬재 인스타그램 @drawings_for_my_grandchildren)

<이찬재 할아버지 인스타그램>

성공한 이주민 유태계 사람이다. 그는 70세 후반에 경영진에서 은퇴하여 뉴욕의 노인 클럽(Golden Age club)에서 잡담과 체스를 두는 낙으로 삶을 달래곤 했다. 그가 81세가 되던 해 어느 날 매일 체스 상대였던 사람이 몸이 불편해 클럽에 오지 않아 홀로 무료한 시간을 보내고 있는 모습을 발견한 자원봉사자의 권유에 따라 그림교실에 등록한 것이 계기가 되어 열정적인 직업 몰입정신을 이곳에서도 발휘하게 된다. 10주 동안의 레슨을 통해 구약성서와 히브리문학을 주제로 그린 그림들은 미술가와 평론가들에게 그 천재성을 인정받았고, 미국의 'Folk Art(민속미술)' 거장의 탄생이라는 찬사를 받았다. 그의 작품들은 시애틀미술관과 마이애미대학 미술관에 보관되어 있고 많은 수집가들의 사랑을 받고 있다. 그는 81살에 미술을 시작하여 101살의 나이에 22번째 전시회를 마지막으로 1983년 103살에 작고했다.

일본에서도 98살의 나이에 첫 시집을 내어 평단과 대중의 관심을 모은 사례가 있다. 2009년 98세에 첫 시집 『약해지지마(くじけない で)』를 발간한 시바타 도요가 그 주인공이다. 90대에 시인 데뷔라는 사실도 놀랍지만, 단 6개월 만에 70만 부가 팔린 엄청난 베스트셀러 작가라는 데도 많이 이들이 감탄하였다. 평생을 글 쓰는 일과는 무연하게 살아온 시바타는 92세가 되어서야 처음으로 시 창작에 나서게 된다. 나이가 들고 거동이 불편해지면서 평소 취미로 하던 일본 무용을 할 수 없게 되자 적적할 어머니를 배려하여, 시인인 아들 겐이치가 추천한 것이다. 남들보다 긴 인생이 재산이 된 시바타의 시는 금세 사람을 감동시키는 작품으로 널리 알려지게 되었다. 아들은 어머니의 재능을 알아보고 신문사에 투고할 것을 제안했다. 그리고 그 시

<미국의 샤갈로 불리는 해리 리버만(좌)과 일본의 98세 데뷔 시인 시바타 도요(우)>

는 6,000대 1의 경쟁률을 뚫고 산케이신문 1면, '아침의 노래' 코너에 실리게 되면서 작가로서의 새로운 인생을 시작하였다. 2013년 노환으로 별세했지만, 2011년 6월 자신의 100세 생일을 기념하는 두 번째 시집 『100세』를 펴내는 등 말년까지 왕성한 집필활동을 펼쳤다.

'진지한 여가' 개발에 대한 필요성 대두

평균수명의 연장으로 60세에 정년퇴직을 해도 노후생활 기간이 30년 정도로 늘어나게 되었다.

은퇴 후 일상생활에 꼭 필요한 수면, 식사, 가사노동 등의 시간을 제외한 여가시간이 8만 시간에 이른다고 한다. 이 8만 시간은 만 25세부터 직장생활을 시작해서 60세까지 35년 동안 일한 사람의 노동시간인 84,000시간(8시간×25일×12개월×35년)과 맞먹는 긴 시간이다. 은퇴 후 또 한 번의 8만 시간이 있기 때문에, 은퇴 후의 삶은 연장전이 아니라 후반전이다. 젊어서는 가족을 위해 사는 삶이었다면 은퇴 후에는 평소 하고 싶었던 일과 여가활동을 하며 인생 2막의 꿈을 시작할 수 있다. 은퇴자에게 필요한 다섯 가지로 돈·건강·일·여가·관계를 꼽는다. 행복한 노후생활을 위해서는 이 다섯 가지 요소의 균형이 요구된다.

평균수명이 90세에 육박하는 장수시대가 도래하면서 은퇴생활의 활력을 주는 취미와 같은 여가활동이 점차 더 중요해지고 있다. 하지만 많은 퇴직자가 평생을 회사형 인간으로 살아온 결과 이렇다 할 취미·여가가 없는 상황이다. 그래서 우리나라 은퇴자들의 삶은 자아를 성취하는 멋진 시간이 아니라, 은퇴 후 많아진 자유시간을 오히려 부담스러워 하는 경우가 많다.

선진국에서는 은퇴자들이 매우 다양한 여가활동을 즐긴다. 스포츠활동을 즐기는 것은 기본이고, 여행하거나, 평생학습을 하며 기술을 배우거나, 사회봉사활동도 펼치고 있다. 은퇴자들은 퇴직 후 자아를 실현하며, 많은 사람과 교류하는 방법으로 여가활동을 즐기게 된다. 은퇴 후 여행, 독서, 스포츠, 악기연주, 자기계발과 같이 평생하고 싶었던 여가활동을 하면 은퇴자에게 행복감을 높여준다. 여가활동은 은퇴 후 시작하는 새로운 사회활동의 기반이 될 수 있다. 수준 높은 여가활동을 위해서는 관련 지식이나 기술을 배워야 하는데, 그 과정에서 많은 사람을 새로 사귈 수 있다. 동호회나 단체에 가입하여 활발한 활동을 할 수 있게 된다. 이처럼 적극적으로 여가활동을 즐기다 보면 취미·여가가 또 다른 직업으로 발전하는 경우도 종종 있다. 취미·여가활동을 할 때 한 가지 활동에만 몰입하기보다는 다양한 취미의 포트폴리오를 구성하는 것이 만족도를 더 높이는 방법이다.

캐나다 캘거리대의 석좌교수로 재직 중인 로버트 스테빈스는 이렇게 이야기한다. "일상적 여가를 벗어나 진지한 여가로 나아가야 한다(로버트 스테빈스, 2012)."

여기서 '일상적 여가(casual leisure)'는 산책, TV시청, 인터넷 검색·SNS, 낮잠 등으로 일상적 여가를 즐기면서 휴식, 재충전, 사교, 즐거움을 얻을 수 있다. 이들 일상적 여가는 즐기기 위해 많은 노력이 들지 않는 활동들이 포함된다. 비교적 단순하며, 짧은 즐거움에 초점을 둔다. 진지한 여가보다 일상적 여가 참여자들이 훨씬 많다.

한편, '진지한 여가(serious leisure)'는 중심적인 삶의 관심이 되는 여가활동이다. 진지한 여가활동은 관련 지식이나 기술을 배우기 위해 때때로 수년간의 열정과 노력이 필요하지만, 어느 수준에 도달하면 높은 성취감과 자아실현의 보상이 오는 여가활동이다. 예술이나 스포츠 등의 분야에서 아마추어 여가활동과 재봉, 목공, 원예 등의 취미 여가활동 및 자원봉사활동이 이에 포함될 수 있다. 이러한 진지한 여가활동에서 전문가 수준의 경력을 쌓으면 직업이 될 가능성도 있어, 진지한 여가의 개발은 노후생활을 대비하는 방법이 될 수 있다. 생애주기로 볼 때 자녀들이 모두 성장한 부모들은 아이들을 키울 때 했던 단순한 여가활동에서 좀 더 만족추구가 큰 진지한 여가로 바꾸는 경향이 있다.

<일상적 여가와 진지한 여가>

구분	진지한 여가	일상적 여가
종류	아마추어 여가활동, 취미 여가활동, 자원봉사 여가활동으로 구성	산책, TV시청, 낮잠, 인터넷 검색 등
기간	장기간 추구	단기간에 가능
보상	성취감, 자기만족, 자아실현	휴식, 재충전, 즐거움
필요지식	충분한 기술, 지식, 경험을 필요	최소한의 기술, 지식, 경험만 필요
경력 단계	경력을 쌓을 수 있음	경력을 제공해주지 않음

진지한 여가활동의 여섯 가지 특징을 정리하면 다음과 같다; ① 여가활동이 중심적인 삶의 관심이 된다. ② 장기간 여가활동을 하면서 경력을 쌓아간다. ③ 필요한 지식, 기술, 경험을 배우기 위해 상당한 개인적 노력을 경주한다. ④ 여가를 통해 성취감, 자아실현을 느낀다. ⑤ 인내심을 가지고 여러 가지 어려움을 끈기 있게 극복한다. ⑥ 진지한 여가활동 참여자들과 공동체 정신을 형성한다.

한편, 우리나라 65세 이상 고령자들은 하루 24시간 중 '필수생활시간'으로 50%, '의무생활시간'으로 20%, '여가생활시간'으로 30%를 사용한다. 연령이 높아질수록 의무시간은 감소하고 필수생활시간과 여가시간은 증가한다. 이는 주된 직장에서 퇴직 이후에 '일'과 관련된 시간이 줄어들면서 의무시간은 감소하는 반면 여가시간과 필수생활시간은 증가하기 때문이다. '필수생활시간'에는 수면, 식사, 건강관리, 외모관리 등이 포함되는데, 65세 이상 고령자들은 50대보다 수면시간이 약 30분 증가한다고 한다. '의무생활시간'에는 일, 가사노동, 가족 돌보기, 학습, 이동시간 등이 포함되는데, 50대부터 '일' 관련 시간과 '이동시간'이 같이 감소한다. '여가생활시간'에는 TV시청, 인터넷 정보검색, 교제활동, 스포츠 및 레포츠, 종교활동 등이 포함되며, 연령이 높아질수록 TV시청을 더 많이 하며 걷기나 산책하는 시간이 증가하는 것으로 보고된다. 고령자의 스포츠활동 중에서는 '걷기나 산책'이 가장 많은 시간을 차지하며, 고령자들은 성인보다 하루에 평균 20분 정도 더 많이 걷거나 산책을 하고 있다.

우리나라 50~60대 중·장년층은 하루 여가시간의 절반을 TV, 스마트폰, 인터넷 등의 미디어를 이용하여 정적인 여가활동을 하고 있는 것으로 나타났다. 우리나라의 베이비붐 세대는 한국경제 고도 성장기에 바쁘게 일하느라 이렇다 할 취미나 여가 없이 미니어를 이용하여 휴식하는 것으로 보인다. 65세 이상 고령자들은 하루 여가시간의 약 50%를 TV시청에 사용하는 경향을 보인다. 고령자들은 TV 시청 다음으로 종교·문화활동, 교제활동, 스포츠활동 등의 여가활동을 영위하고 있다.

활기찬 노후를 위해서는 TV 보는 시간을 줄이고, 삶의 활력을 주고 성취감을 느낄 수 있는 진지한 여가를 개발하는 것이 바람직하다. '진지한 여가'는 장기간 기술, 지식, 경험이 필요하지만 높은 성취감과 자아실현을 할 수 있는 여가활동을 의미한다. ① 예술이나 스포츠 분야의 아마추어활동, ② 사진·목공·원예 등의 취미여가활동, ③ 자원봉사활동이 이에 해당된다. 관심 있는 진지한 여가를 찾은 경우, 동호회에 가입하면 혼자 할 때보다 지속적인 활동이 가능하며 공통된 관심사를 가진 친구를 만들 수 있어 활기찬 여가를 보낼 수 있을 것이다.

'노년의 활력소' 게이트볼 동호회

생활 체육 중 시니어들에게 가장 인기 있는 종목이 있다면 바로 게이트볼이다. 얼핏 보면 게이트볼 경기가 느리게 걸으며 진행되기 때문에 운동 효과가 별로 없다고 생각하면 큰 착각이다. 게이트볼은 시니어들의 심신 건강을 유지하는 데 최적화된 운동이다. 경기 내내 계속해서 걸어야 하기 때문에 유산소 운동 효과를 볼 수 있다. 하지만 뛰거나 하지 않아도 되기 때문에 체력이나 나이 등에 관계없이 누구나 대등하게 경기를 할 수 있어 65세 이상의 시니어들 사이에서는 인기다. 기초 기술 습득이 쉽고, 경제적 비용이 적게 드는 데다 전신운동 효과가 있어 어르신, 어린이들에게 적합하다. 30분 경기에 2천 보에서 3천 보를 걷지만 평평한 그라운드에서 하는 만큼 힘들지는 않다. 특히 경기 중에는 다양한 작전이 구사되는 만큼 치매예방에도 도움이 된다고 한다.

이렇게 시니어들의 전용 운동으로 여겨지는 이 게이트볼을 주민 절반 이상이 즐기는 지역이 있다. 바로 '강화 교동도'이다. 인천광역시 강화군 교동도는 강화도에서도 좀 더 북쪽에 위치한 주민 3,200명의 작은 마을이다. 2014년 교동대교가 개통돼 강화도와 연결되었지만, 여전히 인근 군부대장의 출입 허가가 필요한 민간인 통제구역이다. 이곳에서는 17개 동네에 게이트볼장만 22개가 있다. 강화도에 1곳인 여성전용 게이트볼도 바로 이 지역에 있다. 이곳에서 게이트볼이 이렇게 활성화된 것은 주민들 대부분이 벼농사를 짓고 있어 생활리듬이 비슷한 것도 한 가지 이유라고 할 수 있다. 농번기에는 고령자 위주로 운동하고 겨울에는 젊은이들도 함께 즐기는 강화도 교동의 대표적인 생활체육으로 발전했다.

베이비부머와 당구의 부활

그때 그 시절 당구를 즐기던 사람들은 현재 '新' 당구 열풍이 불어오면서 점차 구장으로 회귀하기 시작했다.

벨기에 국기(國技)로 인정되는 당구는 구한말 때 처음 한국에 들어왔다. 대한제국의 마지막 황제이자 한국사의 마지막 군주인 순종은 당구를 자주 즐겼다고 한다. 순종은 옥돌로 만든 포켓 당구대 2

개를 두고 하루에 2시간씩 당구를 지며 하루의 피로를 풀었다고 전해진다.

한국에서의 대중이 접할 수 있었던 현대적인 당구장 형태는 1923년 지금 충무로 2가에 생긴 '파주정'이 최초다. 예전에는 당구장의 이미지가 그리 좋지만은 않았다. 담배를 자주 피워서 너구리 소굴로 만드는가 하면, 사람들의 잦은 다툼이 일어나는 장소이기도 했다. 형사들도 범죄가 일어났다 하면 당구장을 먼저 뒤지고 다녔다. 그러나 2000년대에 들어 중·고등학교 특기 스포츠로 보급되면서 인식이 많이 바뀌기 시작했다. 게다가 88올림픽 정식종목으로 채택되면서 '선수'라는 개념의 당구인이 처음으로 등장했다. 이후 이상천이라는 국내 당구계 전설이 우리나라 당구 선봉에서 당구를 이끌어가며 점차 스포츠로서 발전해나갔다. 발전해온 당구는 2013년 WPBA 마스터즈대회 챔피언 김가영 선수와 얼마 전 안타깝게 사망한 故 김경률 선수 같은 걸출한 인재를 배출해내며, 당구라는 스포츠가 과거 왕이 즐기던 '황제 스포츠'로서 다시 인정받기 시작했다. 2014년 '빌리어즈TV'라는 당구전문채널까지 등장했다.

은퇴시기를 맞는 '베이비부머'(1955~1963년 출생자)들이 당구장 부활의 주역으로 떠오르고 있다. 1970~1980년대 경제성장기 가장 왕성하게 활동한 산업역군이자, 역사상 가장 활동적이고 소비 욕망이 충만한 60대이다. 당구는 이들의 젊은 시절 거의 유일한 오락이었다. 치열했던 시절의 향수를 더듬으며 당구장을 찾는 발길이 이어지는 것이다. 서울당구학교를 비롯해 각종 당구 아카데미를 찾는 5060세대가 절반이 넘는다고 한다. 승부욕을 자극하면서도 게임비가 상대적으로 저렴하고 날씨와 상관없이 즐길 수 있는 것도 매력

요인이다. 동호회도 여럿 생겨나고, 당구장 벽에 고교 동창회 등의 플래카드가 붙은 모습도 자주 눈에 띈다.

2017년 11월 국세청 통계에 따르면 당구장은 '뜨는 업종'으로 분류됐다. 2014년 사업자 1만 4,629명이던 것이 2017년엔 1만 8,258명으로 3년 만에 28%나 증가했다. 국민건강증진법 개정으로 2018년 3월부터 당구장이 금연 구역에 포함되면서, 담배 연기 자욱한 '너구리굴'이란 과거의 오명도 벗게 됐다. 카페 스타일의 깔끔한 당구장이 속속 문을 열어 '데이트 코스'로도 각광받는다.

당구는 간단해 보이지만 두뇌 회전과 기술 숙련이 필요한 운동이다. 당구는 1시간에 2~3㎞를 걷는 효과를 내는 유산소운동인 데다 대표적 두뇌 스포츠인 체스에 버금가는 집중력을 키워준다. 근력 운동뿐만 아니라 뇌 노화방지 효과도 있어 중년 이상 시니어들에게 유의미한 취미활동이 된다.

하지만 대다수의 노인은 여가시간을 TV시청이나 라디오 청취와 같이 비교적 소극적으로 활용한다. 노인의 사회참여활동은 자신의 욕구와 삶의 내용에 집중되고 이웃과 사회를 향한 것이 너무 빈약한 실정이다. 노인들의 하루 생활을 보면, 집에서 TV를 보다가 심심하면 동네 경로당에 나가 화투를 치거나 장기를 두는 것이 전부이다. 일부 노인들은 신앙생활을 활발히 하면서 종교단체가 주관하는 자원봉사활동 등에 참여하기도 한다.

일의 강박에서 벗어나 삶을 여유롭게 즐기는 문화를 적극 형성할 필요가 있다. 젊어서부터 노후의 소득보장을 적극 준비하고, 건강관리에 힘을 쓰며, 노후에는 소득행위보다는 삶을 즐기는 쪽으로 나가는 사회운동이 필요하고, 새로운 노년문화를 형성해야 한다.

새로운 노인문화는 학습과 여행 등 취미활동, 공연, 스포츠, 시민활동, 권익운동, 이웃 돌봄과 나눔 등 당사자의 취향과 능력에 따라 참여하면서 자기를 계발하고 즐거움을 누리며 공익적인 활동에도 관여하는 것으로 정의된다. 노인의 적극적 사회참여를 위해서 평생학습, 건강관리, 자산의 유지관리, 가족과 이웃관계, 사회적 공헌활동이 매우 중요하다.

여유시간이 많은 노년층에게 문화 소비가 중요하지만 물리적으로 이들이 참여할 수 있는 문화생활은 상당한 제약이 따른다. 신체적 정신적 차원에서의 제약도 있고 교통수단을 이용하는 데 제약을 받기에 이동성의 제한도 있다. 이러한 제한적인 조건을 갖고 있기에 사회 전체적으로 문화활동의 질을 끌어올리기 위한 정책적 노력들이 노년층에는 접근 가능한 혜택으로 다가가지 않는 경우가 많다. 별도의 정책적 노력과 예산이 필요하다는 것이다. 물론 여기에는 디지털 미디어를 더 적극적으로 활용하도록 하는 방안도 포함된다. 물리적 이동이나 신체적 활동의 범위가 적으면서도 어느 정도 문화 소비 욕구를 해소할 수 있기 때문이다.

현재 노년층의 여가문화활동은 정적이고 소일거리 활동 위주이지

<게이트볼과 당구를 즐기는 시니어들>

만 이들은 보다 자기개발적이고 참여적인 활동을 욕망한다. 이들의 문화활동이 생활만족도에 끼치는 영향에 있어서도 어떤 유형의 여가문화활동인가에 따라서 다른 효과가 있으며 현재 노년층이 염원하고 있는 종류의 활동을 유도할 수 있는 풍부한 콘텐츠의 개발이 필요한 시점이다.

선진국의 은퇴자들을 위한 지역 설계에서도 보이듯이 다양한 문화예술활동을 즐길 수 있는 장의 마련이나 여기서 활용할 수 있는 프로그램의 개발은 지역경제의 활성화와 지역의 사회자본 확충을 위해서 두 마리 토끼를 잡는 방안으로 다양하게 시도되고 있다. 더불어 이러한 사업들에 있어 디지털 미디어를 활용하는 것은 앞으로 더 다양한 실험적 시도를 펼칠 수 있다는 측면에서 미래적인 가치를 지닌다고 할 수 있다.

한편, 고령사회에서 활기차고 건강한 노후생활을 영위하기 위하여 노인들의 사회참여활동에 대한 많은 관심과 필요성이 제기되고 있다. 최근 노인들에게도 기나긴 노년기를 특정한 역할 없이 수동적으로 보내려는 것이 아니라 사회의 일원으로 보다 적극적인 역할과 활동으로 의미 있는 노년기를 보내려는 경향이 확산되고 있다. 노인은 사회참여활동을 통해 상실한 역할이 새로운 역할로 대치되며, 그리고 사회참여활동의 친밀성과 접촉빈도는 노인의 역할지지에 영향을 미쳐 긍정적인 자아상을 형성하게 되고 생활만족도를 높게 유지시킨다.

노인들의 사회참여활동은 노인들을 소극적·의존적·비생산적인 존재에서 적극적·독립적·생산적 존재로서 수혜자에서 제공자로 변화시키고 평생 동안 축적해온 경험, 지식, 기술 및 지혜 등을 활용하여 지역사회의 발선에 공헌하기도 한다. 노인들의 삶에 긍정적인 영향을 미치고 지역사회 발전에 기여하는 노인들의 사회참여활동은 사회적, 경제적 및 조직적 성격을 포괄하는 광범위한 활동으로 경제활동, 교육활동, 단체활동, 정치활동, 종교활동 및 자원봉사활동 등 다양한 형태들로서 노인들의 생활전체를 의미하기도 한다.

　노인의 사회참여활동에 관련된 주요 분야들로는 평생교육과 자원봉사활동이 있다. 노인 평생교육 분야는 정규교육 혹은 직업교육과는 달리 노년기에 이루어지는 교육으로 인지적 기능을 유지하면서, 사회 및 여가생활에 필요한 지식을 습득하고, 나아가 죽음을 앞둔 사람으로서 인생의 깨달음을 얻게 하는 교육이다. 그리고 평생교육은 노인들이 변화하는 사회 속에서 대처하는 방식과 자신의 남은 삶을 준비하고 계획하며 이끌어가는 역량을 배울 뿐만 아니라, 노인 스스로가 자신을 개발하고 사회의 주도적인 역할을 할 수 있도록 함으로써 사회적으로도 긍정적인 영향을 미치도록 하는 데 의의가 있다.

　노인 자원봉사활동은 사회에 기여하고 공헌하는 보람 있는 노년기를 보내면서 가정과 사회에 긍정적인 영향을 미치며 참여자에게 긍정적 자아상을 형성케 할 뿐만 아니라 사회적 지위와 역할을 유지시킨다. 그러나 현재 우리나라 노인의 자원봉사 참여율은 60세 이상 전체 노인의 10% 수준에 머무르고 있는 게 현실이다. 이러한 현상은 퇴직 후 노인이 자원봉사활동에 참여하기까지 많은 어려움에 직면한다는 것을 의미한다. 자원봉사는 경제적으로 어려움이 없는 노인이나 지식과 특별한 기술을 보유한 노인에게는 부담 없이 접근할 수 있는 활동이나 일반적인 노인에게는 누군가를 위해 자신이 가진 것을 나누어주어야 한다는 측면에서 부담스런 활동이다. 따라서 자원봉사에 있어서 노인의 참여를 이끌어내기 위해서는 다양한 전략이 필요하다.

시니어의 여가생활에 활력을 주는 복합문화공간의 부상

최근 시니어들을 위한 복합문화공간에 대한 관심이 높아지고 있다. 은퇴 이후에 다른 사람들과 어울려서 다양한 취미를 나눌 수 있는 공간이다. 이에 대한 대표적인 사례로 미국의 '매더카페플러스(Mathercafeplus)'와 일본의 '유유지적(悠友知摘)'이 있다.

미국 시카고의 시니어 복합문화공간을 표방하는 '매더카페플러스'는 인도주의자 알론조매더(Alonzo Mather)가 1941년도에 설립한 비영리단체로, 이름에서도 알 수 있듯이 카페에서 단순히 제공하는 먹고 마시는 서비스 이상의 감동을 제공한다. 슬로건은 'Cafe & Ways to age well', 'Cafe & More……' 그리고 Eatertainment(Eat+entertainment)로, '먹는 것'을 중심에 둔다. 요리를 만들고 그 요리를 함께 먹는 건강요리 시연이라든가 영화를 보고 영화 속에 나온 음식점을 함께 방문하는 최근 트렌드라고도 할 수 있는 체험이란 부분이 음식과 녹아 있는 운영방식이다. 우리나라와 같이 실버타운이 실버만을 위한 전용공간이 아니라 그 가족들이나 다른 세대로 매더카페플러스를 방문하여 함께 먹고 마시며 각종 이벤트도 즐기는 열린 소통의 공간이라는 커다란 장점이 있다. 매더카페플러스는 축제, 음식, 건강, 여행, 강좌 등 시니어는 물론이고 주말이면 가족들, 다른 세대들이 함께 참여할 수 있는 다양한 프로그램을 갖춘 '에지워터(Edgewater) 프로그램'이라는 것이 있다. 그래서 콘셉트도 바로 '카페 그 이상(more than a café)'이다.

일본에는 시니어들의 배움의 공간인 '유유지적'이 있다. '유우지적'은 일본 나고야에 위치한 시니어를 위한 복합문화공간으로 시니어 살롱이라고도 불린다. '사귀고, 배우고, 활용하자'는 콘셉트로 50세 이상만 입장 가능하다. 연간 회원제로 운영되는데 인터넷, 공예, 이벤트, 강좌(자산관리, 건강관리) 등 다양한 프로그램이 시니어들에게 제공되고 있다. 모임활동이 가능하며 안락한 분위기에서 무료음료를 마시고 PC, 잡지도 마음대로 활용가능하다. 건강, 취미, 자산운용, 사회생활 등 배움을 통해 자기를 발견함과 동시에 제2의 인생을 준비하는 곳이다. 이곳의 회원들은 지난 사회생활 동안 축적된 지식과 경험을 사회에 환원하거나 직접 자원봉사자로 참여하기도 한다. 또한 살롱 내에 마련되어 있는 다목적 공간에서는 가족 및 세대 소통·공감형 프로그램을 진행하고 시니어들이 취미로 직접 만든 작품들의 전시가 이루어지기도 한다.

경험에 돈을 지불하는 시대, '시니어의 경험을 팝니다!'

오랜 세월 살면서 수십 년간의 경험으로 축적한 시니어들의 암묵지(Tacit knowledge, 暗默知)는 학습과 경험으로 체화되어 겉으로는 드러나지 않는 지식 혹은 노하우라고 할 수 있다. 시니어의 지식과 재능을 제대로 전수하지 않고 사장시키는 것은 개인뿐만 아니라 사회적으로도 크나큰 낭비라고 할 수 있다(최숙희, 2017.3.1). 최근 시니어들의 경험을 이를 필요로 하는 구매자들과 연결시키는 비즈니스가 새로운 가치를 가지고 성장하고 있다.

은퇴자가 선생님이 되는 영국의 '더 어메이징스(The Amazings)'는 그 대표적인 사례이다. 런던의 '더 어메이징스'는 시니어들의 경험에 대한 가치를 돈으로 매겨, 사람들에게 되파는 색다른 사회적 기업이다. 은퇴한 시니어들은 자신이 가진 기술을 더 어메이징스에 알리고 추후 클래스가 구성되면 가르치기만 하면 된다. 광고와 사이트 업로드, 수강료 지불에 관한 모든 사항은 더 어메이징스에서 30%의 수수료만 내면 대행해주기 때문에 복잡한 일은 전혀 하지 않아도 된다. 사이트에 올라와 있는 강의를 보면, '로라(Lora)와 함께하는 옷을 꼭 맞게 수선해주는 방법을 알려주는 클래스'부터 '가일(Gail)과 함께하는 당신에게 맞는 맞춤형 유기농 립밤 만들기', '앤드류(Andrew)와 함께하는 거리 사진 촬영', '크리스(Chris)와 함께하는 태극권 강의' 등 그 주제는 천차만별이다. 수강료 역시 한화로 10,000원에서 45,000원 사이로 영국 물가를 생각한다면 거의 무료나 다름없는 저렴한 가격이다.

또 다른 영국의 시니어 경험 관련 비즈니스 사례로는 '노하우 마트(Know How Mart)'가 있다. '노하우 마트'는 숙련된 전문가들이 일회성 조언이 필요한 기업들은 전문지식을 판매할 수 있도록 도와 초점을 맞추고 있는 온라인 창구이다. 전문가들은 직접 사이트에 프로필을 만들거나 카테고리 중에서 자신의 전문분야를 선택한 뒤, 받고자 하는 시간별 금액을 지정한다. 기업은 업무가 완료되어야 할 기한과 필요로 하는 전문분야에 대한 자세한 정보를 게시할 수 있다. 노하우 마트는 기업이 지불한 총 금액의 20%를 서비스 요금으로 받는다. 전문적인 식견을 지닌 시니어와 그 도움이 필요로 한 기업을 연결하는 '시니어 경험 중개 웹사이트'인 셈이다.

노년의 지적 욕구를 충족해주는 여행상품과 서점 사례

우리에게 익숙한 '효도관광'이라는 말이 있다. 좋은 풍경과 음식이 제공되는 곳으로 편안하게 시니어들이 관광여행을 다녀오는 것을 일컫는다. 하지만 최근에는 지적 호기심과 배움에 대한 노년들의 욕구를 충족시켜주는 여행상품이 나와 주목받고 있다. 그 대표적인 사례가 바로 미국의 고령층을 대상으로 한 교육 프로그램이며 비영리단체를 의미하는 '로드 스칼라(Road Scholar)'이다. 이 단체는 1975년에 설립됐다. 본래 명칭은 '엘더 호스텔(elder hostel)'이었는데 2010년 로드 스칼라로 변경되었다. 로드 스칼라는 말 그대로 '길 위의 학자'라는 뜻을 갖고 있는데, 탐험하고 모험하는 전 세계의 시니어를 의미한다. 220명으로 시작된 프로그램 참가자는 이제 매년 10만 명을 넘어서는 상당한 수준이며 150개국 5,500개의 프로그램을 제공하는 세계적인 네트워크로 성장했다. 프로그램은 가벼운 일정에서 특별한 모험까지 다양하다. 쿠바에서 남극대륙까지 갈 수도 있고 호주박물관의 유물을 보거나 애리조나 사막도 트레킹할 수 있다. 150개국 중 가서 배우고 싶은 나라 또는 박물관관람, 어학연수, 카약타기 등 관심사에 따라 프로그램을 선택하면 된다. 최근에는 손주와 함께 떠나는 세대 간 여행도 인기다. 자연이나 도시관광뿐만 아니라 손주와 서핑을 배우거나 영화제작도 경험하는 이색 프로그램들이 있다. 주목할 것은 시니어를 대상으로 하기 때문에 프로그램별로 활동단계(activity level)와 야외활동단계(outdoor level)가 세분화되어 있다는 점이다. 건강상태와 여행취향에 따라서 단계를 선택하면 된다. 프로그램별로 일정, 비용, 건강, 취향의 단계가 있어 개인

상태에 따라 선택할 수 있는 게 장점이다.

또한 시니어들이 지적 욕구를 충족시키는 공간으로 서점을 빼놓을 수 없다. 일본의 쓰타야서점(蔦屋書店; TSUTAYA BOOKS)은 이러한 틈새시장을 공략하고 있다. 책방, 카페, 구두 수선점, 편의점, 문구점 등이 한 공간에 있어 손님들이 책도 보고 물건도 사고 커피도 마실 수 있는 공간으로 꾸며져 있다. 이곳은 단순한 서점이 아니다. 사람의 라이프스타일과 관련된 모든 것을 모아서 제안하는 '문화기획사'와 같은 성격을 갖고 있다. 쓰타야를 소유하고 있는 지주회사인 '컬처컨비니언스클럽(Culture Convenience Club, CCC)'에 '컬처'가 들어가는 것 역시 그런 회사의 정신과 맞닿아 있다는 평가이다. 쓰타야서점은 1983년 오사카 히라카타에 처음으로 비즈니스를 시작한 이후 음악, 영화와 책을 통해 젊은이들에게 '라이프스타일 내비게이션'을 표현하고자 했는데, 2011년에는 도쿄 다이칸야마에 현재 50~60대가 된 28년 전의 젊은이를 위한 시니어 전문의 쓰타야서점을 개장했다. 다이칸야마에 2011년 12월 5일 개장한 쓰타야서점은 컬처컨비니언스클럽이 지금까지 추진해왔던 다양한 기획들의 총집대성이라고도 할 수 있다. 50~60대인 고객들을 다시 불러모으고자 추억과 전문성을 내세우고 야심차게 선보인 쓰타야서점은 아날로그적 정서를 강하게 갖고 있다. 한적한 주택가에 자리 잡은 이곳은 '숲 속의 도서관'을 내걸고 4,000평(1만 3,200㎡) 부지에 책과 차(茶)·음식, 여행, 쇼핑 등을 테마로 한 고급 복합공간을 꾸몄다. 실제로 시니어들은 1980년대 록, 팝 음악, 팝, 재즈, 클래식 등 앨범의 모든 트랙을 CD 아카이브에서 들을 수 있고, 자유롭게 커피 한 잔도 할 수 있다. 재즈 관리 안내 서비스, 심층 지식 장르 선택을 돕기 위해 컨시어지 서비스도 제공한다. 각 분야별로 나이 지긋한 베테랑 상담사가 매장 곳곳에 배치되어 있어 고객의 문의에 친절히 응대한다. 소비만이 아니라 책과 영화, 음악을 통해 정서적 안정과 취미 생활을 할 수 있도록 돕는다는 점에서 매력적인 시니어 비즈니스의 성공사례라고 하겠다. 쓰타야서점의 성공요인은 50~60세 시니어를 타깃으로 이들 세대의 관심과 라이프스타일에 맞춘 서적과 함께 관련상품과 예술품 전시까지 '문화'를 만들어낸 것에 있다. 쓰타야서점 성공 이후 하코다테(홋카이도), 쇼난(가나가와 현), 후타코다마가와(도쿄), 우메다(오사카)점 등이 연이어 히트했다(최숙희, 2017.10.22). 온라인서점이 보편화되면서 오프라인 서점은 사양길에 접어드는 추세를 보였으나, 쓰타야서점은 온라인 서점과 경쟁하기보다는 오프라인 서점의 장점을 살려 아날로그적 감성으로 승부하여 성공을 거둔 대표적인 사례라고 할 수 있다.

시니어 문화예술 교육 사례

전 세계적으로 고령화사회가 빠르게 진행되면서, 노년층을 대상으로 한 문화예술교육에 대해서도 관심이 모아지고 있다. 해외에서는 정부의 주도로 노년층이 사회 안에서 창의적이고 주도적인 역할을 할 수 있도록 관련 기관을 설립하는가 하면, 지역의 축제와 연계한 다양한 문화예술교육 커리큘럼 및 프로그램을 진행하고 있다.

그 대표적인 사례로 미국 뉴욕시 노인복지기관 협력 프로그램 '수 카사(SU-CASA)'가 있다. 미국 뉴욕시에 위치한 노인복지기관 협력 프로그램 '수 카사'는 '창의적 노화(Creative Aging)'와 관련한 커뮤니티 아트 참여 프로그램으로, 예술가와 지역 커뮤니티의 노인들을 연결하고, 노인들이 글쓰기, 공예, 춤 연극 등 다양한 예술활동을 통해 긍정적인 삶을 지속하도록 하는 목표를 갖고 있다. 프로그램은 지역 예술기관과 노인복지센터(senior center)가 협력하여 센터 내 레지던시를 설치하거나 예술가를 파견하여 노인들을 대상으로 예술교육을 진행하는 방식으로 운영되고 있다.

영국 남서부지역인 웨일스의 노인복지기관 예술가 레지던시 프로그램인 '카트레부(cARTrefu)'도 눈여겨볼 만하다. 카트레부 프로그램은 요양기관 거주자의 삶의 질과 직원의 근무환경 개선, 직원들의 새로운 기술 습득, 예술가의 전문성 개발 등 각 구성원의 개인성장과 더불어 노인예술에 대한 의식을 개선하는 것을 목표로 하고 있다. 세부 운영방식을 살펴보면 공연예술, 음악, 시각예술, 문학 4개의 분야에 총 16명의 예술가를 매칭하고, 8주간 매주 2시간씩 총 122개의 기관에 방문하여 예술 프로그램을 진행하는 방식이다. 2017년 10월에 발간된 요양기관 거주 노인 대상 프로젝트 '크리에이팅 아티스트(Creating Artists in Residents)' 보고서 결과에 따르면, 지난 2017년 프로그램에 참여한 요양기관 거주 노인의 수는 1,543명으로 나타났으며, 이는 예술가들이 요양기관에 1,952시간에 해당하는 예술활동을 무상으로 제공한 셈이다. 요양기관 거주 노인의 86%가 예술활동을 즐겼다고 응답하였으며, 거주자뿐만 아니라 스태프, 예술가 및 멘토들에게도 개인적 성장과 관계 개선에서 예술이 긍정적인 영향을 미친 것을 알 수 있다.

한편, 국내에서는 다소 특별한 시니어들을 위한 문화예술교육이 실시 중이다. 2018년 5월 대한치매학회와 국립현대미술관은 3주간 매주 수요일 국립현대미술관 과천관에서 치매환자와 보호자를 위한 '일상예찬, 시니어 조각공원 소풍'을 개최한 바 있다. 행사 참여자들은 미술관 교육 프로그램을 통해 다양한 감각을 활용해 국립현대미술관에 설치된 작품을 감상하고 직접 현대미술을 체험하는 시간을 가진다. 거동이 불편하고 바깥 활동이 자유롭지 못한 치매환자들의 일상생활 수행능력의 중요성을 널리 알리고, 미술과 거리가 있었던 이들에게 삶과 미술을 접목시킬 수 있도록 기획했다. 실제로 치매인구의 급증으로 가정과 사회의 부담이 증가하고 있는데, 이들을 대상으로 한 문화예술 프로그램은 중증환자가 아닌 조기치매환자 혹은 이들을 돌보는 가족의 스트레스 감소에 그 목적을 두고 있으며, 긍정적인 반응을 얻어내고 있다.

요컨대 취미/여가 관련 시니어 비즈니스 중에서 향후 '고령자 생애학습 여가산업'은 향후 전망이 밝을 것으로 전망된다. 시대의 발전과 사회 환경 변화에 따라 앞으로의 시니어세대는 현재와 달리 질적, 양적인 면에서 또 다른 생애학습에 대한 다양한 욕구가 증가할 것으로 보이기 때문이다(최숙희, 2014.2.1). 결론적으로 다양한 학습 프로그램이 개발되어 새로운 것을 배우고 흥미로운 장소를 탐험하며, 배움의 열정을 공유한 사람들의 만남은 노후의 아름다운 삶을 만들 수 있을 것이며, 이러한 배움의 기회를 제공하기 위한 여가교육 환경 제공과 관련한 산업이 자연스럽게 성장할 것으로 기대된다.

7. 오락/게임/웹툰

　최근 미디어의 발전에 따라 실버세대를 위한 놀이문화도 다양하게 변화되어 가고 있다. 실버세대들이 즐기던 전통적인 놀이 형식과 방식에서 벗어나 디지털 미디어 형태로 콘텐츠가 새롭게 변화되어 가고 있다. 특히 디지털 기술의 발전과 스마트폰의 대중화는 디지털·스마트 매체 중심의 실버 게임콘텐츠를 확산시키고 있다. 이러한 실버 게임콘텐츠는 크게 매체 유형, 기능, 형식으로 나누어 살펴볼 수 있다. 매체의 유형은 콘솔, 키오스크, 스마트 디바이스 및 공간으로 구분할 수 있는데, 최근 다른 매체보다 스마트 디바이스를 중심으로 하는 실버 게임콘텐츠의 제작이 활발하게 이루어지고 있다.

　각 매체별 실버 게임콘텐츠를 살펴보면, 콘솔 기반의 실버 게임콘텐츠들의 특징은 실버세대들이 게임을 즐기면서 동시에 팔이나 다리 등 신체의 일부분을 움직이면서 정신적 건강과 육체적 건강을 동시에 추구하도록 유도할 수 있다. 다음으로 키오스크 기반의 실버 게임콘텐츠들의 특징은 주로 유테이블을 많이 활용한다. 유테이블은 테이블 탑 인터페이스를 지칭하는데 테이블 표면에 스크린이 설치되어 있고 터치방식으로 작동되는 것을 의미한다. 유테이블을 기반으로 하는 실버 게임콘텐츠의 특징은 직관적인 사용자 인터페이스를 제공하며 멀티유저와 멀티터치가 가능하다는 데 있다. 동일한 물건 맞추기나 낚시 등 게임의 전형적인 방식인 경쟁 심리를 이용하여 실버세대가 재미를 유발하는 데 장점이 있다.

　스마트 디바이스를 기반으로 하는 실버 게임콘텐츠는 주로 인지력 향상, 치매예방, 정서적 불안 완화, 스트레스 완화 등을 목적으로 콘텐츠들이 주로 제작되고 있다. 마지막으로 공간을 기반으로 하는 실버 게임콘텐츠가 있다. 공간 기반 실버 게임콘텐츠는 다양한 실버 게임콘텐츠를 하나의 공간에 집약시켜 실버세대들이 편리하게 다양한 게임을 즐길 수 있도록 유도한다. 특히 이 공간에 배치된 실버 게임콘텐츠들은 신체적 건강과 정신적 건강을 증진시킬 수 있는 내용들로 구성되어 있다. 눈여겨볼 점은 실버세대가 RFID 카드를 등록하여 자신의 상태를 체크할 수 있으며, 그 상황에 적합한 실버 게임콘텐츠를 사용하여 신체적이고 정신적인 상태를 자신들이 지속적으로 관리할 수 있다는 점에서 유용하다고 할 수 있다.

이처럼 국내의 실버 게임콘텐츠는 주로 게임과 헬스케어가 결합된 형식으로 실버세대들에게 제공되고 있다. 게임형식을 주로 차용하고 있는 실버 게임콘텐츠는 실버세대의 유희적 경험을 통해 기억력의 감퇴 예방과 향상 그리고 치매를 예방할 수 있는 게임콘텐츠로 제작된다. 이러한 실버콘텐츠는 기억력을 증진시키기 위한 게임, 치매를 예방할 수 있는 게임, 정서적 불안을 진정시킬 수 있는 우울증 진단 및 그에 맞는 심리적 이완을 제공하는 음악 추천 서비스, 스트레스 완화 어플리케이션 등이 제작되어 있다.

실버 게임콘텐츠는 매우 한정된 공간에서 실버세대에게 제공되거나 비싼 가격으로 인해 접근성이 그리 높지는 않다. 주로 정부, 지자체, 대학 연구소에서 제작되는 실버 게임콘텐츠는 문화복지 차원에서 공공성을 담보로 제작되기 때문에 개인적으로 무료 배포가 되지 않으며, 콘텐츠가 설치되어 있는 공간으로 실버세대가 이동을 해야 하기 때문에 접근성이 낮다. 또한 '닌텐도 위(nintendo Wii)'와 같은 실버게임을 즐길 수 있는 기기는 비싼 가격으로 인해 소비가 그리

쉽지는 않은 실정이다. 즉, 실버 게임콘텐츠의 제작은 이전에 비해 증가하고 있는 추세이지만 실버세대가 경험하기에는 여러 제약들이 존재한다고 할 수 있다.

치매예방 게임으로 인기를 모은 '닌텐도'

2000년대 초반 일본의 게임회사 닌텐도는 실버세대를 위해 <브레인트레이닝 포 어덜츠(Brain Training for Adults)>를 개발했다. 이 게임은 닌텐도 DS라는 휴대용 게임기 플랫폼을 이용한 뇌 활동을 촉진하기 위한 것으로, 숫자, 낱말, 퍼즐게임 등으로 구성돼 뇌를 자극하는 데 효과적인 것으로 알려짐에 따라 노년층 고객들에게 폭발적인 인기를 끌었다. 일부 병원에서는 노인 환자들을 위해 병동이나 대기실 등에 닌텐도 DS를 구비해두기도 했다. 그 밖에도 닌텐도 위 (Nintendo Wii)와 같은 체감형 인터랙션 게임도 한때 실버세대의 게임기로 통했다. 닌텐도 위는 동작인식 게임으로 게임과 동시에 체력 증진의 효과를 얻을 수 있다. 대표적으로 '위 핏 플러스(Wii Fit Plus)'는 건강관리 게임으로 요가, 근력운동, 유산소운동 외에 머리를 쓰는 두뇌 트레이닝 등 총 69종류의 게임이 수록되어 있다. 보드 형태의 컨트롤러가 포함되어 있어 체중과 BMI(체질량지수)를 측정하고 트레이닝 결과를 기록하는 것이 가능해 시니어의 건강관리에도 효율적이다. 게임을 시작하면 전담 트레이너가 등장해 사용방법을 알기 쉽게 가르쳐주기 때문에 기기 조작에 서툰 사용자도 쉽게 따라할 수 있다는 것도 시니어들에게는 매력적인 요소이다.

(출처: http://www.nintendo.co.kr, http://wiifit.com/training)

<닌텐도 DS와 위 핏 플러스>

시니어들의 로망, 나만을 위해 연주하는 피규어인형 '리틀재머'

나만을 위해 연주하고 노래하는 음악 밴드를 가지고 있다면 어떨까. 누구나 한번쯤 상상했던 일이 가능하다. 바로 피규어인형들을 통해서다. 피규어가 연주하는 음악이라고 얕본다면 오산이다. 리틀재머(Little jammer)는 건담제조사로도 유명한 일본의 반다이(BANDAI)사와 오디어의 명가 켄우드(KENWOOD)사가 합작으로 제작한 악기를 연주하는 피규어인형이다. 이 제품은 발매 당시부터 40~50대의 남성을 타깃으로 삼았다. 단순한 장난감으로 치부할 수 있으나, 직접 한번 음악을 들어보면 고퀄리티의 연주에 새삼 놀라게 된다. 리틀재머는 컨트롤 박스와 전용 플레이어(피규어인형)과 무선리모컨, 전용 카트리지 등으로 구성되어 있는데, 각각의 피규어인형 아래에 해당 악기 소리가 나는 스피커들이 달려 있다. 당시 일본에서는 어른들의 장난감으로 불리며 시니어들에게 인기를 끌었다. 2010년 반다이사에서 리틀재머 사업부를 철수한 이후 단종되었지만, 희

<악기 연주 피규어 리틀재머>

소성으로 일부 카트리지의 경우 100만 원이 넘는 가격으로 거래되는 것도 있다. 리틀재머 고퀄리티의 음악을 듣고 싶은 시니어들의 니즈와 동시에 여전히 장난감을 가지고 놀고 싶어 하는 중년 남성의 니즈를 정확히 파고들었다.

한편, 국내의 실버 게임콘텐츠는 주로 게임과 헬스케어가 결합된 형식으로 실버세대들에게 제공되고 있다. 게임형식을 주로 차용하고 있는 실버 게임콘텐츠는 실버세대의 유희적 경험을 통해 기억력의 감퇴 예방과 향상 그리고 치매를 예방할 수 있는 게임콘텐츠로 제작된다.

실버 게임콘텐츠는 실버세대를 특정화하여 제작되기 때문에 실버세대가 사용하는 데 거부감이나 불편함이 존재해서는 안 된다. 또한 실버 게임콘텐츠는 어떠한 게임콘텐츠보다 사용자(실버세대)의 특성들이 반영되어야 한다. 또한 실버세대들만이 지닌 감각·인지적인 특성들은 젊은 세대와는 확연하게 구분된다. 만약 실버세대가 젊은 세대들이 즐겨하는 게임을 한다고 가정해보면 분명히 실버세대는 그 게임에 거부감을 느낄 것이다. 다시 말해 시각, 청각, 스토리 등의 다양한 기호들이 젊은 세대의 특성에 적합하도록 구성되어 있으므로 실버세대의 특성과 불일치되어 불편함을 느끼게 될 것이다. 국내에 출시되어 있는 대다수의 실버 게임콘텐츠는 실버세대들의 치매예방과 인지력을 증진시키기 위한 목적을 지니고 있다. 그러므로 실버 게임콘텐츠의 치유효과를 극대화하기 위해서는 일차적으로 실버세대가 게임콘텐츠를 사용하는 데 불편함이 없어야 한다.

다른 한편으로 국내의 실버 게임콘텐츠들은 특수한 목적에 편중되어 있어서 문화적 다양성을 확보하지 못하고 있다는 비판을 받고 있다. 마치 실버 게임콘텐츠가 기능성 게임과도 유사한 장르로 보이기까지 한다. 의료기술의 발전과 평균수명의 연장으로 실버세대들은 건강과 더불어 문화에도 커다란 관심을 갖기 시작했다. 더욱이 스마트폰은 실버세대가 다양한 디지털문화들을 접할 수 있는 기회를 제공하고 있다. 고령인구의 비중이 늘어남에도 불구하고 이들을 위한 실버 게임콘텐츠의 장르가 너무 협소하다. 고령인구들의 치유를 목적으로 개발되는 실버 게임콘텐츠의 범주에서 벗어나 이제는 고령인구들이 유희적인 게임을 즐길 수 있는 장르의 외연확대도 필요할 것이다.

시니어를 주제로 한 웹툰: 세대 간 자연스러운 공감과 치유

드라마나 영화에서 비극적인 소재로 등장하는 치매를 웹툰으로 따뜻하게 그려낸 작품이 주목을 받고 있다. 치매를 앓다가 세상을

<단행본으로 발간된 웹툰 <아스라이-나를 잊지 말아요>
(좌)와 <나빌레라>(우)>

떠난 외할아버지를 그리며 만든 작품 <아스라이-나를 잊지 말아요>가 그 사례이다. 웹툰 작가 예환 씨의 외할아버지는 치매환자였는데, 부모님이나 친척들을 통해 전해들은 외할아버지의 소식은 슬픈 얘기도 많았지만 실소를 자아내는 재미난 얘기도 종종 있었다고 한다. 그는 자신의 특기를 살려 치매환자를 둘러싼 편견을 환기해보고자 결심했고, 이를 웹툰으로 탄생시켰다. <아스라이-나를 잊지 말아요>는 치매환자와 그 가족들, 그리고 그들을 돕는 요양보호사 사이에서 벌어지는 다양한 에피소드를 그렸다. 치매환자에 대한 이해를 돕고 인식을 바꾸는 것이 목적이었던 작가는 아프고 힘든 이야기들보다는 즐거운 얘기들로 재미와 감동적인 스토리를 풀어가는 데 집중했다. 전문가가 아니었던 작가는 치매관련 전문지식을 쌓고 자료를 수집하는 데만 꼬박 8개월이 걸렸다. 웹툰이 연재되기까지 책, 다큐멘터리를 비롯해 요양보호사, 치매협회, 사회복지학 전공자 등 다양한 도움의 손길도 받았다. 우여곡절 끝에 탄생한 <아스라이-나를 잊지

받아요>는 단행본 출판으로까지 이어졌다.

우리에게 익숙하지 않은 소재인 '백발의 발레리노'가 주인공인 웹툰도 인기를 모으고 있다. 웹툰 <나빌레라>는 은퇴한 우체부 심덕출(70) 씨가 어릴 적 꿈인 발레에 도전한다는 내용이다. 이 작품의 작가는 영화로도 만들어져 700만에 가까운 관객을 끌어 모은 웹툰 <은밀하게 위대하게>의 최종훈 작가이다. 웹툰의 불모지였던 중장년층까지 팬으로 흡수했고 최근 출간된 단행본은 높은 인기를 누리고 있다.

8. 인터넷 서비스

노년기에는 특히 건강(건강 문제, 안전한 약 처방과 복용), 재정(경제 문제, 보험, 가격 확인), 법(법적 문제, 유언장, 신탁) 등의 전문정보를 필요로 하게 된다. 다행히 온라인을 통해서 정보의 접근이 쉬워지고 있으며, 커뮤니티가 활성화되어 있어 노년기에 겪을 수 있는 사회적 단절에서도 벗어날 수 있는 기회가 많아지고 있다. 더불어 멀리 떨어져 있는 가족과 친구들과 소통하고 채팅, 블로그, 페이스북 등을 통해 온라인에서 커뮤니케이션활동도 가능해지고 있다. 시니어들은 온라인을 통한 첨단정보와 생활정보를 중시하며, 동시에 오락적, 동반자적 역할과 일을 할 때 도움을 받고 사이버 거래를 하는 것도 기대한다.

인터넷, 스마트폰과 같은 정보통신기술의 보급과 이용은 노인들의 일상생활과 삶의 만족도는 물론 성공적 노화경험에도 긍정적 영향을 미칠 수 있다. 인터넷과 같은 정보통신기술의 이용은 다른 사람들과의 교류와 의사소통의 확대, 사회활동 참여기회의 확대 등을 통하여 역할상실, 사회적 소외와 같은 노년기 문제를 극복하고 노인들의 삶의 질을 증진할 수 있는 유용한 수단이 될 수 있다. 정보통신기술의 잠재력과 이용에 따른 긍정적 효과는 다른 계층에 비해 특히 경제적인 빈곤, 건강문제, 역할상실, 고독 등과 같은 사회경제적, 심리적 문제를 경험할 개연성이 큰 노인들의 경우에 더욱 클 것으로 기대된다.

한편, <2017 인터넷이용실태조사>(과학기술정보통신부·한국인터넷진흥원)에 따르면, 2017년 7월 기준 만 65세 이상 고령자 중 인터넷이용자의 비율은 45.7%(3,339천 명)로 추산된다. 만 65세 이상 고령자의 스마트폰 보유율은 44.4%로, 그 외 연령대(97.5%)의 절반 수준이다. 고령자의 스마트패드(0.2%), 웨어러블기기(0.6%) 보유율 역시 타 연령대 대비 낮은 수준이다. 고령자의 인스턴트메신저 서비스 이용률은 82.1%에 달한다.

노인의 컴퓨터, 인터넷, 스마트폰과 같은 정보통신기술의 이용률 또한 점점 증가하고 있는 추세이긴 하지만, 그에 비해서 노년층의 정보화 수준은 다른 세대에 비해 여전히 상대적으로 낮은 수준이다. 2018년 발표된 <2017 디지털정보격차 실태조사>(과학기술정보통신부·한국정보화진흥원)에 따르면, 일반국민의 디지털정보화 수준을 100으로 할 때, 4대 정보취약계층(장애인, 저소득층, 농어민, 장노년층)의 디지털정보화 수준은 65.1%로 나타났다. 장노년층에 대한 디지털정보화 수준을 보다 세밀하게 확인해보면, 60대 이상은 63.9%, 70대 이상은 36.9%로 여전히 정보통신기술을 능숙하게 이용하고 활용하는 비율은 일반 국민들에 비해서 상당히 부족한 것으로 확인되고 있다. 4대 취약계층 중에서 인터넷 이용률도 가장 낮았는데, 연령층이 낮은 저소득층의 인터넷 이용률이 79.2%로 가장 높고, 장애인(74.5%), 농어민 (67.5%), 장노년층(66.5%) 순으로 나타났다. 이는 노인에 대한 디지털정보화 격차를 해소하기 위한 실용적인 정책의 시급함을 보여주는 지표들이라고 하겠다.

디지털정보화의 빠른 진전으로 인해서 노인의 일상생활 편의증진뿐만 아니라 사회활동 참여, 건강 등과 같은 노년기 삶의 질 향상 측면에서 스마트폰과 같은 정보통신기술의 잠재적 영향력과 그 중요성이 대단히 커지고 있다. 따라서 스마트폰과 같은 정보통신기술의 파급효과와 잠재성에 주목하여 학문적, 실천적 측면에서 스마트폰 이용이 노인의 사회활동 참여나 삶의 만족도에 미치는 영향에 대한 관심을 지속적으로 가져야 할 것이다.

미국 '시니어넷', 디지털 세상의 문을 열다

시니어를 위한 미국의 대표적인 사이트로 '시니어넷(www.seniornet. org)'이 있다. 시니어넷은 50세 이상의 성인 컴퓨터 사용자들을 위한 비영리 기구로, 정보화 시대에 시니어들이 컴퓨터 능력을 향상시키려는 목적으로 1986년 샌프란시스코에서 설립되었다. 시니어넷은 미국, 일본, 뉴질랜드 등 프랜차이즈 형태의 세계적인 조직으로 자리 잡았다.

시니어넷 설립 이후 서비스 지역을 확대해 현재 미국 전역에 240개 이상의 교육센터를 보유하고 있다. 시니어넷에 참여하고 있는 자원봉사자만도 4,000명이 넘는다. 시니어넷은 50세 이상의 시니어를 위해서 컴퓨터 교육뿐만 아니라 뉴스레터도 제작하고 있으며, 온라 인에서는 건강 정보도 함께 제공하고 있다. 그 밖에도 컴퓨터 관련 제품이나 서비스를 할인된 가격에 제공하고 있으며, 지역 단위의 컨 퍼런스도 수시 개최 중이다. 시니어넷의 교육 프로그램은 워드프로 세스, 포토샵 등 매우 다양하며, 각 프로그램별로 25~35달러 수준 으로 비교적 저렴한 편이다.

시니어넷이 미국 노인정보화정책에 기여할 수 있었던 것은 초창 기부터 발전시켜온 교육센터 시스템 때문이었다. 미국 전역에 위치 한 교육센터의 기본적인 기능은 컴퓨터와 인터넷을 이용할 수 있도 록 교육시키는 것이다. 교육센터의 장소는 주로 비영리기관, 병원, 지역노인센터, 도서관, 교회 등 빈 공간이 있는 곳이라면 어디든 대 상이 된다. 교육센터는 동년배의 노인들과 주말파티를 하면서 서로 교류하는 장으로 이어진다. 이외에도 독서클럽, 기술포럼 같은 소모

(출처: http://seniornet.org/)

<시니어넷 사이트 모습>

임노 소식되어 있는데, 기술포럼 회원들은 자신들이 직접 컴퓨터를 조립하여 본인만의 컴퓨터를 능숙하게 만들기도 한다.

서울시 인구의 21.9% 50+세대를 위한 온라인 전용포털, 서울50+

서울시 50플러스 재단은 2018년 1월 50대 이상 이상 시니어들이 이용할 수 있는 시니어 전용 포털인 '50+서울(https://50plus.or.kr/)'의 문을 열었다. 서울시 인구의 21.9% 이상이 50세 이상 세대라는 것을 반영해 그들을 위한 인터넷 서비스를 제공하기 위한 것이다. 서울시 50플러스 재단은 서울시 산하기관으로 서울시 40+세대(만 50~64세, 베이비부머·신노년 등으로 일컬어지는 중장년층)를 위한 지원정책을 체계적으로 추진하기 위해 설립된 종합지원기관이다. 이 포털에서는 시니어들에게 맞는 서울시의 일자리, 교육, 문화정보들을 제공하고 있다. 시니어들은 50플러스포털의 통합회원으로 가입한 뒤 로그인을 하면 재단과 캠퍼스, 센터 등의 강좌정보 조회와 수강신청을 한 번에 해결하고, 일자리 정보도 한곳에서 찾아볼 수 있다. 또한 포털에서는 여행, 재무, 건강, 취미, 봉사, 인터뷰, 에세이 등 50플러스 세대를 위한 콘텐츠를 담은 온라인 매거진도 선보이고 있다. 더불어 콘텐츠, 강좌 등을 빅데이터로 분석해 맞춤형 콘텐츠와 추천 강좌, 일자리 정보를 제공한다. 그 밖에도 50플러스 세대가 직접 커뮤니티를 개설하고 활동할 수 있는 플랫폼도 제공하여 온라인 커뮤니티 공간을 마련하고 있다.

시니어 사회활동 포털 '100세 누리'

　보건복지부와 한국노인인력개발원은 2011년 7월 시니어사회활동 포털 '100세 누리'의 문을 열었다. 이 사이트는 다가올 100세 시대에 준비하기 위해 성공적인 노후설계를 지원하기 위한 소위 노후종합포털이다. 이 포털에서는 일자리, 교육, 노후창업활동지원, 노후생활, 복지정책 등의 다양한 정보를 제공하고 있다. 특히 백세누리는 시니어 인턴십 등 정부에서 진행하는 다양한 정책 소식을 확인할 수 있다. 이 포털은 시력이 떨어져 작은 글씨를 보기 어려워하는 고령자들을 위해 기본적으로 큰 글씨로 홈페이지를 디자인했다. 또한 좌측상단의 글씨를 쉽게 조정할 수 있도록 하는 등 시니어들을 위한 작은 배려들도 눈에 띈다.

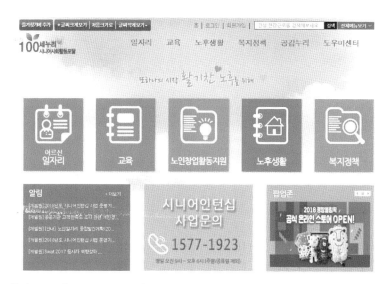

(출처: https://www.100senuri.go.kr)

<100세 누리 시니어 사회활동포탈 메인 이미지>

특히, 복지부는 백세누리 홈페이지를 개편해 일자리 데이터베이스인 '백세누리플러스'를 구축할 방침이라고 밝혀 더욱 주목된다. 보건복지부는 '2018-2022 제2차 노인일자리 및 사회활동 종합계획'(앙코르 라이프 플랜)을 확정한 바 있다. 이 계획에는 '보람 있는 일, 활기찬 노후, 행복한 사회'라는 비전 아래 노인일자리 80만 개 제공, 민간일자리 창출 기반 확립, 노인 역량 강화, 사회활동 참여 활성화를 달성하기 위한 전략을 담고 있다.

실버세대는 경제적 풍요 속에서 삶의 질이 중요함을 인식하고 있으며 이를 위한 방법론으로 문화적 실천에 관심을 갖기 시작했다. 특히 베이비부머세대라 불리는 뉴실버세대는 새로운 문화를 능동적으로 체험하고자 하는 욕구가 크며, 스마트미디어의 친숙도가 높아 최신 디지털 기기들을 활용한 문화적 욕구 역시 매우 높다. 이와 맞물려 콘텐츠산업계도 실버세대의 문화적 성향과 라이프스타일에 부합되는 다양한 콘텐츠 장르들을 제작하고 있다. 특히 실버세대만이 즐길 수 있는 실버 게임콘텐츠가 다양한 매체를 통해 출시되면서 그 어느 시기보다 문화적 즐길 거리가 많다고 할 수 있다. 실제로 치매, 기억력, 인지력과 관련된 자가 진단 혹은 정보 애플리케이션 등 다양한 콘텐츠들이 출시되어 있다.

최근 스마트폰의 보급 확산에 따라 애플리케이션이 행복콘텐츠의 새로운 창구로 부상 중이다. 이에 '힐링'을 전면에 내세운 앱들이 등장하고 있는데, 예컨대 '힐링타임'은 감성적 배경화면과 음악을 통해 심리적 휴식을 취할 수 있도록 도와주는 앱이다. 시간과 날씨에 맞는 배경화면을 추천해주고, 상쾌한 아침과 평안한 숙면을 취할 수 있도록 음악을 추천하는 서비스로 불면증이 있는 사람들에게 유용하다. '힐링튠즈' 앱은 화가 날 때, 머리가 아플 때, 의욕이 없을 때, 마음이 복잡할 때에 힐링을 위한 음악을 선곡해주는 앱이다. 음악은 사용자가 직접 재생 목록을 만들어 원하는 곡만 듣거나 구분된 곡을 전체 재생할 수 있다.

〈힐링을 테마로 하는 앱들. 차례대로 '힐링타임', '힐링튠즈'〉

차의과학대학교 통합의학대학원 미술치료학과는 이용자의 상태를 표현할 수 있는 컬러를 찾아주고 감상할 수 있는 앱 '심리본색-당신의 본능컬러'를 서비스하고 있다. 이용자가 선호 색상을 선택하고 그에 대응하는 심리정보를 제공해 색 심리와 색 성향을 알아볼 수 있으며, 이후 선호하는 색의 에너지 감상으로 집중력 향상과 스트레스 완화 등 셀프 힐링 효과를 경험할 수 있게 해준다. 이렇듯 심리적 힐링뿐 아니라 육체적 피로를 완화하는 데 도움을 주는 힐링 앱도 활발하게 출시되고 있다. 자생한방병원에서 개발한 앱 '통증 잡는 탱크 스트레칭'은 통증이 발생하는 부위별, 증상별 구분에 따라 통증을 해소할 수 있는 가장 적합한 운동을 제시하는 스트레칭 가이드를 제공하는 앱이다. 이 앱을 설치한 스마트폰을 손에 들고 움직이게 되면 운동을 할 때마다 사이로센서가 작동해 운동횟수를 소리와 진동으로 알려주는 알림 기능을 제공한다. '해피슬립' 앱은 불면증 해소와 숙면에 도움을 제공하는 앱이다. 자연의 소리를 활용한 수면 환경, 코골이 녹음 기능, 자면서 뒤척임 등 수면 상태를 체크해 심한 뒤척임이 감지되면 수면유도 소리가 자동으로 나오는 기능 등 다양한 수면유도 기능을 제공한다.

향후 노년기 사회활동 참여의 확대와 삶의 만족도, 나아가 삶의 질 향상을 위해서는 노인의 스마트폰 이용이 적극적으로 권장될 필요가 있다. 노인이 스마트폰을 이용할 경우 스마트폰을 이용하는 것 자체만으로도 일상적 생활편의 등의 면에서 긍정적 측면이 있을 뿐만 아니라 삶의 만족도와 같은 주관적, 심리적 안녕 역시도 크게 증진시킬 수 있다. 또한 노인의 스마트폰 이용은 사회활동 참여를 증진시키기 위한 목적에서도 확대될 필요가 있다. 실제로 스마트폰과 같은 정보통신기술의 이용은 노년기의 이동성 제약을 극복(육체적 노화로 인한 이동의 불편함)하고, 기존의 비공식적 사회활동이나 공식적 사회활동을 지속적으로 유지 및 확대하거나 새로운 유형의 사회활동에의 참여를 가능토록 하는 데 있어서 대단히 유용한 수단이 될 수 있다. 노년기 사회활동 참여의 확대가 노화에 따른 역할상실과 고독감과 같은 노년기 문제를 완화시킬 수 있고, 나아가 생산적 노년과 성공적 노화에도 기여할 수 있음은 잘 알려진 사실이다. 노인의 스마트폰과 같은 정보통신기술의 이용을 확대하기 위해서 고령친화적인 스마트폰의 보급 확대, 노인이 이용하기 편리한 소프트웨어의 개발 보급, 스마트폰 이용방법 및 활용 능력의 습득을 위한 정보화 교육의 확대 등이 필요하다.

다른 한편으로 노년기 스마트폰 이용의 긍정적 효과와 더불어 정보격차 현상을 고려할 때 스마트폰이 오히려 노년기 삶의 질 격차라는 사회불평등 현상을 초래할 수 있음을 간과해서는 안 될 것이다. 스마트폰과 인터넷 등 정보통신기술의 이용여부와 이용정도 등에서의 차이에서 기인하는 세대 간 그리고 실버세대 내의 복지수준의 격차, 즉 정보복지격차 현상은 노년기 삶의 질의 불평등 현상을 초래할 가능성도 높다. 노년층의 스마트폰 이용이 보편화되어 가는 추세임에도 불구하고 노인들의 스마트폰 보유와 이용률은 젊은 세대는 물론 전체 국민과 비교할 때 매우 낮은 수준이다. 스마트폰 이용에 따른 정보격차는 사회활동 참여와 삶의 만족도 등 삶의 질에 미치는 스마트폰 이용의 긍정적 효과가 세대 간뿐만 아니라 노인 간에도 차등적으로 나타나 노인들의 전반적인 삶의 질의 격차를 야기할 개연성이 크다는 것을 의미한다. 정보화의 진전으로 노년기 스마트폰 이용여부에 따른 노인 간 정보복지 격차와 이로 인한 정보복지 불평등 현상이 심화될 우려도 제기된다. 따라서 정보취약계층인 노인들의 스마트폰 이용여부에 따른 정보복지 수준의 격차와 사회적 불평등 현상을 완화하고 사회통합을 증진시킨다는 점에서 노인을 위한 스마트폰 등 정보통신 기술의 보급과 이용 확대를 위한 정책적, 실천적 노력이 요구된다.

기술에 소외된 시니어를 위한 멘토모집 다큐멘터리, <사이버 시니어> 사례

젊은 세대들은 새로 나오는 기기와 서비스에 익숙하지만, 시니어들은 트렌드에 민감하지 못하고, 새롭게 출시되는 기기와 서비스에 익숙하지 않기 때문에 사용하기가 어렵다. 이에, '디지털격차'가 더욱 벌어지고 있다는 진단이다. 이에 이러한 젊은 세대와 시니어들의 간극을 새로운 시장으로 포착한 '시니어를 위한 기술연계(Tech Bridge for senior)', 즉 발전하는 기술에 관심은 있지만 경제적, 신체적인 이유로 적응하기 어려운 시니어들과 기술 발전 속도를 이어주는 사례들이 관심을 모으고 있다.

실제로 캐나다에서 제작된 다큐멘터리 영화 <사이버 시니어스(Cyber-Seniors)>는 영화로 제작되었지만, 그 궁극적인 목적은 첨단기술에 관심이 있지만 접근이 어려운 시니어들을 인터뷰한 다큐멘터리를 제작하여 이들에게 멘토가 되어줄 젊은이들의 참여를 얻어내는 것이었다. 영화를 통해 언론과 대중의 관심을 모은 뒤, 사회를 변혁시키는 젊은이들을 모으는 '두 썸씽(Do Something)' 플랫폼과 함께 시니어들이 기술에 익숙할 수 있도록 도와줄 젊은이들을 모집했고, 모집은 성공적으로 이루어져 약 8만 명이 시니어들이 정보통신기술에 익숙해지도록 돕는 데 지원하였다. 이 다큐멘터리 영화 프로젝트는 교육문제뿐만 아니라 세대 간의 격차를 줄이고 소통할 수 있는 방법을 만들었다는 점에서 진정한 의미의 시니어를 위한 기술연계를 구현했다는 평가를 받는다.

9. SNS

사용자 간의 자유로운 의사소통과 정보공유, 그리고 인맥확대 등을 통해 사회적 관계를 생성하고 강화해주는 온라인 플랫폼을 흔히 소셜 네트워킹 서비스(Social Networking Service, 이하 SNS)는 특히 스마트폰 시대에 접어들면서 모든 이들의 중요한 소통수단이 되고 있다. SNS의 대표적인 서비스인 페이스북이나 인스타그램은 이제 더 이상 젊은 세대만의 전유물이 아니며, 중장년층의 SNS 이용 역시도 점차 활발해지는 추세이다.

중장년층은 더 이상 디지털 소외 세대가 아니며, SNS 이용도 전에 비해 훨씬 활발해지고 있다. 최근에는 시니어들의 스마트폰 이용과 SNS 이용률이 증가함에 따라 유튜브, 인스타그램 등에서도 시니어 SNS 인플루언스(흔히 SNS상에서 영향력이 있거나 양질의 콘텐츠 생성이 가능한 유저를 인플루언스라고 일컬음)들이 두드러진 활동을 보이고 있다. 이들 시니어는 패션, 뷰티 등 다양한 분야에서 자신들의 개성과 자신감을 SNS를 통해서 뽐내고 있다.

SNS 속 패셔니스타, 실버세대 나야나!

SNS에서 눈부신 패션 감각으로 주목받고 있는 시니어들이 있다. 먼저 우리나라에는 '부산 닉우스터(이탈리아의 유명한 패션디렉터)', '남포동 꽃할배'로 불리우는 여용기(66) 할아버지가 SNS 패셔니스타로 활약 중이다. 그는 젊은이들 못지않은 남다른 패션 감각으로 인스타그램에서 5만 명이 넘는 팔로어를 보유한 SNS 스타로 주목받고 있다. 여홍기 씨는 29살에 양복점을 개업했지만 맞춤 정장에 대한 수요가 줄면서 일을 그만두었다가, 우연히 재단사로 다시 일하게 되었다. 평소 뛰어난 패션감각을 뽐내던 그는 주변 동료들의 권유로 본인의 양복 사진을 인스타그램에 올렸고, 그의 남자배우 못지 않은 슈트벗은 화제가 되며 다시 재단사로서의 전성기를 맞이하게 된 것이다. 여용기 씨는 매일 저녁 일을 마치면 인스타그램을 통해 젊은이들과 소통하는 것도 잊지 않는다.

대만에도 2030세대보다 더 트렌디한 패션감각을 선보이는 7080 할머니 패셔니스타들이 온라인에서 큰 인기를 끌고 있다. 대만 할머니 문린(달빛요정)이라는 아이디를 사용하는 위에위에 씨는 짧은 머리에 스냅백을 쓰고 약간 헐렁한 바지, 티셔츠로 홍대 거리에서나 볼법한 세련된 스타일을 소화하며 국내외에서 폭발적인 인기를 끌고 있다. 젊은 시절 장사를 해서 젊은 감각이 남다른 위에위에 씨는 인스타그램뿐 아니라 페이스북 페이지도 직접 관리하고 있다. 현재 200만 명에 이르는 팔로어를 거느리는 중이다.

한편, 일본의 60대 노부부가 선보이는 커플룩도 연일 화제를 모으고 있다. 61세 남편 본과 60세 아내 폰은 두 사람의 이름을 딴 본폰511이라는 인스타그램 계정을 개설해 두 사람의 패션라이프를 공유하고 있다. 이들이 사랑받는 것은 세대를 넘어서 자신만이 추구하는 스타일을 공유하고 있다는 점이다. 즉, 실버세대만 입을 수 있는 옷이 아닌 젊은 세대도 부러워할 만한 뛰어난 감각을 지니고 있으며, 자신만의 패션라이프를 즐기고 있다.

유튜브 크리에이터 박막례 할머니

72세의 박막례 할머니는 채널 '박막례 Korea Grandma'의 주인공이다. 그녀는 2018년 3월 현재 구독자수 39만여 명을 거느린 인기 크리에이터로 활동 중이다. 이 채널의 유튜브 영상은 2017년 1월 시작되었다. 박막례 할머니가 언니들이 치매로 고생하는 것을 보고 자신도 나중에 치매에 걸릴지 모르겠다며 걱정을 하자, 그녀의 손녀가 호주 케언즈로 함께 여행을 제안했다. 이 여행기를 담은 영상 '박막례 할머니의 욕 나오는 호주 케언즈 여행기'를 처음 유튜브에 올린 것이 화제를 낳았다. 손녀는 여기서 그치지 않고 할머니의 치매예방을 위해 지속해서 영상을 제작해서 공유하고 있다. 이 채널에는 여행뿐만 아니라 제품 사용기, 초콜릿 만들기, 밭일하는 일상 등 다양한 주제의 영상들이 올라가고 있지만 가장 조회수가 높은 것은 뷰티 영상이다. 뷰티 유튜버로도 불리는 박막례 할머니의 영상 중 '치과 들렀다 시장 갈 때 메이크업'은 조회수가 200만이 넘었고, '계모임 갈 때 메이크업'이라는 영상은 130만 회가 넘는 조회수를 기록 중이다. 이에 롯데홈쇼핑은 박막례 할머니를 내세운 '막례쑈'를 제작해 화장품 매출을 올리기도 했으며, 미국 패션잡지 보그에서도 박 어르신의 패션을 하이패션 컬렉션에 견주며 극찬하기도 했다. 또한 손녀의 권유로 인스타그램에 가입했는데, 사진과 영상을 찍어 올리는데

<패션니스타로 화제를 모으는 시니어들, 차례대로 여용기(@Yeoyoungki 인스타그램),
위에위에(@moonlin0106 인스타그램), 본폰511(@bonpon511 인스타그램)>

<니시모토 키미코의 엽기사진, BJ 오작교의 방송 모습>

30분이 넘게 걸리지만 직접 글까지 쓴다. 짧게 남긴 멘트에는 박 할머니의 음성지원이 된다는 댓글이 이어진다. 박막례 할머니와 같은 시니어 유튜버는 세대 통합을 이뤘다는 평가를 받는다. 젊은이들같이 유튜브뿐만 아니라 페이스북, 인스타그램 등을 운영하며 다양한 SNS를 활용하고, 댓글로는 팬들과 소통한다. 무엇보다 자신의 할머니, 할아버지가 새로운 걸 경험하길 바라고, 추억을 만들어 간직하고픈 애틋한 손자와 손녀의 마음이 감동을 준다.

할머니 포토그래퍼에서 할아버지 BJ까지…… 내 나이가 어때서!

"야야야~ 내 나이가 어때서"란 유행가 가사처럼 늦은 나이에도 독특한 본인만의 취미와 여가 활동으로 주목받는 시니어들이 있다. 1928년생 일본의 니시모토 키미코(にしもときみこ) 씨는 아마추어 사진작가로 활동 중이다. 72세에 처음 니시모토는 구마모토 방송국의 '원거리 비타민'이라는 프로그램에 출연하면서부터 유명해졌다. 방송 출연 당시 니시모토는 '유쾌한 사진을 찍는 할머니 사진작가'

로 소개되었는데, 이른바 엽사(엽기적인 사진)로 주목받았다. 그는 90세를 바라보는 나이에도 활발한 작품활동을 이어가고 있다.

또한 개인방송의 진행자인 BJ로 활동 중인 할아버지가 있다. 24시간 방송을 켜두며 자신의 일상을 전하는 아프리카 BJ '오작교'가 바로 주인공이다. 이 방송은 자극적인 콘텐츠로 넘쳐나는 다른 BJ와 달리 선한 댓글로 넘쳐난다. 올해 78세를 맞은 진영수 할아버지는 아프리카 TV에서 '오작교'라는 방송용 예명으로 활동 중이다. 그는 방송에서 노래를 부르거나 독자들의 질문에 진지하게 호응해준다. 이 방송은 지난 11년간 꾸준히 사랑받고 있으며, 2014년에는 베스트 BJ를 수상하기도 했다. BJ 오작교 방송을 '즐겨찾기'에 등록해둔 애청자는 2018년 1월 현재 7만 2,000명에 달하고 누적 시청자수는 374만 명을 넘어섰다. 삶이 적적해서 방송을 시작했다는 BJ 오작교 역시 자신의 일상을 전하며 젊은 세대와 소통을 즐기고 있다.

어르신들의 글씨체를 SNS 폰트로…… '삐뚤빼뚤 할머님 폰트' 출시

모바일 SNS인 카카오톡은 2018년 3월부터 공지사항을 통해 아이폰 등 iOS 7.1.0 버전 업데이트에 4명의 할머니들이 직접 쓴 4가지 폰트를 추가했음을 밝혔다. 카카오톡을 통해서 무료로 배포된 글씨체는 김유식 할머님체, 권정애 할머님체, 김중자 할머님체, 신태연 할머님체 총 4가지이다. 70대가 넘어 지역복지회관에서 한글을 처음 배운 할머니들의 글씨체를 제공한 것이다. 다음카카오 측은 할머니들의 글씨체를 모바일 메신저로도 쓸 수 있게 나오면 좋겠다는 누리꾼의 의견을 적극 반영했다. 일명 '할머님 폰트'는 다음카카오의 사회공헌플랫폼 '같이가치'에서 10주년 프로젝트의 일환으로 제작되었다. 어린 시절 못 다한 학업을 열심히 하시는 어르신들의 모습을 더 많은 사람에게 전하고 싶다는 생각이 폰트 제작으로 연결되었다. 많이 접하지 못한 영문과 특수기호를 어려워하시긴 했지만 어르신들의 계속된 노력에 마침내 네 개의 폰트가 완성되어 제공된 것이다.

(출처: 카카오톡 캡처)

<다음카카오에서 제공되는 4개의 할머님체 폰트>

3장 실버콘텐츠 비즈니스 블루오션

1. 실버콘텐츠 비즈 블루오션 전략

시니어들이 고령화로 인해 이전에 겪어보지 못했던 삶을 살아가게 되면서 생애 설계를 새로이 해야 하는 생애주기 측면에서 실버콘텐츠의 역할이 중요한 상황이다. 콘텐츠를 실생활에서 체험하고 확대할 수 있는 구체적인 방법에 대한 고민도 필요하다.

시니어에게 있어 콘텐츠는 무엇보다도 건강한 삶을 유지할 수 있는 동기적인 역할이 강조될 필요가 있다. 콘텐츠 향유활동에 적극 참여하고 여가적인 다양한 활동을 즐기기 위해서는 고령자의 신체적인 조건과 연령에 기반을 둔 건강상태가 중요하다. 따라서 늘어난 수명 동안 건강하게 살기 위해 콘텐츠가 기여할 수 있는 방향에서 접근되어야 할 것이다. 시니어의 삶에서 행복하고 즐겁고 만족스러운 경험을 줄 수 있는 역할이 콘텐츠 영역에서 제공될 필요가 있다. 바로 '재미' 콘셉트가 중요하다. 실버세대가 자신이 원하는 여가문화활동에 참여할 수 있는 기회가 다양하게 주어지고, 이를 쉽게 접근함으로써, 재미있고 만족스러운 경험을 얻게 된다면, 결국 행복한 삶을 유지할 수 있기 때문이다. 시니어에게 있어 콘텐츠는 사회와 소통할 수 있는 수단이 되어야 한다. 시니어의 소외문제나 사회적인 단절문제, 그리고 세대 간 불통의 문제들을 해결할 수 있는 방법으로 콘텐츠 체험(향유) 경험과 여가활동 참여가 유용하다는 사실에 주목해야 한다. 이에 콘텐츠의 '치유 및 관계'의 역할이 충분히 고려되어야 한다.

실버콘텐츠 비즈니스 기획을 위해서는 혁신 기회를 찾는 것이 중요하다. 도처에 숨겨진 가능성으로부터 비즈니스 기회를 어떻게 성공적으로 찾아낼 것인가에 대한 것이다. 실버콘텐츠 블루오션 전략이 요구되는데, 이는 가치혁신 전략으로써 비약적 가치 창출에 의한 무한시장의 개척을 제안하는 것이다. 실버콘텐츠 블루오션은 알려져 있지 않은 시장, 즉 현재 존재하지 않아서 경쟁에 의해 더럽혀지지 않은 모든 영역을 말한다. 시장수요는 경쟁에 의해 얻어지는 것이 아니라 창조에 의해서 얻어진다. 이곳에는 높은 수익과 빠른 성장을 가능케 하는 커다란 기회가 존재한다. 게임의 법칙이 아직 정해지지 않았기 때문에 경쟁은 무의미하다. 즉, 블루오션은 높은 수익과 무한한 성장이 존재하는 강력한 시장을 의미하는 것이다.

(1) 대안산업을 관찰하라

대부분의 판매자는 종종 직감적 사고를 잊어버린다. 판매자는 고객들이 대안산업군 전체에서 하나를 선택하게 되는 과정을 의식하지 못한다. 많은 성공사례들을 보면 새로운 시장을 창출하기 위해 대안산업 전체를 살펴봤다는 것을 알 수 있다. 대안산업들 안에서 구매자들이 특정 상품을 선택하게 하는 주요 요소에 포커스를 맞추고 그 밖의 다른 것들을 제거하면 새로운 시장 공간인 블루오션을 창출할 수 있는 것이다. 실버콘텐츠 소비자는 이용 혹은 구매를 결정하기 전 항상 마음속으로 대안상품과 해당상품을 저울질하는 경향이 있다. 형태는 달라도 동일한 기능이나 핵심적인 효용성을 제공하는 콘텐츠 및 서비스는 각각 서로의 대체제가 될 수 있다.

이제 TV의 경쟁상대는 유사 경쟁방송사가 아니다. 방송의 경쟁상대는 게임, 오락, 영화 등 모든 콘텐츠 분야로 확장되고 있다. 콘텐츠 비즈니스를 전개하는 사업자, 고객의 시간을 빼앗아가는 사업자들이 경쟁상대인 것이다. 시장점유율이 아닌 시간점유율이 중요한 화두가 된다는 것이다. 시청률은 더 이상 콘텐츠 경쟁력을 나타내는 지표가 아니다. 창의적 콘텐츠 비즈니스를 위해서는 기존 콘텐츠의 연장이 아닌 전혀 새로운 실버콘텐츠로 '다른 그 무엇(Something New)'을 제공해주어야 한다. 소비자들의 관심을 얻기 위해서는 차별화된 독자적인 브랜드를 창출해내야 한다. 새로운 콘텐츠 기술을 적용해 새로운 가치를 활용하고 새로운 개념의 콘텐츠 진화 등 무언가 '새로운 것'이 필요하다는 것이다. 실버소비자를 대상으로 한 콘셉트는 항상 '새로운 콘텐츠, 새로운 문화(New Contents, New Culture)'이며, 나아가 일상생활의 동반자인 'Life Partner'의 개념으로까지 확대되어야 한다.

대안산업을 관찰하려는 실버콘텐츠기업들이 자문해야 할 질문은 다음과 같다. 우리 회사가 속한 실버콘텐츠의 대안 산업은 무엇인가? 왜 소비자는 구매에 앞서 대안상품 전체를 보는가? 이러한 질문을 통해 실버콘텐츠 이용자들이 특정 상품과 서비스를 선택하게 하는 주요한 요소들에 포커스를 맞추고 그 밖의 다른 것들을 제거한다면 새로운 시장공간인 블루오션을 열어갈 수 있을 것이다.

(2) 경쟁자 전략을 분석하고 차별화하라

블루오션이 대안산업 전체를 관찰한 결과로 창출되듯이 경쟁집단을 관찰함으로써 블루오션을 발견할 수 있다. 동일한 산업군의 경쟁그룹과 차별된 전략을 추구해야 새로운 가치창출이 가능하다. 실버콘텐츠 고객들이 한 상품에서 다른 상품으로 이동하는 요인이 무엇인지, 더 싼 상품이나 혹은 더 비싼 상품을 사도록 결정짓는 요소들은 무엇인지 찾아야 한다. 일반적으로 기업들은 전략집단 안에서 경쟁하는 데 여념이 없지만 실제로 엄청난 이익을 안겨줄 새시장 창출기회는 경쟁집단 밖을 둘러볼 때 찾을 수 있다. 경쟁 실버콘텐츠(서비스) 간의 장점을 결합할 때 새로운 시장이 열린다는 것이다.

동일 산업계의 경쟁집단을 관찰하려는 실버콘텐츠기업들이 자문해야 할 질문은 다음과 같다. 우리 기업이 속한 실버콘텐츠의 경쟁그룹은 어떤 것이 있는가? 왜 소비자들은 더 비싼 콘텐츠그룹으로 상향구매를 하는가? 혹은 왜 소비자들은 더 싼 콘텐츠로 하향구매를 하는가? 이러한 질문들에 대한 해답을 구하는 것이 바로 경쟁집단 관찰을 통한 블루오션 전략을 여는 길이다.

(3) 타깃을 명확히 정의하라

'누가 타깃 구매자인가'라는 점을 명확히 하고, 비고객을 고객으로 전환하기 위한 통찰력이 필요하다. 다양한 정보(빅데이터 등)를 활용해 타깃 시청자의 행태, 시청자의 감성을 이해해야만 한다. 실버세대는 연령대, 소득수준, 그리고 교육수준 등에 따라 다양한 욕구와 특성을 갖는 단위들의 총합이다. 실버세대를 그 속성에 따라 세분화된 타깃그룹으로 고려해야 한다는 것이다. 실버콘텐츠 이용 및 구매 결정에 직간접적으로 관여하는 구매자 체인도 고려해야 한다. 실버콘텐츠 가격을 지불하는 구매자는 실제 사용자와 다를 수 있으며 어떤 경우에는 중요한 영향력자가 있다. 이 세 집단이 일치할 수도 있으나 그렇지 않은 경우도 많다. 이럴 경우, 대체적으로 이들은 가치에 대한 정의를 다르게 내린다. 어떤 구매자 집단을 목표로 할 것인지에 대한 도전은 새로운 블루오션의 발견으로 연결된다. 실버콘텐츠 기업은 기존에 간과했던 구매자 그룹에 포커스를 맞추는 방향으로 가치곡선을 재설계(비고객의 고객화)함으로써 새로운 통찰력을 얻을 수 있다. tvn의 <꽃보다 할배> 시리즈는 타깃 설계의 과학화를 보여준다.

선별적이면서 혜택을 제공해주고 지속적인 양방향 서비스가 가능한 것에 대한 실버고객들의 기대 수준이 갈수록 높아질 것이기 때문에 항상 실버고객들이 필요한 바를 찾아서 해결해주려는 적극적인 자세가 필요하다. 그러기 위해서는 무엇보다 이러한 네트워크 기술이 실버소비자들의 삶 속에서 어떤 역할을 하는지 정확하게 이해하고 통찰하는 것이 중요하다. 어떤 구매자 집단을 목표로 할 것인지에 대한 도전은 기업에게 새로운 블루오션의 발견으로 연결된다. 기업은 기존에 간과했던 구매자 그룹에 포커스를 맞추는 방향으로 가치곡선을 재설계함으로써 새로운 통찰력을 얻을 수 있다. 이에 구매자 집단을 재정의하려는 실버콘텐츠 기업들이 자문해야 할 질문은 다음과 같다.

우리 기업이 속한 실버콘텐츠의 구매자 체인은 누구인가? 어떤 구매자 집단에게 초점을 두는가? 만약 구매자 그룹을 전환시키면 어떤 방법으로 새로운 가치를 열 수 있는가? 이러한 질문의 해결과정을 통해서 구매자 집단의 재정의 전략을 수립한다면 신규 고객군을 선점할 수 있을 것이다.

(4) 보완적 콘텐츠(서비스)를 연계 기획하라

극소수의 제품과 서비스만이 외부의 영향 없이 진공상태에서 이용될 뿐, 대부분의 상품가치는 다른 제품과 서비스의 영향을 받게 된다. 그러나 많은 산업에서 경쟁자들은 해당 업계가 제공하는 제품과 서비스 범위 내로 집중하는 경향이 있다. 아직 개척되지 않은 가치는 흔히 보완적 제품이나 서비스에 숨겨져 있다. 중요한 것은 실버콘텐츠나 서비스를 선택-이용할 때 고객들이 찾는 토털솔루션을 규명하는 것이다. 간단한 규명법은 실버콘텐츠 사용 전, 사용 중, 그리고 사용 후에 어떤 일이 생기는지 생각해보는 것이다. 그리고 이를 보완적 제품이나 서비스를 통해 제거해나가는 것이 전략의 핵심이라고 할 수 있다.

보완적인 상품과 서비스에 대한 아이디어만으로도 성공적인 비즈니스 기회를 가능하게 해준다. 보완적 제품과 서비스를 창출하기 위해서는 실버소비자의 상품과 서비스 이용에 대한 불편함과 요구사항에 대한 적극적인 커뮤니케이션 과정이 꼭 필요하다. 따라서 콘텐츠기업은 콘텐츠 소비와 관련한 모든 과정에 걸쳐 고객을 둘러쌈으로써 창조비즈니스를 개척해야 한다. 실버고객의 만족을 직접 찾아가서 보고 듣는 것이다. 보완적 콘텐츠와 서비스를 관찰하여 블루오션을 창출하려는 실버콘텐츠기업들이 자문해야 할 질문은 다음과 같다.

우리가 생산한 실버콘텐츠 및 서비스가 사용되고 있는 현장 상황은 어떤가? 그것을 사용하기 전, 사용하는 동안, 사용한 후에는 어떤 일들이 일어나는가? 그 문제점들을 규명할 수 있는가? 보완적 제품이나 서비스 제공을 통해 어떻게 이들 문제점을 제거할 수 있는가? 이러한 질문에 대한 해답을 구하는 과정이 바로 블루오션을 창출하는 과정으로 진화할 것이다.

(5) 기능적 요소와 감성적 요소 간 균형을 유지하라

지금까지 대부분의 기업들은 기술 개발에만 치중하다 보니 실버소비자의 욕구를 이해하지 못하는 경우가 많았다. 만일 실버소비자의 욕구를 간과한다면 아무리 기능이 좋은 제품이라 할지라도 시장은 형성되지 않을 것이다. 따라서 기술과 소비자의 간격을 메워주는 디자인 전략이 반드시 필요하다. 감성에 호소하는 기업들은 기능적 향상 없이 가격을 올리고 많은 부수적인 것을 제공한다. 그러나 이런 부수적인 요소들을 없애거나 줄이면 고객들이 반기는 간단하면서도 훨씬 가격이 싸고, 비용이 더 적게 드는 비즈니스 모델을 창출할 수 있다. 반대로 기능에 호소하는 기업들은 일상 제품들에 비해 감성을 조금 추가함으로써 신선함을 주입할 수 있고 그렇게 함으로써 새로운 수요를 촉진할 수 있다.

감성에 호소하는 기업은 기능적 향상 없이 가격을 올리고 부수적인 많은 것을 제공한다. 그러나 이런 부수적인 요소들을 없애거나 줄이면 고객들이 반기는 간단하면서도 훨씬 가격이 싸고, 비용이 더 적게 드는 비즈니스 모델을 창출할 수 있다. 그리고 최근 고객의 구매성향은 단순히 제품의 특징이나 제품이 주는 이익을 구매하기보다는 제품에 담긴 이야기나 자신만의 감성을 자극하여 마음을 움직일 수 있는 감성중심의 제품이나 서비스에 관심을 가지고 구매반응을 일으키고 있다.

사람들은 점점 더 이성보다는 감성에 민감하게 반응할 것이며, 빠른 속도로 변하고 첨단화·다양화하는 사회 속에서 감성전략은 점점 더 중요한 경쟁력이 될 것이다. 감성지향전략에 블루오션의 길이 있다. 이에 블루오션을 창출하려는 실버콘텐츠 기업들이 자문해야할 질문은 다음과 같다.

우리가 속한 실버콘텐츠는 기능적 요소와 감성적 요소 가운데 어떤 것에서 경쟁하는가? 만약 감성적 요소로 경쟁한다면 그것이 기능적이 되도록 하기 위해 어떤 요소를 없앨 수 있는가? 이제 기업 발전의 핵심동력은 정보와 첨단기술에서 이야기와 감성, 문화로 옮겨가고 있다. 상품 자체보다는 그 안에 담겨 있는 꿈과 감성을 파는 시대가 도래하고 있는 것이다. 앞으로 꿈과 감성을 잘 파는 실버콘텐츠 기업들은 이러한 질문에 명쾌한 해답을 내리고 블루오션을 창출해낼 수 있을 것이다.

(6) 콘텐츠-비즈니스 트렌드를 창조하라

모든 산업은 시간의 흐름에 따라 사업에 영향을 미치는 외부 트렌드에 노출된다. 이에 실버콘텐츠 트렌드를 제대로 된 관점으로 분석해야 한다. 실버콘텐츠 비즈니스에 대한 통찰력은 트렌드를 자체적으로 설계하는 것만으로는 얻을 수 없다. 창조적 기획은 트렌드가 실버고객의 가치를 어떻게 변화시키고 비즈니스 모델에 어떤 영향을 미치는가를 판단하는 비즈니스 식견으로부터 나온다. 시간의 흐름을 고찰함으로써 미래를 적극적으로 설계하고 새로운 블루오션의 부름에 응할 수 있다.

치열한 경쟁 상황에서는 현재 나타나는 외부 트렌드 도입에 포커스를 맞출 수밖에 없다. 하지만 창조적 기획은 그 자체로 외부 트렌드 형성에 영향을 끼친다. 그리고 기업과 트렌드와의 적합성이 있어야 창조적 비즈니스가 가능하다. 시간의 흐름을 고찰하여 블루오션을 창출하려는 실버콘텐츠기업들이 자문해야 할 질문은 다음과 같다.

어떤 트렌드가 우리가 종사하는 실버콘텐츠에 영향을 끼칠 가능성이 높고, 바뀌지 않을 것이며 또한 명확한 궤도에서 진행되고 있는가? 이러한 경향이 실버콘텐츠에 어떠한 영향을 미칠 것인가? 이러한 점들을 고려할 때 유례없는 고객 효용성을 창조해낼 것인가? 실버콘텐츠 기업들은 디지털경제의 생태계를 충분히 고려하고 시장경제의 가능성을 지지하며, 산업의 전후방효과를 성찰하는 지혜로운 혜안이 필요하다. 급변하는 세상에서 변화의 흐름을 잘 파악하고 미래를 준비하는 자가 성공할 수 있다. 실버콘텐츠 산업에서 성공하기위해서도 사회문화가 변화하는 방향을 잘 읽어야 하며 트렌드와 전망에 맞는 패러다임을 제대로 파악해야만 한다.

블루오션 전략 실행 가이드

▶ 시니어 니즈에 맞춘 세분화 콘셉트의 콘텐츠 기획이 필요하다

o 시니어 시장은 '마이크로 시장의 연합체'이다. 시니어의 특성과 세부 타깃 그룹에 따라 다양한 수요가 있음에 주목해야 한다. 시니어 계층은 학력·직업·소득수준·가족관계·건강수준 등이 상이한 무수히 많은 작은 집단으로 세분화(Segmentation)할

수 있는 집합체임을 고려해야 한다.

o 뉴 시니어의 기본 욕구인 ① 젊음, ② 향수(鄕愁), ③ 자아라는 3가지 키워드에 반드시 주목해야 한다. 실제 연령보다 젊어지려는 '다운에이징(down-aging)', 젊은 감각을 반영한 콘셉트를 중요한 전략 키워드로 삼아야 한다. 향수를 자극하는 문화 아이콘과 전통적 가치로 무장한 콘텐츠를 기획하고 제공해야 한다. 취미, 커뮤니티 같은 자아실현형 서비스를 눈여겨봐야 한다.

o 50대 뉴시니어 집단을 실버콘텐츠 비즈니스의 핵심고객으로 고려하고 이들에게 집중해야 한다. 50+ 세대는 규모 그 자체로 하나의 시장을 형성하고 있다. 50+ 세대는 적극적으로 변화를 추구하고, 다양한 취미생활을 즐기며 독립적으로 자신의 삶을 개척하는 세대이다. 정보, 여가, 금융 시장 등의 역동적 분야에도 큰 관심을 갖고 있다. 또한 건강, 경제적인 안정, 사회적 관계 지속, 재미있는 여가에 대한 니즈가 높기 때문에 Care와 Connectivity 가치를 제공하는 콘텐츠가 50대 뉴시니어 집단에게는 블루오션이 될 것이다.

▶ 재미있는 경험제공이 중요하다

o 적극적인 사회활동과 더불어 문화생활을 즐기고자 하는 시니어들을 위해 즐겁고 만족스러운 경험을 줄 수 있는 콘텐츠를 제공해야 한다. 시니어들은 문화, 여가생활을 통해 삶의 질이 향상

되고 있다고 느낄 수 있는 콘텐츠에 소비를 아끼지 않는 경향이 크다. 시니어들의 니즈에 맞도록 맞춤형 콘텐츠들을 개발할 필요가 있다. 시니어 소비자 각자의 취향에 맞는 다양한 콘텐츠와 이것을 즐길 수 있는 공간 등을 구축하여야 하는 것이 우선적인 과제가 될 것이다.

▶ 세대 간 소통도 고려해야 한다

o 실버세대들은 문화적으로 소외받거나 사회와의 소통이 단절되는 것을 두려워하는데, 이들이 계속해서 젊은 세대와 소통할 수 있는 콘텐츠 기획도 필요하다. 시니어만을 위한 콘텐츠는 자칫 '노인전용'이라는 부정적 이미지를 제공할 수 있기 때문에 전 세대가 함께 어울려 즐길 수 있는 콘텐츠를 개발하는 것도 필요하다. 세대를 넘나들 수 있는 콘텐츠의 범용성을 고려해야 한다는 것이다. 시니어들이 여가생활, 문화체험활동 등을 통해 젊은 세대와 지속적으로 소통할 수 있는 콘텐츠나 문화공간의 구축이 요구된다.

이에 추후 실버상품 및 실버콘텐츠 관련 기획자들이 고려해야 할 세부요인들을 정리하면 다음과 같다.

㉮ 일상적 적용성: 실버세대의 일상에 적용될 수 있어야 한다(습관적 이용 유도).

㉯ 매혹적 요인: 매력적인 요소가 중요하다.

㉰ 좌절감 요인: 사용법이 복잡한 상품·서비스이어서는 안 된다.

㉲ 내체요인: 실버소비사의 소비행태를 관찰해 대체제가 되도록 해야 한다.

㉳ 구조적 요인: 실버세대의 선택에는 상당한 시간과 관심이 필요할 수 있다.

㉴ 시장세분화 요인: 실버세대를 세분화해 핵심타깃을 명확히 해야 한다.

㉵ 복합성 요인: 실버세대의 기능적, 인지적 특성을 고려해 복합적 기능은 최소화하고 직관적 이해가 가능하도록 하는 것이 중요하다.

㉶ 윤리적 요인: 실버상품 및 실버콘텐츠(서비스)의 윤리성도 중요하다.

실버콘텐츠 블루오션을 창조하기 위해서는 실버콘텐츠 산업의 영역을 새롭게 포지셔닝할 필요가 있다. 무분별한 따라하기식의 벤치마킹에서 벗어나 차별화되고 독창적인 가치를 구성하는 새로운 비즈니스 모델을 구축해야 하는 것이다. 이를 통해 실버콘텐츠 산업의 블루오션을 개척하고 그 실행전략을 도출해야 할 필요가 있다. 지금 실버콘텐츠 산업은 새로운 환경 앞에 서 있다. 블루오션이 펼쳐지고 있다. 실버콘텐츠 산업의 지속적인 성장을 유지하기 위해서는 블루오션 전략의 도입을 통해 고객가치를 기반으로 하는 새로운 시장창출에 집중해야 한다.

실버콘텐츠, 만들어내는 것이 능사는 아니다. (새로운) 가치를 창조해내는 것이 중요하다. 블루오션의 창출은 정적인 성취과정이 아니라, 역동적인 프로세스이다. 항상 트렌드를 예의주시하고 소비자를 관찰해야 한다. 작은 변화에도 민감하게 반응하여 기민하게 대응하는 '잠수함의 토끼'가 되어야 할 것이다. 일상생활에 실용적으로 적용되는 생활밀착형, 실용적 콘텐츠이어야 한다. 시간 때우기의 단순한 흥미, 오락이 아닌 의미(가치)를 포함한 것이어야 한다. 예능에 정보를 결합하여 재미와 감동 두 마리 토끼를 잡는 인포테인먼트 콘셉트는 블루오션이다.

실생활에 부가가치를 더하는 스마트 실버콘텐츠(생활밀착형)여야 한다. 실버이용자의 상황(콘텍스트)을 기반으로 원하는 것을 정확히 선별하여, 쉽고 빠르고 편리하게 제공하는 똑똑한 실버콘텐츠여야 한다는 것이다. 결국 블루오션이 되기 위해 실버콘텐츠는 개인 그리고 일상에 의미를 제공하는 가치 있는 것이어야 한다. 새롭거나 혹은 잊고 있었던 것을 깨닫게 해주는 그런 것이어야 한다. 삶에 자양분을 제공해주고 새로운 삶의 방식을 지지하는 것이어야 한다는 것이다. 현재 그리고 앞으로 블루오션이 될 실버콘텐츠 콘셉트는 이처럼 익숙하면서도 새로운 의미를 던져주는 창조적 기획으로 가능할 것이다. 발상의 전환이 그 어느 때보다 필요한 시점이다.

2. 미래 전략 분야

4차 산업혁명 시대에 접어들면서 하이테크놀로지와 접목된 실버콘텐츠 영역이 새롭게 부상하고 있다. 사물인터넷, 로봇, 인공지능, 증강 및 가상현실 등을 활용해 실버콘텐츠를 기획하고 있다. 다음은 실버콘텐츠 기획에 유용한 사례들이다.

토크 로봇 엘리큐(Elli Q)

이스라엘 스타트업 기업 '인튜이션 로보틱스(Intuition Robotics)'는 사회관계형 지능기술(Social Companion Intelligence Technology)을 기반으로 소셜동반자 로봇인 엘리큐(Elli Q)를 개발했다. 최근 런던 디자인박물관에 공개된 이 로봇은 조만간 미국 샌프란시스코의 일반 가정에 배치될 예정이어서 실제 효과에 관심이 모아진다. 엘리큐는 시니어들이 사회적 친밀감·유대감을 잃지 않도록 일상생활 속에서 대화하고 복용약의 투약 일정을 챙기는 등 실버세대가 적극적인 활동을 유지할 수 있도록 고안된 제품이다. 예를 들어, 고객이 독서나 산책, 게임 등을 통해 정신적인 활동을 이어나갈 수 있도록 권유하며, 친구와 가족에게 전화를 걸도록 제안하기도 한다. 기기는 다양한 언어 톤을 갖추고 있으며, 빛의 깜빡임과 밝기, 몸체의 움직임을 이용하여 최대한 감정을 풍부하게 전달하도록 설계되어 있다. 고객이 좋아하는 것을 학습하여 점차 고객이 원하는 주제와 기능으로 자신만의 프로그래밍을 맞춰나갈 수 있는 것이 특징이다. 엘리큐와 같은 관계형 기술은 노인과의 정서적 교감과 상호작용을 통해 신체적, 사회적 활동이 줄어들며 증가하는 노인들의 외로움과 사회적 고립을 해결할 뿐 아니라 기술 발전에 따른 정보격차(digital divide) 해소에도 도움이 될 것으로 기대되고 있다.

AI와 IoT를 활용한 재밌는 뇌졸중·치매 재활치료

게임을 즐기다보면 재활훈련이 된다. AI와 IoT를 활용한 재활훈련기기 '라파엘 스마트 글로브'가 바로 그러한 재활치료 제품이다. 이 제품은 한국 용인에 본사를 둔 네오펙트라는 헬스케어 스타트업이 개발한 제품이다. 장갑과 PC 한 대만 있으면 어디서든 재활훈련을 할 수 있다. 환자가 센서가 달린 장갑을 착용하고 게임을 즐기다 보면 뇌졸중이나 치매환자들에게 필요한 재활치료에 도움을 주는 것이다. 환자가 장갑을 끼고 카드 맞추기나 야구공 잡기, 낚시하기 등의 게임을 즐기다보면 AI가 이러한 움직임을 분석해 게임의 난이도를 자동 조절해준다. 이 과정에서 손이나 어깨, 인지기능 등의 재활훈련이 이뤄진다. 손가락에 설치된 밴딩센서 기술로 손가락별 움직임을 측정할 수 있는데, 약 2.5cm의 움직임만으로도 20만 가지가량의 데이터 요소들이 축적된다. 환자용과 의사 혹은 물리치료사를 위한 진료용 콘텐츠를 각각 개발해 실제 편의성을 높였다. 서울대병원 세브란스병원 등 국내 50여 개 병원에서 쓰이고 있고 미국에서는 가정용 렌탈(대여) 서비스도 시작했다. 제대로 된 의료기기의 경

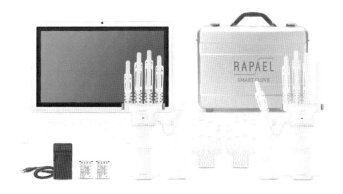

(출처: 라파엘 스마트 글로브 브로슈어)

<라파엘 스마트 글로브>

우에는 너무 비싸서 일반인들이 사서 쓰기가 힘들었지만 '라파엘 스마트 글로브'는 병원에 비해 매우 저렴한 가격으로 개인이 구매해서 집에서 쉽게 사용하며 치료할 수 있는 재활기기이다. 제조사 측에서도 "재활치료가 돈 있는 사람의 특권이 되어서는 안 된다"며, 궁극적으로는 복지재단을 통해 많은 환자들이 쉽게 사용할 수 있도록 대중화시키는 게 목표라고 밝히고 있다.

스마트 기술을 활용한 ASMR 콘텐츠(힐링 앱)

ASMR은 자율(Autonomous)·감각(Sensory)·쾌감(Meridian)·반응(Response)의 약자로 뇌를 자극해 심리적 안정을 유도하는 영상을 의미한다. 수십 년 전부터 미국 대체의학 사이트를 중심으로 소개돼 온 음향 심리치료의 한 방법으로 알려져 있다. 국내에 소개된 이후 팟캐스트, 유튜브, 페이스북 등 다양한 온라인 매체를 통해 ASMR을 접할 수 있다. 현재까지 알려진 ASMR은 크게 세 종류로 분류된다.

① 물체의 반복적인 소리만을 들려주는 영상으로 바스락거리는 소리, 긁는 소리, 두드리는 등의 소리가 대표적이다. 대부분 사람의 소리 없이 진행되는 노토킹(No-Talking) 영상으로 제작되며 대개 화장품 용기, 비닐, 키보드 자판 등을 활용하기도 한다.

② 입으로 내는 소리 영상이다. 동일한 단어를 반복하거나 책을 읽어주는 또는 일정한 발음을 반복하며 속삭이는 소리 등을 말한다. 최근에는 음료를 마시거나 음식을 먹는 소리 등 이팅(Eating) 사운드 콘텐츠가 늘고 있다.

③ 롤플레이(Roleplay) 장르가 있다. 사람 목소리와 물체 소리가 섞여 쉽게 일상 속 상황을 상상할 수 있는 영상으로 선정적인 콘텐츠가 생겨나기 시작한 것도 이 같은 롤플레이 ASMR이 성행하면서부터다. 흔히 메이크업 영상, 거품 목욕, 귀 청소하는 소리 등이 있다.

ASMR 콘텐츠가 인기를 끌면서 점차 자극적인 콘텐츠가 우후죽순 생기고 있다. 대부분 롤플레이 ASMR이지만 그 안에서도 장르는 천차만별이다. 산부인과 등 각종 서비스 종사자와 손님 관계는 물론 선생님과 제자, 연인 관계까지 다양하다. 특히 이 가운데는 특정 인물에 수치심을 느끼도록 만드는 이른바 수치플레이, 가학적 성향의 SM 스타일도 포함되어 있다. 유명한 유튜버가 돈을 벌기 위해 ASMR 채널을 만들어서 단순히 마이크에 대고 속삭이는 등의 저질 ASMR도 논란이 되고 있다. 이 같이 선정적 ASMR 콘텐츠가 성행하게 된 이유는 광고수익과 무관하지 않다. 사람들이 많이 찾을수록 광고수익과 직결돼 자극적인 소재를 찾게 된다. 물론 이러한 부정적인 시선도 존재하지만, 최근 VR 기술과 접목한 ASMR 기반의 힐링, 명상 앱은 차츰 하나의 장르로 인정받는 추세이다.

① Guided Meditation VR(https://guidedmeditationvr.com)

<가이디드 메디테이션 VR>은 지친 마음을 달랠 수 있는 VR 명상 게임이다. 창작 에이전시 '큐비클 닌자스'에서 개발한 게임으로, 유저들에게 최적화된 VR 명상 환경을 제공한다. 앉은 자세, 선 자세, 방 안의 자유로운 움직임까지 모두 지원하기 때문에 일상을 탈

피하는 몰입감을 제공한다. 보통은 자리에 앉아 명상을 즐기는 사람이 많지만, 아름다운 경치를 감상하고 싶으시다면 주위를 돌아다니는 것도 얼마든지 가능하다. 울창한 나무숲, 청정한 개울가, 고요한 동굴, 영험한 기운이 나는 사원, 풀들이 우거진 정글 등 17개의 다양한 장소에서 쉼이 가능하다. 장소를 선택한 뒤에는 어떤 콘셉트의 명상을 하고 싶은지 직접 선택한다. 무브먼트, 컴패션, 릴렉세이션, 젠 등 대분류 아래에는 더욱 자세한 명상 내용이 있다. 차분해지기, 긴장 풀기, 집중력 향상, 활력 증진 등 내 상태에 꼭 맞는 명상이 50가지 이상이다. 지속 시간도 2분, 5분, 10분 단위로 구성된다. 명상에 어울리는 음악도 선택할 수 있어 힐링 콘텐츠이다.

② anywhere VR(http://anywhere-vr.com)

<애니웨어 VR>은 기분 좋은 배경음악을 들으면서 편안한 휴식 공간에서 쉴 수 있는 VR게임이다. 마음까지 탁 트이는 바닷가, 꽃이 흐드러진 숲길, 눈부신 야경 등 상상만 해도 마음이 차분해지는 장소들을 360도 즐겨볼 수 있다. 무료로 제공되는 기본 게임에는 두 개의 장소만 등장하는데, 여러 DLC를 통해 다양한 장소를 만나볼 수 있고 음악도 추가 가능하다. <애니웨어 VR>의 큰 특징이라면 바로 스마트폰과 연동할 수 있다는 것이다. 구글 플레이에서 앱을 받아 VR 헤드셋 안에서 조작 가능하다. 일본 곳곳의 장소를 360도로 감상한다는 점에서 이국적인, 여행하는 기분까지 누려볼 수도 있다.

③ **NORTHERN LIGHT(http://www.orihalcon.co.jp/northernlights-vr)**

<노던 라이츠>는 방 안에서 북극의 오로라를 만날 수 있는 VR 콘텐츠이다. 매끄럽게 담아낸 360도 화면에 피아니스트가 연주한 오리지널 피아노곡이 제공된다. 잔잔한 곡과 함께 23분 길이의 영상, 그리고 슬라이드 쇼가 펼쳐진다. VR 기술과 감상 콘텐츠의 조화를 보여준다. <노던 라이츠>는 일본에서 열린 '플레이스테이션 어워즈 2016'에서 '플레이스테이션 VR 특별상'을 받기도 하는 등 높은 가치를 평가받고 있다.

센서와 IOT기술과 결합된 독거노인 지킴이 아파트

캐나다 오타와에 소재한 엘리자베스 브뤼에르 병원(Elisabeth Bruyere Hospital)은 안전에 취약한 독거노인들을 위해 움직임 감지 및 낙상 방지 시스템을 접목한 스마트 아파트를 연구 개발 중이다. 브뤼에르 연구소(Bruyère Research Institute), 칼턴대학교(Carleton University), 에이지 웰(AGE-WELL)이 공동 연구개발 추진 중이다. 실제로 병원 내 아파트(실험실) 곳곳에 장착된 센서들은 독거노인들의 움직임을 감지하면서 낙상사고와 생활 패턴 이상 징후 등을 발견할 수 있다. 활동 센서가 접목된 매트는 독거노인·환자의 움직임을 통해 뇌졸중 등 건강상태 분석이 가능하다. 독거노인들을 관리하는 보호자나 사회복지사는 스마트 기기로 노인의 움직임을 실시간으로 모니터링하여 24시간 노인들의 거동파악이 가능하다.

아파트 내에 설치된 센서를 이용해 노인의 다양한 행동을 파악할 수 있다. 센서를 약병에 부착하면 노인의 복약 여부를, 열쇠고리에

(출처: KOTRA 해외시장 뉴스 https://news.kotra.or.kr/user/globalBbs/
kotranews/4/globalBbsDataView.do?setIdx=243&dataIdx=164812

<환자의 움직임을 감지하는 스마트 아파트>

붙이면 가정 출입기록을, 냉장고에 장착하면 음식섭취 여부를 확인
할 수 있다.

노인들의 낙상을 방지하는 웨어러블 로봇

나이가 들면 민첩성도 떨어지게 되고, 자연스럽게 근육량도 감소
하게 된다. 이러한 연유로 발생하게 되는 낙상은 노인에게는 치명적
인 부상을 유발하는 핵심원인이다. 만성질환을 앓거나 몸이 불편하
면 이동할 때 가장 우려되는 것은 넘어지거나 떨어지는 낙상이다.
이러한 낙상사고를 방지하기 위한 목적으로 만든 소위 외골격로봇
이 개발되고 있다. 2017년 이탈리아 피사에 위치한 산타나대학 연구
진과 스위스연방공과대학 연구진은 낙상의 위험을 감지해 필요한

순간에만 균형을 잡을 수 있는 동력을 전달하는 '로봇 외골격'을 세계 처음으로 개발했다. 노인들이나 장애인, 재활 환자들이 균형을 유지하면서 낙상사고를 방지하는 데 활용 가능한 웨어러블 로봇이다. 이들 연구진의 연구결과는 국제학술지 『사이언티픽 리포트』에 발표됐다.

사용자의 반사신경을 완전히 대체하지는 못하겠지만 '유사시'에 다리의 힘을 20~30% 일시적으로 늘려준다. 비상상황에서 사람과 협력해 시너지 효과를 발휘할 수 있다. 연구팀이 개발한 로봇 외골격 프로토타입(활성 골반 보조기: Active Pelvis Orthosis, APO)은 착용자의 반사신경과 스스로 교감하는 게 핵심이다. 다리의 움직임을 모니터링하고 읽어내는 알고리즘을 적용했다. 착용자가 넘어지려고 하는 징조가 있을 때 적절한 힘을 가해 균형을 잡고 지탱해준다.

(출처: https://www.youtube.com/watch?v=CHSQFzWm2tM)

<노인들의 낙상 방지를 위한 로봇 외골력 프로토타입>

참고문헌 및 자료

강은나, 김재호, 황남희, 김현정, 손동기, 배혜원(2015), 은퇴전환기 중고령자의 일, 여가현황과 여가증진방안 연구, 한국보건사회연구원.

강효은(2016), 실버세대의 에듀테인먼트 콘텐츠 개발을 위한 사전 연구: VR을 중심으로, 한국애니메이션학회 학술대회지, 169-176.

공성용, 장현정(2010, 12), 고령화사회의 생활패턴 변화 및 환경 이슈 조사 연구, 한국환경정책평가연구원.

국가인권위원회(2018), 노인인권종합보고서.

권인순(2007), 노화의 정의 및 분류, 대한의사협회지, 50(3), 208-215.

권지혁, 백승국(2016), 스마트 어플리케이션 기반 실버콘텐츠의 기호학적 분석, 정보화연구, 13(2) June, 307-316.

김동기 외(2010), 사회적응의 노인 심리학, 학지사.

김동배(2015), 제3의 인생설계 신노년문화, 도서출판 소야.

김동일(2013), 장수시대 노인문제에 대한 사회적 대응과 생존전략, 한국노년학, 21(1), 167-181.

김두섭(2003), 변화하는 노인의 삶과 노인의 복지, 한양대학교출판부.

김세진, 강은나(2017), 도시지역 거주 노인의 여가시설 이용 유형과 특성에 관한 연구: 여가시설 이용노인을 중심으로, 보건사회연구 37(3), 2017, 110-138.

김수영, 모선희, 원영희, 최희경(2009), 노년사회학, 학지사.

김예성, 하웅용(2015), 독거노인의 생산적 여가활동 참여에 따른 신체적 정신적 건강과 자살 생각에 관한 연구: 서울지역 저소득 독거노인들을 대상으로, 보건사회연구, 35(4), 344-374.

김원제 외 8인(2011), 스마트 미디어 콘텐츠 인사이트, 이담북스.

김원제(2009), 콘텐츠 실크로드 미디어 오디세이, 아담북스.

김원제, 박조원(2010), 노년층 대상 콘텐츠 시장 창출을 위한 정책 개발 연구, 문화관광연구원 보고서.

김원제, 송해룡(2015), 미디어콘텐츠, 창조기획과 스마트비즈니스, 한국학술정보.

김일석(2015), 뉴시니어 세대 수용자 태도에 따른 광고 크리에이티브 전략 연구, 서울과학기술대 박사논문.

김준혁(2008, 1), 어떻게 죽음을 전할 것인가, 한겨레신문 연재 <의학과 서사>.

남경아(2017), 오십 이후 삶이 즐거운 도시: 50플러스 세대, 서울: 서울연구원.

대한민국정부(2006), 제1차 저출산·고령사회기본계획(보완판).

대한민국정부(2011), 제2차 저출산·고령사회기본계획.

대한민국정부(2016), 제3차 저출산·고령사회기본계획.

린다 그레튼 외(2017), 100세 인생, 출판사 클.

문화체육관광부(2017), 2016 국민여가활동조사.

박광희, 김대관(2014), 여가공간 유형별 노인여가 특성 및 만족 분석, 관광레저연구.

박근수(2011), 잠재집단분석방법을 활용한 노인여가유형별 특성 분석: 서울지역 노인여가시설 이용자를 중심으로, 노인복지연구, 53, 83-100.

박상훈, 손명희(2014), 노인의 여가활동유형과 고독감, 관광레저연구, 26(2), 373-389.

박종태, 천승만, 고석주(2014), 사물인터넷 기반 헬스케어 서비스 및 플랫폼 동향, 정보와 통신, DECEMBER, 25-30.

백승국 외(2014), 스마트 힐링콘텐츠의 문화기호학적 방법론 연구, 정보기술 아키텍쳐연구, 제11권, 제3호, 347-357.

삼정KPMG 경제연구원(2017), 고령사회 진입과 시니어 비즈니스의 기회, Samjong INSIGHT ISSUE 49.

서정렬(2016), 호모 헌드레드, 커뮤니케이션북스 커뮤니케이션 이해총서.

송선회 외(2013), 노인심리, 도서출판 신정.

송해룡, 김원제, 조항민(2006), 대한민국은 지금 체험지향사회: 체험연출의 이해와 방법, 커뮤니케이션북스.

안신현(2011), 뉴 시니어 세대의 3대 키워드, 삼성경제연구소, SERI 경영노트 제69호

윤소영(2016), 고령화 시대 문화의 역할과 과제: 고령자를 중심으로, 한국문화관광연구원 기본연구.

윤혜진(2015), 노인여가 연구의 학문적 동향 및 연구 제언, 관광레저연구, 27(7), 169-186.

윤혜진(2016), 한국 노인의 여가 및 에이징 웰(aging well) 인식에 관한 탐색적 연구, 관광레저연구, 28(7), 201-221.

이민석, 강희엽, 이철원(2017), 진지한 여가 참여노인의 여가만족과 삶의 질의 구조적 관계, 한국체육학회지, 56(21), 503-515.

이윤경 외(2012), 노인여가복지서비스 발전방안연구, 한국보건사회연구원.

이은주(2014), 노인의 여가스포츠 활동과 사회적 지지, 우울감 및 죽음불안의 관계, 한국여가레크리에이션학회지, 38(4), 51-63.

이인수(1999), 21세기 소비시장의 지형도(실버산업), 광고정보 9월호, 14-17.

이향숙, 신원우(2016), 노인의 여가활동 유형이 생활만족도에 미치는 영향, 문화산업연구, 16(3), 157-165.

이훈, 황희정(2008), 노인의 여가경험 분석, 관광학 연구, 32(6), 317-388.

정경희, 강은나, 이윤경, 황남희, 양찬미(2016), 노인복지정책 진단과 발전 전략 모

색, 세종: 한국보건시회연구원.

정보통신정책연구원(2017), 방송매체이용행태조사결과.

정순둘(2007), 여성노인과 남성노인의 성공적 노화에 관한 인식 비교연구, 한국노 년학, 27(4), 829-845.

정옥분(2013), 성인·노인심리학, 학지사.

조현승(2016, 4), 베이비붐 세대의 은퇴로 인한 고령층 소비구조 변화, KIET 산업 경제, 산업연구원.

최성재(2012), 모든 사회가 함께하는 고령화사회, 서울대학교출판문화원.

최성재, 장인협(2010), 고령화사회의 노인복지학, 서울대학교출판문화원.

최숙희(2018), 최숙희의 시니어 비즈니스, http://retirement,miraeasset,com/contents/ cardList,do.

KOTRA(2017), 일본 시니어시장 현황 및 우리 기업 진출방안, Global Market Report.

KT경제경영연구소(2010), 액티브 시니어가 이끄는 실버시장의 변화와 준비, 디지 에코.

통계청(2017), 2017 사회조사결과.

한가영, 오영삼, 김영선(2016), 음악 활동이 노인의 건강노화에 미치는 영향, 보건 사회연구 36(3), 363-392.

한국언론진흥재단(2018), 2017 언론수용자의식조사.

한국인터넷진흥원(2018), 2017 인터넷이용실태조사.

한국정보화진흥원(2018), 2017 디지털정보격차 실태조사.

한동희(2014), 고령사회와 액티브에이징 고찰연구, 노인복지연구, 64, 31-51.

한림대학교 고령사회연구소(2010), 고령사회의 이해: 노년과 사회, 도서출판 소화.

형준희(2018, 1), 4차 산업혁명이 열어줄 시니어 비즈니스 시대 ICT 비즈니스의 사례와 시사점, 디지에코 보고서.

홍명신 역(2008), 늙어가는 미국: 미디어 노인 베이비붐(Aging Senior), 커뮤니케이 션북스.

홍명신(2013), 노인과 미디어, 커뮤니케이션북스.

홍명신, 홍순창(2012), TV와 시니어, 커뮤니케이션북스.

홍숙자(2010), 노년학 개론, 도서출판 하우.

황남희(2014), 한국 노년층의 여가활동 유형화 및 영향요인 분석, 보건사회연구, 34(2).

American Association of Retired Persons(AARP, 2011.06), Baby boomers envision What's next?.

American Association of Retired Persons(AARP, 2011.12), Aging in Place: A State Survey of Livability Polices and Practices.

Beauvoir, Somone de. (La)Vieillesse.; 홍상희, 박혜영 역(2002), 노년, 나이 듦의 의미와 그 위대한, 책세상.

Deloitte(2013), Healthcare 3.0 Healthcare for the new normal.

Hilt, Michael L. & Lipschultz, Jeremy H. Mass media an aging population and the baby boomers.; 홍명신 역(2008), 늙어가는 미국: 미디어 노인 베이비붐, 커뮤니케이션북스.

Sax, David(2016), The Revenge of Analog: Real Things and Why They Matter, Public Affairs; 박상현, 이승연 역(2017), 아날로그의 반격: 디지털, 그 바깥의 세계를 발견하다, 어크로스.

Stebbins, Robert A.(2006), Serious Leisure: A Perspective for Our Time, Routledge.; 최석호 외 역(2012), 진지한 여가, 여가경영.

Euro Health Net(2012.08), Healthy and Active Aging.

European Parliamentary(2015), The silver economy.

United Nations(1983), Vienna International Plan of Action on Aging, New York.

United Nations(1991), United Nations Principles for Older Persons.

United Nations(2001), Population Ageing and Living Arrangements of Older Persons: Critical Issues and Policy Responses.

United Nations(2002), Madrid International Plan of Action on Ageing.

United Nations(2004), Policy Responses to Population Decline and Ageing.

United Nations(2005), Living Arrangements of Older Persons Around the World.

United Nations(2007), Development in an Ageing World, World Economic and Social Survey 2007.

United Nations(2009), World Population Ageing 2009, New York.

United Nations(2015), World Population Prospects: The 2015 Revision.

World Health Organization(WHO, 2012), Active Ageing: A Policy Framework.

World Health Organization(WHO, 2012), Global Age-friendly Cities: A Guide.

김원제

중앙대학교 대학원에서 언론학 석사학위를 받았으며, 성균관대학교 대학원에서 언론학 박사학위를 받았다. 현재 (주)유플러스연구소 연구소장(대표이사), 성균관대학교 문화융합대학원 겸임교수로 재직 중이다. 저서로 ≪위험사회를 넘어 안심사회의 조건≫(2017), ≪미디어스포츠 사회학≫(2016 개정판), ≪한국 실패사례에서 배우는 리스크 커뮤니케이션 전략≫(2015, 공저), ≪해외 성공사례에서 배우는 리스크 커뮤니케이션 전략≫(2015, 공저), ≪미디어콘텐츠, 창조기획과 스마트 비즈니스≫(2015, 공저), ≪한국사회 위험특성과 한국인의 위험인식 스펙트럼≫(2014, 공저), ≪위험커뮤니케이션의 이론과 실제≫(2013, 공저, 문화체육관광부 우수학술도서), ≪구텐베르크 갤럭시≫(2012, 공저, 문화체육관광부 우수학술도서), ≪스마트 미디어 콘텐츠 인사이트≫(2011, 공저), ≪콘텐츠 실크로드 미디어 오디세이≫(2009, 문화부 우수교양도서), ≪퓨전테크 그리고 퓨전비즈≫(2007, 문화부 우수교양도서), ≪스포츠코리아≫(2006), ≪문화콘텐츠 블루오션≫(2005, 공저) 등이 있다.

조항민

성균관대학교 신소재공학과를 졸업하고, 동 대학원에서 언론학 석사·박사학위를 받았다. 현재 기술보증기금 외부자문위원을 맡고 있으며 성균관대학교 학부대학 겸임교수로 재직 중이다. 저서로 ≪과학기술 저널리즘 쟁점과 사례≫(2017, 공저), ≪디지털시대 과학기술 저널리즘≫(2017), ≪위대한 과학자의 사회 책임과 소통≫(2016), ≪과학기술, 첨단의 10대 리스크≫(공저, 2016), ≪한국 실패사례에서 배우는 리스크 커뮤니케이션 전략≫(공저, 2015), ≪해외 성공사례에서 배우는 리스크 커뮤니케이션 전략≫(공저, 2015), ≪디지털미디어시대 리스크 현실과 진단≫(공저, 2014), ≪과학기술, 미디어와 만나다: 과학미디어 세계를 여행하는 안내서≫(2014), ≪리스크 커뮤니케이션과 위기관리 전략≫(2008, 공저), ≪대한민국은 지금 체험지향사회≫(2006, 공저), ≪문화콘텐츠 블루오션≫(2005, 공저) 등이 있다.

최현주

성균관대학교 대학원에서 언론학 석사·박사학위를 받았다. 현재 원자력안전위원회 소통연구원으로 재직 중이며, YTNDMB 시청자 평가원으로 활동 중이다. 주요 연구로는 〈원자력 규제기관의 SNS 활용 및 수용자 반응 분석: 원자력안전위원회와 NRC 페이스북 비교를 중심으로〉(2016, 공저), 〈환경 위험인식과 친환경행동의도 제고를 위한 커뮤니케이션 전략 연구〉(2017) 등이 있다.

최부헌

성균관대학교 문화융합대학원에서 문화융합학 석사학위를 받고, 동 대학원 박사과정에 재학 중이다. 금강기획 애드밸류, 외국광고회사 레오버넷선연 등의 광고대행사에서 카피라이터, 크리에이티브디렉터로 일했다. 문화예술콘텐츠전문기획사 엔터플랫폼을 설립하여 호원대학교 호원아트홀 운영 및 창작뮤지컬과 다수의 연극을 공동 제작했으며 국악단 소리개와 공동으로 다수의 국내 및 해외 공연을 하였다. 세월호의 아픔을 예술로 승화시킨 백건우의 <영혼을 위한 소나타>를 기획했으며 외교부, 문체부 등 정부행사의 홍보기획, 지자체 양양과 남해군의 실버콘텐츠 기획에도 참여하였다. 현재 호원대학교와 경남도립남해대학에 출강하고 있으며, 경남 남해문화원 기획총괄 자문위원으로 활동하는 등 문화융합 및 문화콘텐츠기획 전문가로 일하고 있다.

송해룡

현재 성균관대학교 신문방송학과 교수이다. 한국방송학회장, 성균관대학교 사회대 학장을 역임했으며 문화융합대학원장으로 후학을 양성하고 있다. 저서로 ≪위험커뮤니케이션의 쟁점과 과제≫(2017), ≪한국 실패사례에서 배우는 리스크 커뮤니케이션 전략≫(2015, 공저), ≪해외 성공사례에서 배우는 리스크 커뮤니케이션 전략≫(2015, 공저), ≪미디어콘텐츠, 창조기획과 스마트 비즈니스≫(2015, 공저), ≪스포츠와 문명화: 즐거움에 대한 탐구≫(2014, 역저), ≪디지털미디어시대 리스크 현실과 진단≫(2014, 공저), ≪위험사회와 위험인식: 위험커뮤니케이션의 갈등구조≫(2014), ≪한국사회 위험특성과 한국인의 위험인식 스펙트럼≫(2014, 공저), ≪위험커뮤니케이션의 이론과 실제≫(2013, 공저, 문화체육관광부 우수학술도서), ≪위험커뮤니케이션: 미디어와 공론장≫(2012), ≪미디어 비즈니스 시장과 생태계≫(2010), ≪미디어 2.0과 콘텐츠 생태계 패러다임≫(2009), ≪디지털미디어 길라잡이≫(2007, 공저), ≪대한민국은 지금 체험지향사회≫(2006, 공저) 등이 있다.

시니어
비즈니스
블루오션

초판인쇄 2018년 7월 23일
초판발행 2018년 7월 23일

지은이 김원제, 조항민, 최현주, 최부헌, 송해룡
펴낸이 채종준
펴낸곳 한국학술정보㈜
주소 경기도 파주시 회동길 230(문발동)
전화 031) 908-3181(대표)
팩스 031) 908-3189
홈페이지 http://ebook.kstudy.com
전자우편 출판사업부 publish@kstudy.com
등록 제일산-115호(2000. 6. 19)

ISBN 978-89-268-8509-3 03330